Introdução ao
MISTICISMO DO TEMPLO

Copyright © 2011 Margaret Barker
Copyright desta edição © 2017 Editora Filocalia
Título original: *Temple Mysticism – An Introduction*

Editor: Edson Manoel de Oliveira Filho

Produção editorial: Editora Filocalia

Preparação de texto: Paulo F. Mendrone

Revisão: Marta Almeida de Sá

Capa, projeto gráfico e diagramação: Nine Design Gráfico | Mauricio Nisi

Reservados todos os direitos desta obra. Proibida toda e qualquer reprodução desta edição por qualquer meio ou forma, seja ela eletrônica ou mecânica, fotocópia, gravação ou qualquer outro meio de reprodução, sem permissão expressa do editor.

CIP-BRASIL. CATALOGAÇÃO NA PUBLICAÇÃO
SINDICATO NACIONAL DOS EDITORES DE LIVROS, RJ

B142i

Barker, Margaret, 1944-
    Introdução ao misticismo do templo / Margaret Barker ; tradução Maurício G. Righi. -- 1. ed. -- São Paulo : Filocalia, 2017.
    280 p. ; 23 cm.

    Tradução de: Temple mysticism : an introduction
    ISBN: 978-85-69677-00-0

1. Vida espiritual. 2. Espiritualidade I. Righi, Maurício G. II. Título.

17-39375   CDD: 248
       CDU: 2-584

30/01/2017 01/02/2017

Editora Filocalia Ltda.
Rua França Pinto, 509 – São Paulo SP – 04016-032 – Telefax: (5511) 5572 5363
atendimento@filocalia.com.br – www.editorafilocalia.com.br

Este livro foi impresso pela Paym Gráfica e Editora em fevereiro de 2017.
Os tipos são da família Baskerville e Geist. O papel do miolo é o Lux Cream 70 g, e o da capa cartão Ningbo C2 250 g.

Margaret Barker

Introdução ao
MISTICISMO DO TEMPLO

Tradução
Maurício G. Righi

Prefácio
James Alison

FI
LO
CA
LIA

Para Bruce Clark

O Cristo brilha mais que o sol; por meio dele, os olhos dos cegos recobram a vista, a noite fugirá de ti, o fogo se amedrontará, a morte se afastará; tu verás os céus [...]

Ó mistérios verdadeiramente santos! Ó luz diáfana! Levo tochas para contemplar Deus e os céus; torno-me santo ao ser iniciado. O Senhor é o hierofante e marca o iniciado com o sinal da cruz, conduzindo-o à luz. Apresenta ao Pai aquele que creu, para que Ele o guarde eternamente [...]

Se tu queres, recebe tu, também, a iniciação e tomarás parte com os anjos, em torno de Deus único e verdadeiro, incriado e imortal, enquanto o Logos de Deus se unirá a nossos hinos.

Clemente de Alexandria, *Exortação aos Gregos*, capítulo 12.

SUMÁRIO

Prefácio 7
Prefácio da Autora 15
Introdução 19
   Isaías 20
   João 30

Capítulo I | As Fontes 41
   Esdras 46
   O Grande Sumo Sacerdote 55
   Bíblia de Quem? 61
   A Sabedoria Oculta 67

Capítulo II | O Um 81
   O Dia Um 87
   Pitágoras 94
   A Luz 101

Capítulo III | Os Muitos 117
   As Hostes Celestes 119
   Fogo e Luz 130
   Música Celestial 144

Capítulo IV | O Trono 167
   Nascido do Alto 172
   As Formas 194
   O Conhecimento 209

Capítulo V | O Servo 221
   Homens e Anjos 223
   O Dia da Expiação 236
   O Servo em Isaías 250

Posfácio 275

PREFÁCIO

Há prefácios que, devido ao prestígio de quem os escreve, glorificam o autor do livro em questão. E há livros nos quais ter o nome associado à autora ou ao autor é um privilégio imerecido para quem os prefacia.

É o segundo caso que ocorre aqui. Para mim, é um prazer e um privilégio enormes poder apresentar para o público leitor brasileiro esta obra, a primeira da minha amiga Margaret Barker a ser traduzida para o português. E não duvido de que outras de suas obras sobrevirão, com traduções exigidas pelo entusiasmo dos leitores, quando começarem a saborear a visão que ela propõe.

Margaret Barker é o equivalente teológico a uma força da natureza. Desde que lançou, em 1987, seu primeiro livro, *The Older Testament*[1] (em português seria "O Testamento Anterior"), ela tem seguido com a determinação e a paciência unívocas de um detetive, daqueles de romance, que farejam, onde ninguém está olhando, algo realmente importante: a busca da recriação, com base nas poucas evidências que existem, de uma visão do culto de Deus no Primeiro Templo de Jerusalém, aquele de Salomão, destruído pelos babilônios em 586 AEC

Com o que vem descobrindo, Margaret provocou, pessoalmente, e sozinha, uma daquelas revoluções no pensamento da teologia bíblica que acontecem poucas vezes na vida acadêmica.

---

[1] London, SPCK, 1987.

Porque seu estudo, longe de ser enfocado num assunto de interesse puramente antiquário, tem consequências profundas para todo leitor moderno dos textos da escritura hebraica, seja judeu ou cristão. E possibilita um ato de reimaginação dos textos do Novo Testamento para nos introduzir numa nova e riquíssima maneira de conceber os começos do cristianismo e a sua relação com o mundo hebraico em que nasceu.

Não vou detê-los aqui num delineamento da hipótese barkeriana, já que ela mesma o propõe de maneira muito clara na introdução deste livro. É um dos motivos por que estou tão contente com o fato de Edson Filho, diretor da Editora Filocalia, ter escolhido justamente esta obra para introduzir o pensamento de Margaret no Brasil, e tão agradecido por ter convidado Maurício G. Righi para traduzi-la com a exatidão e a elegância pelas quais é justamente célebre. Este livro é um ponto de introdução muito didático para quem está entrando nestas águas pela primeira vez. Gostaria apenas de sublinhar que o gênio de Margaret Barker tem sido exatamente este: propor uma hipótese, que em princípio parecia de pouco interesse, ou até excêntrica, e então, ao longo dos anos, ter desenvolvido as consequências muito exatas daquilo que seria o caso se a hipótese fosse válida. Quem lê seu comentário sobre o livro do Apocalipse de João, ou sobre o Sumo Sacerdote, ou, mais recentemente, sobre o Evangelho de João[2] pode ver por si mesmo quanto resultam inovadoras essas consequências lógicas amadurecidas.

---

[2] *The Revelation of Jesus Christ.* Edinburgh, T&T Clark, 2000; *The Great High Priest.* London, T&T Clark/Continuum, 2003; *King of the Jews: Temple Theology in John's Gospel.* London, SPCK, 2014. Para uma bibliografia mais completa veja: http://www.margaretbarker.com/.

Margaret tem realizado essa reconstrução hipotética por meio de estudos minuciosos de todos os textos e fragmentos antigos de que dispomos: de Qumran, Nag Hammadi, da Septuaginta, do Texto Massorético, da nova tradução grega elaborada por estudiosos judeus depois do início do cristianismo, da Mishná, dos Targumim, dos textos siríacos, dos fragmentos considerados "gnósticos" cristãos ou pré-cristãos, de Josefo e de Fílon de Alexandria. Textos cujos idiomas ela domina completamente, até o ponto de poder entender e demonstrar jogos de sentido sutis feitos com a troca de vogais associadas a consoantes, que são, só eles, escritos no hebraico. E também até o ponto de poder reconstruir, com base no texto grego da LXX, e nos fragmentos de Qumran, as consoantes cuja ordem teria sido trocada deliberadamente nos textos hebraicos posteriores, dando um sentido bem diferente daquele que teriam tido, por exemplo, antes da destruição do Segundo Templo, em 70 da nossa era. No mundo dos biblistas de fala inglesa, até mesmo as pessoas que menos têm apreciado a hipótese da Barker são unânimes em reconhecer que a erudição dela é absolutamente formidável, de classe mundial: não por nada ela tem sido, entre outras coisas, presidente da Society for Old Testament Studies e perita para o Patriarcado Ecumênico de Constantinopla.

Neste livro, então, você vai se defrontar com uma hipótese bem delineada. E na sequência, de maneira didática, vai encontrar uma decantação dos temas que aparecem em todos os livros de Margaret. O estilo dela é, em certos pontos, algo repetitivo. Porém, vale a pena seguir as repetições, porque uma parte de seu gênio é ter-se dado conta de que uma diferença aparentemente pequena entre duas versões de um mesmo texto até daria para considerar um resvalo sem significância. Mas, se for observada num contexto maior, revela-se parte de um sentido que pode ter sido perdido por ser simplesmente desconhecido ou resultado de uma mudança deliberada de um sentido não aceitável para os copistas. E um leque de tais possíveis resvalos chega a ser uma janela para um mundo perdido.

Gostaria de sublinhar três dos textos que aparecem várias vezes neste livro, e muitas vezes na obra barkeriana: 1. a comparação entre as versões do Deuteronômio 32,43 no texto das LXX (a versão mais antiga que temos), no texto de Qumran e no Texto Massorético; 2. a comparação entre todas as versões antigas do Salmo 110,3; e 3. a comparação entre todas as versões antigas de Isaías 52,10-15. A hipótese barkeriana trata do porquê dessas diferenças exatamente nesses textos. E ela não faz isso por simples motivos sectários da disputa multissecular entre cristãos e judeus rabínicos, mas para ajudar na recuperação de algo que se tem perdido por ambos os lados desde a destruição do Segundo Templo. Não é por acaso que um dos leitores judeus modernos de Margaret comentou, em alto e bom som: "A senhora nos tem devolvido o nosso Templo!".

Entre as muitas possíveis indicações que poderia oferecer antes de entrar na visão do *Templo*, gostaria de sublinhar dois pontos preparativos importantes que talvez sejam surpreendentes em nosso meio, apesar de já bem conhecidos em outros, mas que percorrem a obra de Margaret Barker. O primeiro é a distinção antiga, e agora difícil de entender, entre hebreus e judeus. Hoje em dia esses termos são mais ou menos sinônimos. Porém, ainda no primeiro século EC, não era bem assim: hebreu teria sido o termo mais étnico e abrangente. Para uma subseção do povo hebreu, o termo judeu teria descrito nem tanto uma realidade étnica, mas uma opção histórica religiosa mais partidária.

Ou seja, foi o termo adotado pelos "judaítas", os exilados de Judá na Babilônia, quando voltaram para a Terra Prometida, trazendo consigo uma nova (e contestada) interpretação da cultura religiosa comum aos hebreus, interpretação que diferia em muitos aspectos do que existira antes do Exílio.

Com isso, dá para entender dois pontos-chave: primeiro, a hostilidade entre partes do povo hebreu e os judeus não representava uma hostilidade antissemita, já que todos eram membros da mesma etnia, e as divergências tinham a ver com questões históricas, políticas, religiosas e financeiras numa cultura em grande medida partilhada. Da mesma forma, por exemplo, que hoje em dia críticas ferrenhas proferidas por cidadãos israelenses modernos, moradores de Tel Aviv, contra as lideranças ultraortodoxas em Jerusalém, críticas que provêm de imaginários político-religiosos muito diferentes, não podem ser consideradas antissemitas, uma vez que ambas as partes são formadas por judeus, seguindo a usança moderna e étnica do termo.

Dá para entender também a realidade imensamente contestada que subjaz em todos os textos atuais da Bíblia hebraica, compilados em grande medida durante os quatrocentos anos após o Exílio. Esses textos, já por si cheios de questões, repetições diferenciadas, reedições, críticas internas e francas negações da veracidade de outras partes deles, representam algo assim como o campo de batalha portátil de uma guerra civil religiosa. Na ausência de evidências mais exatas, daria para imaginar a reforma do rei Josias, ao redor de 622 AEC, como o estopim dessa guerra civil religiosa, com a brutal supressão de um mundo religioso antigo de sacerdócio, culto, santuários e mistério, e sua substituição por um mundo religioso novo, caracterizado por lei, textos e leitura. Evidentemente, os textos que temos provêm principalmente dos partidários dessa reforma.

Assim, chega a ser mais compreensível a descoberta de Margaret Barker de que o que chamamos de cristianismo, longe de ser um movimento inovador e herege que se separa voluntariamente de uma religião anterior judia, unitária e unívoca, é, curiosamente, mais bem entendido como um movimento hebreu, ao menos tão arcaizante quanto inovador, muito por dentro das versões fortemente contestadas do que seria uma religião ainda diversificada e na qual a tendência à dominação por certo partido mais unívoco ainda não fora consumada. Ou seja, independentemente daquilo que a história posterior tenha feito com todos esses nossos textos, nem o antijudaísmo (nunca anti-hebraísmo) em alguns textos cristãos nem o anticristianismo (referências aos *noṣerim* e aos *minim*) em textos do judaísmo rabínico primitivo são necessariamente antissemitas, mas frutos de uma contestação religiosa sobre percepções e recepções de Deus que pré-data em muito a formalização desses dois movimentos religiosos.

O segundo ponto, que também pode surpreender quem pensa que as palavras "Deus" e "YHWH" correspondem mais ou menos ao que no imaginário cristão seria "Deus Pai", é a ideia rigorosa segundo a qual existiria, no imaginário anterior ao Exílio, uma distinção entre Deus e YHWH, como se fossem "dois poderes" dentro de Deus. Considerava-se que Deus, sem imagem ou possibilidade de ser visto, "El Elion", tinha maneira de se fazer presente em meio ao mundo na sua forma "O Senhor", YHWH. Tipicamente essa maneira de se fazer presente YHWH era litúrgica, por meio da realeza sacerdotal, associada a Davi e Salomão. Começa-se a compreender muito melhor, então, tantíssimos textos hebraicos nos quais essas distinções ora aparecem, ora são contestadas. E chega a ser possível ler o Novo Testamento com outros olhos por completo, pois fica muito mais claro que os textos apostólicos estão testemunhando a presença terrena, em Jesus, de YHWH – ou seja, em termos cristãos, YHWH é o Filho, não o Pai. Por isso dá para compreender frases como a citada por Paulo aos filipenses: "Por isso Deus soberanamente o elevou e lhe conferiu o nome que está acima de todo nome, [ou seja, YHWH] [...] e que toda língua proclame que o Senhor é Jesus Cristo para a glória de Deus Pai [ou seja, El Elion]".

Uma última observação, para leitores católicos ou de tradição católica. Vocês estão a ponto de entrar num livro escrito por uma insigne biblista protestante. Margaret é metodista, com muitos leitores e seguidores nos mundos ortodoxo, católico, anglicano e até entre eruditos dos Santos dos Últimos Dias (mórmons). O mundo dos estudos bíblicos protestantes raramente entra em questões filosóficas de antropologia teológica do tipo que seria normal numa formação filosófica católica ou ortodoxa. Todo o trabalho de mediação que possibilita conseguir integrar no nosso dia a dia os vislumbres do mundo bíblico, Margaret apenas toca. Sugiro que isso seja trabalho nosso para realizar no futuro. De minha parte, vejo extraordinários pontos de interação, por exemplo, entre a visão do Templo e o misticismo que dela flui e a antropologia que flui do pensamento de René Girard, algumas vezes chamada de "teoria mimética". Quem lê a maneira de Margaret Barker de recriar a liturgia da Expiação, ou Redenção do Primeiro Templo, e conhece o pensamento girardiano a respeito do mecanismo da vítima aleatória não pode deixar de ver abrirem-se novos e riquíssimos horizontes.

Uma pequena sugestão: antes de iniciar a leitura deste livro, tome um exemplar da *Liturgia das Horas: Tempo do Advento e*

Tempo do Natal, e leia, rapidamente, as Antífonas do Ó – as antífonas que precedem o canto do *Magnificat* entre os dias 17 e 23 de dezembro. Vai demorar no máximo dez minutos para fazê-lo. Então leia este livro. Por fim, volte para as Antífonas do Ó e leia-as novamente. Você vai ficar atônito ao se encontrar por dentro de um mundo de sentido cujas palavras sempre estiveram lá, mas cujos parâmetros nunca antes havia imaginado. Os melhores livros de teologia fazem isto: abrem às pessoas um mundo de sentido, introduzem-nas numa visão imperecedoura.

James Alison
São Paulo, dezembro de 2014

PREFÁCIO DA AUTORA

O misticismo do templo subjaz boa parte dos conteúdos bíblicos, embora isso não seja formalmente reconhecido. Há tempos que eu pretendia recolher seus textos e ideias fundamentais e, assim, de alguma forma, recuperar o antigo sistema, mesmo que dispondo apenas dos fragmentos que nos restaram, ou seja, perscrutando ecos e sombras.

Logo ficou evidente que uma fração razoável desse sistema já estava, no entanto, subentendida, e que só poderia ser recuperada com base nos conteúdos subjacentes de textos conhecidos. Sem dúvida, muitos outros textos foram perdidos ou suprimidos, e tínhamos também a tradição oral. Ademais, por serem secretos, alguns ensinamentos não foram repassados por escribas; ao passo que outros não foram escritos por pertencerem à oralidade (a memória coletiva de um povo iletrado). Por exemplo, as pessoas que moravam no Egito e desafiaram a teologia de Jeremias (Jeremias 44,15-23) eram refugiados do Primeiro Templo de Jerusalém e, portanto, viam as coisas de forma distinta de Jeremias, ou mesmo de seus editores posteriores. No entanto, essas pessoas não escreveram a sua "teologia", e nos restaram apenas pistas sobre prováveis conteúdos. Não cabe a nós, em retrospectiva e em posse de pontos de vista formulados por uma ortodoxia posterior, dizer quem estava "certo" e quem estava "errado".

Embora preservada em letra, a tradição de Enoque condenava a escrita, que era tida como invenção de anjos caídos

(1 Enoque 69,9-10). Os antigos sumos sacerdotes, dentre os quais a tradição de Enoque deita suas raízes, eram os únicos que tinham acesso ao santo dos santos e ao seu significado (Números 17,7). Os leigos nem sequer entravam no templo e, consequentemente, desconheciam seu mobiliário sagrado, não assistiam aos rituais internos e não podiam ouvir as palavras e os ensinamentos sagrados. Esses três aspectos representam os elementos de uma antiga religião de mistério: as coisas reveladas, *deiknumena*, as coisas feitas, *drōmena*, e as coisas faladas, *legomena*. Todavia, os relatos que nos chegaram das religiões de mistério vêm de fontes tardias, compiladas depois das escrituras hebraicas, e Clemente de Alexandria não disse nenhuma novidade ao descrever o cristianismo como herdeiro do templo original, ou seja, como religião de mistério.

Quando o culto do Primeiro Templo foi extinto, no fim do século VII AEC,[1] a classe sacerdotal foi dispersa e seus ensinamentos foram com ela expulsos. Elementos que faziam parte das tradições mais antigas foram então espalhados para longe; não obstante, sobreviveram em sistemas posteriormente rotulados de "gnósticos" e em textos que seriam chamados de "não canônicos". Na repartição de rótulos desse tipo, a evidência foi filtrada e um constructo artificial foi apresentado como a religião da antiga Jerusalém. Aqueles aspectos do cristianismo primitivo que não concordavam com esse constructo foram considerados exógenos, influenciados por elementos da filosofia grega, especialmente pelo platonismo. Isso, como veremos, foi uma distorção significativa.

---

[1] A autora faz uso dos termos AEC (Antes da Era Comum) e EC (Era Comum) como equivalentes acadêmicos dos tradicionais a.C. (antes de Cristo) e d.C. (depois de Cristo). (N.T.)

Há uma oração eucarística antiga: "Assim como esse pão partido, que foi disperso pelos montes, e que agora foi recolhido para se tornar um, assim também seja reunida a tua Igreja desde os confins da terra em teu Reino" (Didaquê 9). Espero que este pequeno livro nos ajude a reunir os fragmentos do misticismo do templo, o grande responsável pela visão original do Reino, cujo florescimento máximo resultou no que conhecemos por cristianismo.

Como de costume, meus agradecimentos vão para minha família, que felizmente entende os computadores, aos bibliotecários da Universidade de Cambridge e aos meus amigos. Gostaria de dedicar este livro a um desses amigos, que, talvez, não concorde com tudo que está dito aqui.

Margaret Barker

INTRODUÇÃO

O misticismo do templo é a chave para compreender as origens do cristianismo, muito embora não exista uma única passagem bíblica que responda diretamente à questão: o que seria o misticismo do templo? Assim, somos obrigados a reconstruí-lo a partir das lacunas em nossa compreensão sobre as origens do cristianismo, numa operação semelhante à de imaginar as peças que faltam, quando se monta um quebra-cabeça. A única e significativa diferença é que, nesse caso, não temos a foto completa da paisagem a nos guiar, como acontece com os jogos de quebra-cabeça; portanto, não podemos ter certeza absoluta sobre o verdadeiro aspecto das peças faltantes. Uma única peça que faltasse seria uma questão razoavelmente fácil de ser resolvida. Mas, de fato, o que temos são muitas peças que talvez tenham sido colocadas no lugar errado do quebra-cabeça; pior ainda, foram colocadas no quebra-cabeça errado.

O misticismo do templo é uma hipótese. Delineamos o que parece ter sido uma realidade e, então, verificamos em que medida as evidências disponíveis se encaixam no quadro proposto: quantos e quais os textos que fazem mais sentido e passam a ter mais coerência ao serem lidos dessa forma. Não é possível dar provas definitivas, mas o misticismo do templo é realmente capaz de fornecer novas respostas a questões importantes: quem Jesus pensava ser e o que acreditava estar fazendo; como os cristãos compreendiam sua nova fé; e como eles expressavam esse entendimento em seus cultos?

Como uma breve introdução ao tema e ao método aqui proposto, pretendo examinar alguns textos bem conhecidos à luz do misticismo do templo. São textos de Isaías, o profeta mais citado por Jesus, e de João, um personagem bastante próximo a Jesus e que, dessa forma, o teria compreendido melhor do que ninguém. Rastrear essa linha de textos nos trará resultados notáveis; e ainda temos toda uma Bíblia a esperar por uma releitura.

ISAÍAS

No ano em que morreu o rei Ozias, Isaías[1] viu o Senhor sentado num trono, no alto e elevado, e a sua vestimenta ocupava todo o santuário. João explicaria aos leitores, em seu Evangelho, que Isaías vira Jesus em glória (João 12,41). Isaías viu serafins de seis asas pairando sobre o trono, e os ouviu clamar uns aos outros: "Santo, santo, santo é o Senhor das Hostes; Toda a terra está repleta de Sua glória". O clamor fez todo o prédio tremer, e o profeta foi tomado pela consciência de seus próprios pecados e de sua insuficiência: "pois meus olhos viram o Rei, o Senhor das Hostes" (Isaías 6,1-5).

A visão de Isaías é a mais antiga evidência que temos sobre o misticismo do templo (a morte do rei Ozias é estimada entre 759 e 739 AEC) e esse breve relato inclui detalhes suficientes

---

[1] O profeta e sacerdote Isaías nasceu, provavelmente, antes da segunda metade do século VIII a.C., no reino de Judá. Isaías atuou como sacerdote do Templo de Jerusalém, profeta e conselheiro real. A tradição diz que foi morto e despedaçado a mando do rei Manassés por volta de 685 a.C. (N.T.)

para se estabelecer que o misticismo do templo, como atestado em fontes posteriores, era característico do Primeiro Templo. Posteriormente, João identificou a figura entronizada da visão de Isaías como Jesus em glória, indicando que os discípulos mais próximos de Jesus também o compreendiam no contexto do misticismo do templo. De fato, eles o identificavam como o personagem central da visão mística.

Todavia no estudo das escrituras hebraicas o misticismo do templo foi eclipsado por outro movimento, que veio dominar tanto a antiga transmissão e organização das escrituras quanto os textos acadêmicos modernos dedicados a seu estudo. O Deuteronômio negava que o Senhor pudesse ser visto. No relato deuteronomista, na descrição dos mandamentos que foram passados a Moisés, lemos: "ouviu-se o som de palavras, mas nenhuma forma foi distinguível" (Deuteronômio 4,12). No entanto, em outra versão do recebimento dos mandamentos, lemos que Moisés e outros viram o Deus de Israel (Êxodo 24,10), de modo que podemos supor que o escriba deuteronomista entrou em contradição com essa passagem. Ver o Senhor – o misticismo do templo – tornou-se um assunto controverso e foi, aparentemente, suprimido.

Na investigação proposta neste livro, e que, por necessidade, baseia-se em textos, a supressão dessa fonte antiga representa um problema imenso. Algumas evidências ainda podem ser detectadas, mas o processo de recuperação dessa tradição de um misticismo do templo está longe de ser tarefa fácil.

Vamos começar pela visão de Isaías. O profeta viu o Senhor entronizado e o ouviu falar. Isso deve ter ocorrido no santo dos santos, cujo outro nome era *d^ebir* (1 Reis 6,5.16 etc.; 2 Crônicas 4,20; Salmos 28,2). Como frequentemente ocorre com os termos associados ao templo, a primeira tradução grega (da Septuaginta, daqui em diante referida como LXX) simplesmente transliterou a palavra como *dabeir*, e versões posteriores a traduziram como "oráculo", o lugar onde o Senhor falou.[2] O Senhor apareceu ao sumo sacerdote na nuvem de incenso, acima do assento da misericórdia, o propiciatório (Levítico 16,2), pois o Senhor falara com Moisés "de cima do propiciatório e no meio dos dois querubins da Arca do Testemunho" (Êxodo 25,22; também Números 7,89). No tabernáculo do deserto, o contexto fundador desses versos, o propiciatório, com seus dois querubins, localizava-se atrás de um véu, ou seja, dentro do santo dos santos (Êxodo 40,20-21), e desempenhava a mesma função do trono que Isaías viu no templo. Ezequias, contemporâneo de Isaías, rezava "Ó Senhor das Hostes, Deus de Israel, que habitas entre os querubins [...]" (Isaías 37,16). A arca sob o propiciatório era o pedestal do trono. Davi planejara construir um templo "para a arca da aliança do Senhor, e como pedestal de nosso Deus" (1 Crônicas 28,2), e o salmista cantou a remessa da arca para Jerusalém, "Entremos no lugar em que ele mora, prostremo-nos diante de seu pedestal" (Salmos 132,7).

Não é relevante saber se Isaías estava ou não literalmente no santo dos santos; ele viu o Senhor lá entronizado. Sabendo-se que somente o sumo sacerdote podia adentrar o santo dos santos e, mesmo assim, apenas uma vez por ano, no dia da expiação (Levítico 16,12), faz toda a diferença saber que Isaías associou a visão que teve com a expiação de seus pecados. Um serafim pegou um toco de carvão em brasa, retirado do incensório do

---

[2] Logo, o *chrēmatistērion* de Símaco e o *oraculum* da Vulgata. A moda atual é derivá-lo de outro termo, traduzindo-o como "mais recôndito".

altar, e purificou os "lábios impuros" do profeta. Isaías sofreu essa experiência como se estivesse na pele de um sumo sacerdote; portanto talvez ele realmente *fosse* um sumo sacerdote, e um que recebeu essa visão no dia da expiação.

Isaías viu parte dos trajes do Senhor, pois a cauda de suas vestes preenchia o *hēkal*, a parte exterior do templo que corresponderia à nave de uma igreja tradicional. Na cosmologia do templo, essa seção do santuário representava a criação visível; logo Isaías viu as vestes do Senhor estenderem-se para além do trono, no santo dos santos, sobre o mundo material, o mundo exterior da nave. Na versão da LXX, lemos "a casa preenchida com sua glória", indicando que a referência às vestes do Senhor era uma forma de descrever a Sua glória, e a versão para o aramaico[3] também diz que o *hēkal* foi coberto pelo brilho da glória.

Em outro contexto, o termo "vestes" é usado para descrever a saia da cidade prostituta (Lamentações 1,9; Jeremias 13,26; Naum 1,9), mas também para falar das bordas da túnica sumo-sacerdotal. O escriba sacerdotal, em Êxodo, descreve as romãs de púrpura violeta e os sinos de ouro que decoravam as vestes do sumo sacerdote (Êxodo 28,33-34; 39,24-26), e, uma vez que a visão de Isaías situa-se no templo, é provável que os trajes do Senhor se assemelhassem aos do sumo sacerdote. A descrição mais antiga que temos dos trajes do sumo sacerdote nos dizem que eram vestimentas sagradas, destinadas ao "esplendor e ornamento" (Êxodo 28,2); por séculos persistiu a memória de que os

---

[3] O Targum de Isaías, tradução ampliada e com o acréscimo de certos detalhes e que nos revela como o texto em hebraico de Isaías era compreendido na época de Jesus.

trajes do sumo sacerdote haviam sido confeccionados com base nos trajes do Senhor, o portador da glória celestial.[4]

Isaías também viu os serafins, cujo nome significa "aqueles que queimam". Em outra passagem, nas escrituras hebraicas, os serafins são descritos como serpentes: "uma serpente alada" (Isaías 14,29; 30,6; também Deuteronômio 8,15). Na história de Moisés e das serpentes flamejantes, vemos a utilização de termos para "serpente", incluindo o termo *seraph* (Números 21,6-9). Jesus comparou sua própria "elevação" na cruz com a elevação da *seraph*, ainda que o significado original tenha sido perdido. A serpente, a *seraph* de bronze, ainda era usada nos cultos na época de Isaías, até ser destruída por Ezequias, o último dos reis em cujo reinado Isaías profetizou (2 Reis 18,4; Isaías 1,1). Cada um dos serafins que Isaías viu tinha seis asas. Além disso, Isaías descreveu o santo dos santos como tomado de seres ígneos. O Targum os descreve como "servos". Os serafins do santo dos santos não são mencionados em outras passagens na Bíblia. Portanto, pode ser que apareçam com outro nome.

Os serafins se fazem ouvir, e essa era outra característica da experiência mística. As visões nunca eram silenciosas. À medida que os profetas contemplavam a glória, eles também ouviam o som do santo dos santos. Isaías descreve a canção como:

> Santo, santo, santo é o Senhor das Hostes;
> Toda a terra está repleta de Sua glória.

A mensagem dos seres celestiais confundia-se com a glória do Senhor a preencher a terra, e essa realidade era um dos fundamentos do misticismo do templo, pois somente aqueles que

---

[4] Retornaremos a esse ponto; ver adiante, p. 228.

haviam vislumbrado a glória dos céus poderiam vê-la na terra. A canção dos serafins (daqui em diante "o Sanctus") foi ouvida por João quando este teve sua visão do trono (Apocalipse 4,8), tornando-se parte da liturgia cristã. Trata-se de um vívido lembrete de que a liturgia cristã deita suas raízes no misticismo do templo, em que os fiéis se unem aos seres celestiais no santo dos santos.

> Portanto, em comunhão com os anjos e arcanjos, e toda a companhia celeste, conclamamos e magnificamos o vosso glorioso Nome, louvando-o e dizendo: Santo, santo, santo, Senhor Deus das Hostes, o céu e a terra estão repletos de vossa glória: Glória ao Senhor, ó Deus Altíssimo.[5]

Isaías viu o templo cheio de fumaça, talvez a fumaça do incenso que o sumo sacerdote levava consigo ao santo dos santos, mas o profeta a descreve com um termo que indica a manifestação da ira do Senhor, *'ashan*, como quando lemos em "Ó Senhor das Hostes, por quanto tempo te inflamarás (*fumaça*) enquanto o teu povo suplica?" (Salmo 80,5). A reação de Isaías foi de quem está com medo e sabe de sua própria e grande falta, um pecado que fora cometido por seus lábios. Os detalhes foram perdidos, mas um pecado dos lábios designa a adoção de falsos ensinamentos, algo que ele compartilhara com seu povo: "Sou um homem de lábios impuros e vivo no meio de um povo de lábios impuros". Os serafins, então, purificam a boca dele com carvão em brasa retirado do altar; em seguida, o Senhor pergunta: "Quem hei de enviar? Quem irá por nós?", ao que Isaías responde: "Eis-me

---

[5] Retirado do Serviço da Comunhão, do *Livro da Oração Comum da Igreja Anglicana*.

aqui, envia-me a mim". Presumivelmente, o profeta purificado passaria o ensinamento verdadeiro.

Os místicos do templo eram mensageiros do céu na terra; a visão deles não comportava apenas um êxtase privado, mas sempre um chamado para se tornar portador da revelação. Isso explica as palavras enigmáticas dirigidas a Aarão e aos seus filhos (a família do sumo sacerdócio): "Tu e os teus filhos assumireis as funções sacerdotais em tudo o que se refere ao altar e em tudo o que está atrás do véu. Vós realizareis o serviço do culto" (Números 18,7). Eles eram os servos do Senhor, com acesso a tudo o que estava para além do véu, no santo dos santos, e isso incluía tanto os ensinamentos provenientes do santo dos santos como os ensinamentos a seu respeito. Malaquias admoestava os sacerdotes negligentes de sua época, dizendo-lhes que haviam sido chamados para que fossem "mensageiros do Senhor das Hostes" (Malaquias 2,7). Porém, esses mensageiros dos céus são chamados, mais comumente, de anjos – trata-se da mesma palavra em hebraico – de modo que os místicos do templo eram vistos como anjos na terra.

Hecateu, autor grego que escreveu por volta de 300 AEC, descrevia o sumo sacerdócio judaico exatamente dessa forma. Ele dizia que entre os judeus os sumos sacerdotes comportavam-se como anjos dos mandamentos de Deus, e quando Ele lhes dirigia o Verbo, eles imediatamente se prostravam ao chão e o adoravam, conforme eram passados os mandamentos.[6] Jesus ben Sira, um judeu de Jerusalém que viveu por volta de 200 AEC, dizia quase a mesma coisa a respeito do sumo sacerdote Simão:

---

[6] Hecateu, citado em Diodoro da Sicília, XL 3,5-6.

> Quão glorioso ele estava [...] ao sair da câmara do véu! [...][7]
> Trajando o seu manto de glória
> Vestindo-se com tremenda perfeição
> Dirigia-se ao santo altar
> E tornava gloriosa a área do santuário [...]
> (Ben Sira 50,5.11)

Já foi dito, algumas vezes, que Mateus equivocou-se ao descrever judeus adorando Jesus, como, por exemplo, depois de este ter acalmado uma tempestade na Galileia (Mateus 14,33). Segundo essas interpretações, nenhum judeu teria "adorado" outro ser humano; portanto, ao contar a história dessa forma, Mateus inseriu crenças posteriores. Mas, de outro ângulo, caso as pessoas de fato reconhecessem Jesus como um anjo na terra – e realmente foi o que aconteceu aos primeiros cristãos –, então o relato de Mateus é preciso.

O relato da mensagem que Isaías tinha de passar é a única pista que temos da transmissão de um falso ensinamento. As pessoas ouviam mas não compreendiam, viam mas não discerniam; e a razão para isso foi, provavelmente, a rejeição da sabedoria, uma vez que era ela quem fornecia o dom da compreensão e do discernimento. Além disso, temos, no caso, um oráculo (enunciado em que é chamado de forma quiástica),[8]

---

[7] A "câmara do véu" significava o santo dos santos, de modo que temos uma descrição do dia da expiação.
[8] "Quiasmo" é uma figura de linguagem estruturada em "X", de modo que reforce retórica e mnemonicamente os argumentos centrais de um raciocínio. Isso é feito pela repetição das mensagens principais em torno de um centro de gravidade retórico, o centro do "X". (N.T.)

no qual se observa um jogo de palavras característico do discurso do templo.

> (A) Torne *gordo* o coração deste povo,
>   (B) Torne *pesado* os seus ouvidos,
>   (C) E que *fechem* os olhos,
>   (C) Para que não vejam com os olhos,
>   (B) E não ouçam com os ouvidos
> (A) Mas compreendam com o coração, se convertam e consigam a cura.

O centro desse oráculo é a perda da visão, que, no caso, significa cegueira espiritual. Temos outro relato semelhante numa história estilizada que está preservada em 1 Enoque: "Todos que nele vivem (no templo) ficarão cegos, seus corações impiedosos abandonarão a Sabedoria; nela, porém, um homem ascenderá [...]".[9] Portanto, os sacerdotes do templo perderam a "visão" ao abandonarem a sabedoria, e Isaías ascendeu, presumivelmente, para se colocar diante do trono celestial.

Nesse oráculo, o jogo de palavras revela ambos os lados da mensagem do profeta, mas, na tradução que temos acima, essa sutileza original é perdida. O coração significa a mente, e o termo "gordo", *shemen*, é uma palavra cujas variadas formas podem significar tanto alguém gordo, no sentido de próspero e arrogante, como também o óleo de unção, prescrito para o tabernáculo (Salmos 45,7). O jogo de palavras brinca com o contraste entre mente ungida e mente arrogante. "Pesado", *kabōd*, é a mesma palavra para "glória", e o jogo de palavras indica, então, outro contraste: entre ouvidos que ouvem a glória e os que estão surdos para ela.

---

[9] 1 Enoque 93,8.

"Fechar" é literalmente "lambuzar, besuntar", *shaʿaʿ*, termo que se parece com *shaʿah*, e que significa "olhar para" o Senhor (por exemplo, Isaías 17,7; 31,1); portanto, o jogo de palavras contrasta olhos que olham para o Senhor com olhos besuntados que não conseguem vê-lo. Por outro lado, olhos besuntados de óleo sagrado estariam, simbolicamente, abertos, e assim, no estado ideal, ou seja, mente e olhos estariam ungidos e os ouvidos ouviriam a glória. No entanto, tudo isso foi perdido em razão de falsos ensinamentos, e a punição, para os que seguiram esses falsos ensinamentos, seria viver com aquilo que escolheram para si: ficariam sem sabedoria, tornando-se incapacitados para o discernimento e, portanto, privados do arrependimento e da cura. As sutilezas dessas implicações também se perderam nas traduções.

Quanto tempo isso duraria, pergunta Isaías; aqui, vemos outra característica desses textos do misticismo do templo. Frequentemente, eles estão danificados e a leitura fica comprometida. Às vezes, é possível reconstruí-los ao compará-los com traduções antigas, tais como as para o grego, mas, em geral, muito pouco pode ser restaurado. Esse "estrago", no tocante aos textos relativos ao templo, é tão frequente que não pode ter sido mera coincidência. No caso, Isaías ouve a voz celestial que o alerta para o seguinte fato: a perda ou rejeição da Sabedoria prosseguirá, até que a terra fique desolada, até que "os lugares abandonados sejam muitos", frase que em hebraico também pode significar "Grande é Aquele que foi rejeitado". A narrativa em 1 Enoque diz que a Sabedoria fora rejeitada e, dessa forma, pode ser que Isaías tenha recebido uma visão sobre o restabelecimento da Sabedoria, quando o discernimento retornaria. O verso final do chamamento de Isaías – hoje em dia, incompreensível – nos fala do "décimo" que restará, do toco do carvalho e da semente santa.

Recuperar o misticismo do templo não é tarefa fácil, mas essa breve leitura do chamamento e da visão de Isaías nos mostra quanto de seu estilo e mesmo certos elementos posteriores podem ser detectados e associados ao século VIII AEC: a visão do Senhor, glória, trono, seres celestiais, música, submissão humana diante do trono, recebimento do ensinamento, Sabedoria perdida e restabelecida e jogo de palavras. Esses elementos também estão presentes no livro do Apocalipse, especialmente ao se verter o texto, em grego, de volta para o hebraico ou para o aramaico. Temos, então, a música que cantam os seres celestiais em volta do trono; os servos diante do santo dos santos e do Senhor entronizado; a árvore da vida e o rio da vida, símbolos da Sabedoria. Além de tudo isso, temos também o ácido jogo de palavras que contrasta o que se fazia com aquilo que deveria ser feito, realidade presente *versus* visão.

JOÃO

João citou esse oráculo da perda do discernimento (da percepção) a fim de explicar por que algumas pessoas não aceitavam o ensinamento de Jesus, e ele o associa com outra passagem em Isaías: o poema do Servo, que foi reutilizado por um discípulo posterior de Isaías e está, hoje, localizado na parte intermediária do livro. Frequentemente descrito como Cântico ou Canto do Servo Sofredor (Isaías 52,13; 53,12), o poema descreve uma figura inominada cuja identidade é muito debatida. O poema sugere expectativas acerca de uma figura histórica, e parece que Isaías tinha duas concepções sobre quem seria essa figura. Desde o início, o Servo é desprezado e rejeitado, presumivelmente pelo próprio Isaías, mas este, em seguida, percebe que o Servo realiza o plano do Senhor, embora de uma forma que o profeta não esperava: "Mas o Senhor quis feri-lo, submetê-lo à enfermidade" (Isaías 53,10). A figura histórica mais provável que a reflexão de Isaías nos sugere foi Ezequias, pois este, quando os assírios ameaçavam Jerusalém,[10] esteve próximo da morte e foi rejeitado pelo profeta. No entanto, Isaías mudaria de ideia ao perceber que o rei enfermo viveria e veria Jerusalém livre dos assírios (Isaías 38,1-22).[11]

A conexão que faz João entre as duas passagens, a Visão do Chamamento e o Canto do Servo Sofredor, não é aleatória. Ambas se aplicavam a Jesus. Segundo João, ao ver o Senhor entronizado, Isaías contemplara Jesus pré-encarnado, e o Canto do Servo Sofredor foi usado então para interpretar a morte e a ressurreição de Jesus, e sabemos que o próprio Jesus fez o mesmo (Lucas 24,25-27). Juntamente com o Salmo 110 (outro texto do misticismo do templo), o Cântico é a narrativa mais citada no Novo Testamento, e além disso divide muitos elementos com a visão do chamamento de Isaías. Isso nos mostra que os primeiros cristãos de fato identificavam o Servo com a figura celestial entronizada entre os serafins.

O Canto do Servo Sofredor implica um conjunto de expectativas por meio das quais Isaías interpretou os eventos de sua época. O Canto começa: "Eis que o meu Servo há de receber entendimento, ele será elevado, exaltado e posto nas alturas". (Isaías 52,13). No grego temos: "Meu Servo terá entendimento [...]".[12] "Ele foi

---

[10] Trata-se do cerco fracassado a Jerusalém feito pelos neoassírios de Senaqueribe por volta do ano 700 AEC. (N.T.)

[11] Ver meu artigo "Hezekiah's Boil", *Journal for the Study of the Old Testament* 95 (2001), p. 31-42.

[12] O termo hebraico *śakal* significa, geralmente, "ter prudência ou discernimento" e, por vezes, "prosperar".

elevado e posto nas alturas" são as mesmas palavras da visão do trono, quando o próprio Isaías recebeu o dom do entendimento. O texto atual em hebraico[13] diz que o servo ficou "desfigurado além da imagem humana", e descreve seu sofrimento e sua rejeição, quando as pessoas pensaram que a miséria dele fosse punição pelos pecados. Então, o profeta percebeu que o servo era o portador do pecado e que seu fardo se prestava a proteger seu povo.

Isaías devia estar familiarizado com a figura de um servo que tinha de sofrer e deixar que sua vida se esvaísse, como oferenda, na expiação dos pecados do povo, provavelmente dentro de uma dinâmica ritual. No entanto, nesse texto de Isaías, *palavras-chave foram adulteradas ou removidas*. O Targum sabia que a figura se referia ao "meu servo, o Ungido", e os cristãos viam nessa passagem uma importante profecia associada ao Jesus sofredor, o Ungido. O Texto Massorético não faz menção à unção. O grande pergaminho de Isaías, encontrado em Qumran, dá-nos, todavia, uma contribuição extra para o termo "desfigurado": "sua aparência estava desfigurada para além da imagem humana", de modo que pode ser lido como "ungido". O servo estaria, então, "ungido para além da aparência humana, sua forma exprimida para além do humano"; em outras palavras, tratava-se de um homem transfigurado pela unção. Isso explica o motivo pelo qual o Targum e os primeiros cristãos pensavam que esse poema falava do Ungido, e também explicaria por que o Targum diz que o servo não se assemelhava a um homem comum, mas tinha brilho e esplendor santos.[14]

---

[13] O Texto Massorético.
[14] O Targum de Isaías 53,2.

Tampouco o Texto Massorético menciona "a luz" que o Servo viu, depois de seu sofrimento. Na LXX, lemos: "Foi vontade do Senhor [...] mostrar-lhe a luz e formá-lo no discernimento" (LXX Isaías 53,11), e os textos de Qumran de Isaías[15] também falam que ele viu a luz. Esses termos do hebraico de Qumran, que não aparecem no Texto Massorético, indicam um Canto do Servo Sofredor associado ao misticismo do templo: o Ungido elevado e exaltado, que viu a luz e recebeu o conhecimento. Além do mais, foi a versão de Qumran desse Canto que Jesus enunciou aos discípulos na Estrada de Emaús: "Não era preciso que o Cristo (o Ungido) sofresse tudo isso e entrasse em sua glória?" (Lucas 24,26). Por outro lado, no Texto Massorético, não há passagem em que se profetize o Ungido a sofrer e, depois, receber a glória. Portanto, *Jesus deve ter conhecido essa versão de Isaías, encontrada em Qumran*, e além disso os cristãos que legaram a Lucas o material de seu Evangelho deviam saber que Jesus usou o Canto do Servo Sofredor como profecia de si próprio.

Esse Canto inspirou um hino cristão primitivo. Em carta aos filipenses, Paulo cita uma passagem em que Jesus é apresentado como o Servo, e essa passagem é amplamente reconhecida como uma citação real de Paulo:

> Jesus Cristo [...] esvaziou-se a si mesmo, e assumiu a condição de servo, tomando a semelhança humana. E, achado em figura de homem, humilhou-se e foi obediente até a morte, e morte de cruz! *Por isso* Deus o sobre-exaltou grandemente e o agraciou com o nome que está acima de todo nome, para

---

[15] 1QIsa^a, 1QIsa^b e 4QIsa^d LXX.

que, ao nome de Jesus, se dobre todo joelho dos seres celestes, dos terrestres e dos que vivem sob a terra, e, para a glória de Deus, o Pai, toda língua confesse: Jesus é o Senhor.

(Filipenses 2,5-11)

"Esvaziar a si mesmo" é o Servo despejando sua alma (Isaías 53,12), e o "por isso" mostra que o hino, como no caso do Canto do Servo original, foi escrito segundo um padrão bem conhecido. Humildade e morte não resultam, automaticamente, em exaltação e altas honrarias. "Por isso" deve se referir a um padrão subjacente. Havia uma expectativa de que o servo que entregasse sua alma seria exaltado – "elevado e exaltado" –, embora o hino cristão nos dê informações adicionais que não estão explicitadas no Canto do Servo.

Ao Servo exaltado foi dado o nome acima de todo nome, em outras palavras foi-lhe concedido o nome de Yahweh.[16] Assim, toda criação, no céu e na terra, curvar-se-ia diante Dele, reconhecendo, em Jesus, Aquele que foi Ungido: o Senhor ou Yahweh.[17] Isso está presente no livro do Apocalipse na visão do Cordeiro[18] que foi entronizado e, então, adorado por toda a criação (Apocalipse 5,6-14). João sabia que Aquele que Isaías vira entronizado, elevado e exaltado, "o Senhor das Hostes", era o homem que ele conhecera como Jesus. Essa transformação, um

---

[16] A palavra "Yahweh" foi, aqui, favorecida em detrimento de outras formas mais comuns em língua portuguesa, como "Iavé" ou "Javé". O termo "Yahweh" foi escolhido por ser mais fiel ao tetragrama sagrado 'YHWH' ou יהוה. (N.T.)
[17] "O nome de Jesus" significa "o nome que lhe foi dado".
[18] "Cordeiro" e "Servo" são termos equivalentes, como veremos adiante, na p. 225.

humano sendo elevado e tornado divino, compreendia o núcleo central do misticismo do templo.

João nos descreve Jesus orando depois da última ceia, pouco antes de sair em direção ao jardim, onde seria preso. Certamente, esse foi o clímax de seu ministério, que ficou gravado na mente de João, e este era, provavelmente, o discípulo "mais amado", e ele estava presente na ceia (João 13,23). Talvez Jesus não tenha usado, exatamente, os mesmos termos, mas João preservou um claro testemunho de como Jesus via a si mesmo como sumo sacerdote, nos moldes da tradição dos místicos do templo.

Jesus orou, "E, agora, glorifica-me, Pai, junto de ti, com a glória que eu tinha junto de ti antes que o mundo existisse" (João 17,6). A referência é a cosmologia do templo: a glória é o estado representado pelo santo dos santos, a criação invisível que está para além do tempo e da matéria. Jesus sabia que estivera nesse estado, antes que a criação visível fosse formada no tempo, e sabia que ele, em breve, retornaria a esse estado. Ele sabia que era o "Senhor, por quem tudo existe e por quem nós somos" (1 Coríntios 8,6), que era ele quem "no princípio estava com Deus. Tudo foi feito por meio dele e sem ele nada foi feito" (João 1,2-3). O termo "o princípio" era apenas outra forma de descrever o santo dos santos e tudo que este representava.

Retornaremos a essa oração mais tarde;[19] no momento é suficiente notar algumas das características do misticismo do templo. "Para que seja um, como nós somos um." (João 17,11) A unidade era o coração do ensinamento do templo, e o santo dos santos representava essa unidade: origem de toda a criação. O relato da criação, em Gênesis, começa com a separação entre

---

[19] Ver adiante, p. 128.

a luz pré-criada e a escuridão, no Dia Um, indicando, portanto, a unidade original (Gênesis 1,3-5).[20] O processo de criação implicava separação e distinção: o firmamento separou as águas, as luzes celestiais separaram o dia da noite (Gênesis 1,7-14) e "a cada um segundo a sua espécie" (Gênesis 1,12.21.24). Os laços da grande aliança mantinham juntos os elementos da criação, e estes eram guardados pelo Nome. Consequentemente, os "Muitos" perfaziam uma "Unidade" por meio do Nome.

Assim, Jesus orou: "Pai santo, guarda-os em teu nome que me deste, para que sejam como nós (um como somos um)" (João 17,11). Por meio de seus discípulos, Jesus estenderia sua unidade:

> Não rogo somente por eles, mas pelos que, por meio de sua palavra, crerão em mim: a fim de que todos sejam um. Como tu Pai estás em mim e eu em ti, para que eles estejam em nós, para que o mundo creia que tu me enviaste.
>
> (João 17,20-21)

A Unidade era tanto o sinal quanto a prova da origem divina. Jesus trouxera a glória para a criação material, e algumas pessoas puderam reconhecer essa realidade – "e nós vimos a sua glória" (João 1,14) – da mesma forma que Isaías aprendera que toda a criação estava repleta de glória. Os discípulos se tornariam veículos da glória, constituindo outro sinal e outra prova de sua origem divina:

> Eu lhes dei a glória que me deste para que sejam um, como nós somos um: Eu neles e tu em mim, para que

---

[20] Não "*o primeiro* dia". Os textos antigos são unânimes em dizer que se tratava do Dia Um, o dia da unidade.

sejam perfeitos na unidade e para que o mundo reconheça que me enviaste e os amaste como amaste a mim.

(João 17,22-23)

Jesus orou para que seus discípulos se juntassem a ele e o vissem em sua glória:

Pai, aqueles que me deste quero que, onde estou, também eles estejam comigo, para que contemplem minha glória, que me deste, porque me amaste antes da fundação do mundo.

(João 17,24)

Jesus orou para que seus discípulos pudessem estar onde Isaías estivera, vendo-o na glória da luz pré-criada, no santo dos santos, no princípio de todas as coisas e, portanto, vislumbrassem o estado anterior à criação do mundo material.

João viu exatamente isso, em sua visão do trono (Apocalipse 22,1-5). Ele viu a Nova Jerusalém como um imenso cubo de ouro (Apocalipse 21,15-18), em outras palavras, viu-a como um santo dos santos gigantesco, mas sem nenhum templo ao seu redor, porque tudo ali seria o próprio templo. No meio do santo dos santos, via-se o trono do Deus-e-o-Cordeiro, a forma que João encontrou para descrever o Cordeiro tornado divino. Fluindo do trono, estava o rio da vida a regar as raízes da árvore da vida. Esses, como veremos, eram símbolos da Sabedoria; portanto, João viu a Sabedoria restaurada no santo dos santos. Os servos de Deus-e-o-Cordeiro o adoraram e viram a sua face. O Seu nome estava em suas frontes. O Nome na fronte significava apenas uma coisa: eram todos sumos sacerdotes e, portanto, tinham adentrado o santo dos santos para ficar diante do trono, na presença do Senhor: "Aproximemo-nos, então, com segurança do trono da graça para conseguirmos misericórdia e alcançarmos graça, com ajuda oportuna" (Hebreus 4,16).

A visão de João é o "retrato" mais primitivo da adoração cristã. Os servos, o novo sumo sacerdócio coletivo, posicionavam-se diante do trono e da luz pré-criada. "Reinarão por toda a eternidade" significa a restauração do sacerdócio real. Pedro os descreveu como "raça eleita, sacerdócio real, nação santa, o povo de sua particular propriedade [...] daquele que vos chamou das trevas para a sua luz maravilhosa" (1 Pedro 2,9).

Da mesma forma que Isaías se tornara um mensageiro do Senhor ao ficar diante do trono, João tivera a mesma experiência. As cartas às sete igrejas são os textos cristãos mais antigos,[21] enviadas de Jerusalém para os cristãos da Ásia Menor. João as recebera do Senhor ressuscitado que aparecera para ele no templo como uma figura radiante, o Senhor brilhando em glória (Números 6,24-26). Todas as cartas indicam que o misticismo do templo constituía manancial comum ao discurso cristão primitivo: comer da árvore da vida, conquistar a segunda morte, comer o maná oculto, receber um novo nome e ser designado como Estrela Matutina,[22] trajar vestimentas brancas, abrir os olhos ungidos de óleo santo, e compartilhar o trono celestial (Apocalipse 2,7.11.17.28; 3,5.12.18.21).

O misticismo do templo é a chave de compreensão das origens do cristianismo: como Jesus se via, como os primeiros cristãos compreenderam a nova fé (ou melhor, como recuperaram a antiga fé) e como expressaram essas coisas em seu culto.

---

[21] Consultar meu livro *The Revelation of Jesus Christ*. Edinburgh, T&T Clark, 2000, p. 69-70.
[22] "Eu darei a ele a Estrela Matutina" é uma interpretação demasiadamente literal da expressão semita "Eu o designarei como Estrela Matutina".

Introdução ao
MISTICISMO DO TEMPLO

Capítulo I

AS FONTES

A primeira fonte do misticismo do templo é o próprio templo e o que ele representava. Na Bíblia, temos muitas descrições do templo (1 Reis 6-8; 1 Crônicas 28,11-19; 2 Crônicas 3-6), e os relatos detalhados sobre o planejamento e a edificação do tabernáculo do deserto evidenciam certas características do templo (Êxodo 25-40). Fora os textos bíblicos, temos os escritos de Josefo em que se encontra uma descrição do tabernáculo[1] e do templo que Josefo conheceu, no século I EC.[2] Temos também os relatos de Fílon, seu contemporâneo mais antigo, que menciona frequentemente o templo e seu simbolismo. Além disso, temos escritos tais como 1 Enoque, considerado pelos primeiros cristãos como parte das Escrituras, mas que não mais integram as Bíblias na maioria das Igrejas. A tradição de Enoque é particularmente importante em nossa investigação, uma vez que parte expressiva de seus registros se refere à tradição do templo, ou assim parece. Muitos textos referentes ao "templo" não se autoproclamam como tais, de modo que o processo de recuperação de sua teologia e tradição mística impõe, sobre o investigador, a reconstrução de cenários possíveis com base em textos aparentemente isolados.

---

[1] Josefo, *Antiguidades Judaicas* 3,102-207.
[2] Josefo, *A Guerra Judaica* 5,184-237.

Uma dessas reconstruções é absolutamente inequívoca: tanto o tabernáculo quanto o templo posterior foram edificados para que representassem a criação. As fontes antigas diferem, entre si, nos detalhes, mas os seis estágios da edificação do tabernáculo correspondem aos seis dias da criação. Os livros de Moisés começam com a visão que este teve da criação; logo, o primeiro capítulo do Gênesis descreve a visão de Moisés no Sinai, que durou seis dias (Êxodo 24,16). Então, Deus falou com ele do alto e lhe ordenou que construísse um tabernáculo, segundo a visão que recebera na montanha (Êxodo 25,9). O relato de construção do tabernáculo (Êxodo 40,16-33) corresponde aos seis dias da criação em Gênesis capítulo 1.[3] O santo dos santos, protegido pelo véu, representava o princípio da criação, e a parte exterior do tabernáculo representava a criação visível, do terceiro ao sexto dia.

Somente os sumos sacerdotes tinham permissão para entrar no santo dos santos, e apenas eles conheciam o seu significado, no coração da criação. As questões pertinentes à realidade do "interior ao véu" eram confiadas somente a eles (Números 18,7); aparentemente, isso também valia para os significados do mobiliário e dos vasos sagrados. Orígenes (falecido em 253 EC), mestre cristão dos textos bíblicos, quando escreveu no início do século III, disse que mesmo aos levitas não era permitido contemplar os objetos do tabernáculo. Os sumos sacerdotes tinham de embrulhá-los, antes que os levitas pudessem transportá-los (Números 4,5-15). A tradição judaica dizia que o mobiliário original do templo fora perdido ou escondido na época do rei Josias (século VII AEC), e que seria restituído na época do Messias.

---

[3] Cada estágio está marcado, em Êxodo 40, por "Como o Senhor ordenou a Moisés".

Os textos de Qumran fazem referência ao ensinamento velado ou perdido. Essa comunidade se considerava um remanescente fiel, para a qual Deus revelara "as coisas ocultas, das quais toda Israel se afastara. Deus descortinara, diante deles, os santos *Sábados* e seus banquetes de glória, o testemunho dos justos e a forma da verdade [...]". Deus reconstruíra sua comunidade junto aos sacerdotes que permaneceram fiéis, ao passo que outros trilharam pelo descaminho. Esses fiéis estavam "destinados a viver para sempre, toda a glória de Adão será deles".[4] Outro texto nos fala de professores que se esconderam e guardaram o segredo,[5] e Josefo nos diz que os essênios faziam juramento para não revelar nenhum de seus segredos, guardando os livros e os nomes dos anjos.[6] Assim, a manutenção do misticismo do templo implicava a preservação do sumo sacerdócio original, e os cristãos enfatizavam que Jesus era o seu grande sumo sacerdote, aquele que atravessara os céus, isto é, o véu (Hebreus 4,14). Os textos sobre o santo dos santos também foram escondidos. Como já vimos, certos termos de alguns textos bíblicos conhecidos apresentavam formas alternativas, e estas, por sua vez, expressavam os ensinamentos místicos do templo. Uma história escrita no início do período cristão (cerca do ano 100 EC) nos mostra que muitos textos sagrados foram deliberadamente escondidos, mantidos somente ao alcance dos sábios.

A história nos diz que Esdras, um judeu que chegou a Jerusalém vindo da Pérsia no século V AEC, ouviu uma voz divina

---

[4] Orígenes, Homilia 5, em *Números*.
[5] *Números Rabbah* XV,10.
[6] O Talmude babilônico *Horayoth* 12a.

que a ele se dirigiu de um arbusto, dizendo-lhe que ele seria o novo Moisés.

> Conduzi-o [Moisés] ao Monte Sinai, onde o guardei comigo muitos dias; e eu lhe disse coisas maravilhosas, mostrei-lhe os segredos dos tempos e o fim dos tempos. Então, ordenei-lhe dizendo: "Essas são as palavras que você deve pronunciar abertamente, e essas são as que você deve manter em segredo".
>
> (2 Esdras 14,4-6)

A distinção entre as coisas secretas e o que poderia ser ensinado abertamente não era novidade. Já no Deuteronômio, Moisés disse: "As coisas escondidas pertencem ao nosso Senhor; as coisas reveladas, porém, pertencem a nós e aos nossos filhos para sempre, para que coloquemos em prática todas as palavras da lei" (Deuteronômio 29,29). Os deuteronomistas não negavam a existência "das coisas secretas", embora questionassem sua relevância diante das questões práticas da vida e da manutenção da Lei.

Esdras se queixava de que a Lei fora queimada quando Jerusalém foi destruída pelos babilônios, e ninguém mais sabia das grandes obras que o Senhor realizara. Então, ele foi instruído para que escolhesse cinco escribas e, inspirado pelo Altíssimo, ditasse-lhes os livros perdidos.

> Assim, durante quarenta dias noventa e quatro livros foram escritos. Passados os quarenta dias, o Altíssimo falou comigo, "torna público os primeiros vinte e quatro livros que escrevestes, e deixe que o digno e o indigno os leiam. Mas que se mantenham guardados os

setenta que foram escritos por último; dê-os somente aos sábios entre seu povo. Pois neles reside a primavera do discernimento, a fonte da sabedoria e o rio do conhecimento". E assim fiz.

(2 Esdras 14,44-48)

Esdras tinha de restaurar tudo, mas somente um quarto dos livros santos estaria aberto para leitura pública. Segundo essa narrativa, a maior parte dos textos destinava-se exclusivamente aos sábios. Sabendo-se que os 24 livros permitidos compreendiam as Escrituras hebraicas, *a história nos mostra que os ensinamentos mais importantes – discernimento, sabedoria e conhecimento – não faziam parte das escrituras hebraicas.*

A *Mishná*, coletada por volta do ano 200 EC, preservou tradições e costumes do período final do Segundo Templo. Dentre eles, estão catalogadas passagens da escritura canônica que eram censuradas nas leituras públicas, ou para a explicação em público. Dentre esses conteúdos, temos algumas passagens escandalosas como, por exemplo, a história de Rúben quando tomou a concubina de seu pai (Gênesis 35,22) e a história de Tamar seduzindo o próprio sogro (Gênesis 38,13-19), além da história de Davi e Bate-Seba (2 Samuel 11,2-17). Outras histórias também eram proibidas, mas por motivos distintos: os textos do templo que tratavam do santo dos santos, como a visão de Ezequiel do trono em forma de carro[7] (Ezequiel 1,4-28), a história do

---

[7] A palavra, em geral traduzida para o português como "carro", refere-se, talvez, à biga ou ao carro de guerra do mundo antigo, que era puxado por cavalos e podia receber de dois a quatro homens. Todavia pode ser o caso de termos, em referência mística, a imagem de discos alados, ou rotativos, que manifestavam seres angelicais. (N.T.)

princípio da criação (Gênesis 1,1-3), e mesmo a bênção sumo-sacerdotal que clamava pela presença resplandecente do Senhor (Números 6,24-26).[8] Às vezes, a versão de Números para o aramaico deixava os versículos proibidos em hebraico, para que as pessoas comuns não pudessem lê-los.

A história dos setenta livros secretos condiz com o costume de não ler ou expor certas passagens das Escrituras. O que nos interessa, em nossa investigação, é o fato de os cristãos conhecerem e usarem, abertamente, essas passagens censuradas: a visão de Ezequiel do trono em forma de carro encontra ecos no livro do Apocalipse, e a presença resplandecente do Senhor converge na proclamação de João: "Nós vimos a sua glória" (João 1,14). Foram os cristãos que preservaram a história judaica de Esdras. Eles conheciam outros livros do cânone hebraico e os esconderam, e também foram os cristãos que preservaram os textos hebraicos não canônicos. Mas, quem foi Esdras?

ESDRAS

Esdras foi enviado pelo rei da Pérsia, no século V AEC, para restabelecer a comunidade judaica em Jerusalém. O rei Artaxerxes enviou "Esdras, o sacerdote, escriba da lei de Deus" (Esdras 7,12) para que este pusesse em vigência as crenças e observações religiosas "corretas". Exatamente quando chegou a Jerusalém não sabemos, uma vez que a cronologia dos livros Esdras/Neemias não está clara, mas a história diz que ele proclamou a Lei para o povo reunido da cidade, e os levitas ajudaram as pessoas a compreender. Portanto, Esdras, o sacerdote,

---

[8] Mishná *Megillah* 4,10; Mishná *Hagigah* 2,1.

restaurou as Escrituras para o povo, e coube aos levitas dar a interpretação oficial (Neemias 8,1-8). Todavia, tratou-se de uma atribuição nova para os levitas. Segundo Crônicas, Davi os tinha designado, originalmente, como músicos do templo, para que louvassem e agradecessem ao Senhor, invocando a presença Dele (1 Crônicas 16,4). *Esdras se associa ao texto restaurado e ao seu significado.* Esdras, sumo sacerdote e escriba, tornou-se uma figura simbólica. Da mesma forma que Moisés dera a Lei, Esdras restaurara as Escrituras.

Em si, a figura de Esdras é um mistério. Ele não é mencionado por Ben Sira em sua lista de homens notáveis, na qual, dentre outros, figuram grandes personagens do início do período do Segundo Templo: Zorobabel, Joshua e Neemias (Ben Sira 49,11-13). Tampouco sua genealogia está livre de suspeitas. Esdras nos é apresentado como sumo sacerdote, mas, para isso, a linhagem sacerdotal teve de sofrer alterações. Segundo a genealogia sumo-sacerdotal, a linhagem seria: Azarias, Seraías e Josedeque, e este foi levado ao cativeiro; em seguida, teríamos Joshua, o sumo sacerdote que retornou do exílio (1 Crônicas 6,14; Ageu 2,2). No entanto, conforme a genealogia de Esdras, a linhagem passou a ser Azarias, Seraías e Esdras (Esdras 7,1); nessa segunda versão, Josedeque e Joshua desaparecem. "Esdras" e as suas escrituras substituíram a antiga linhagem sumo-sacerdotal; os levitas também foram reposicionados e passaram a ter um novo papel como intérpretes do texto, em vez de permanecerem na antiga função de músicos de Deus.

Um relato mais detalhado da restauração efetivada por Esdras é encontrado em 2 Esdras, cuja versão mais antiga é conhecida como *Apocalipse de Salatiel,* que foi expandido e preservado pelos escribas cristãos.⁹ As escrituras foram restauradas trinta anos após a queda de Jerusalém, e somos convidados a acreditar que essa história nos remete à primeira destruição da cidade, em 586 AEC. Na verdade, a história foi escrita depois da segunda destruição, em 70 EC, mas a "história que repete a si mesma" já era um estilo literário bem conhecido. A restauração das escrituras efetivada por "Esdras" indica como as escrituras foram reagrupadas e preservadas por volta do ano 100 EC, e essa história integra o *Apocalipse de Salatiel* judaico. Não se sabe se na época houve, de fato, um processo formal de recuperação e preservação das escrituras liderado pelos rabinos de Jâmnia ("o Concílio de Jâmnia"),[10] mas sabemos que o imperador Vespasiano permitiu que esse centro judaico de conhecimento sobrevivesse à destruição,[11] e os mestres de Jâmnia devem ter se envolvido.

Houve três desenvolvimentos decorrentes. Primeiro, o cânone das escrituras judaicas foi definido. Não temos uma lista precisa de quais eram os livros considerados santos na época de Jesus. Josefo nos diz que havia 22 livros: cinco livros de Moisés, treze de história e profecia e quatro de hinos e guia de conduta, mas nenhum deles é nomeado.[12] A forma atual de contabilizar as escrituras hebraicas nos fornece 24 livros.[13] Será que Josefo dividia os livros de forma distinta? Ou será que ele conhecia uma lista diferente? Em Qumran, temos os vestígios de 21 cópias de Isaías e trinta do Deuteronômio, mas nenhuma para

---

[9] Na Vulgata, recebeu o título de 4 Esdras. Os acréscimos cristãos são capítulos 1-2 e 15-16.
[10] Também chamada de Yabneh ou Jabneh.
[11] O Talmude babilônico *Gittin* 56b.
[12] Josefo, *Contra Apion* 1,8.
[13] Os doze profetas menores compreendem um livro.

1 Crônicas e Neemias,[14] e nenhuma para Ester. No entanto, foram encontradas vinte cópias de 1 Enoque e quinze de Jubileus. É provável que, na biblioteca de Qumran, tanto 1 Enoque quanto Jubileus integrassem a Escritura, mas, uma vez mais, não há nenhuma lista. Cinquenta anos depois da destruição do templo, R. Akiba ensinava que aqueles que lessem os livros excluídos não teriam lugar no mundo vindouro,[15] de modo que deve ter havido, na época, um cânone hebraico reconhecido. Ademais, não se tratou somente de uma definição do cânone da Escritura no início do século II EC, mas é preciso notar que os outros livros, presumivelmente os livros aos sábios, foram proibidos.

Em segundo lugar, a forma do texto hebraico foi fixada. Por vezes, se diz que o texto das escrituras hebraicas foi "estabilizado" depois do ano 100 EC, mas isso não significou um processo natural, como os processos de decadência e regeneração. *Significou, sim, que alguém o estabilizou.* Os textos encontrados em Qumran às vezes diferem daqueles encontrados no Texto Massorético, e seria razoável perguntar quais foram os critérios que determinaram a forma final do texto escolhido pelos estabilizadores que moldaram o texto "padrão" Massorético. Há bons motivos para acreditarmos que o Texto Massorético foi escolhido dentre várias alternativas disponíveis. Além disso, parte de antigas leituras foi removida e alterada, em resposta às alegações do cristianismo.

Parte da evidência que corrobora essa suspeita se sustenta na encomenda de novas traduções gregas do texto hebraico, feitas no século II EC.[16] Os cristãos haviam adotado a antiga tradução

---

[14] Embora possam ter integrado um pergaminho maior.
[15] Mishná *Sanhedrin* 10,1.
[16] As traduções de Teodócio, Áquila e Símaco.

grega, a LXX, e que, originalmente, fora aceita pela comunidade judaica alexandrina como uma tradução miraculosamente precisa do texto hebraico. Quem ousasse alterá-la seria amaldiçoado.[17] Todavia, por volta do século II EC, a tradução da LXX foi condenada: "O dia de sua tradução foi tão atroz para Israel quanto o dia do bezerro de ouro [...]".[18] A partir daí, a LXX não foi mais vista como uma tradução precisa, e novas traduções para o grego se fizeram necessárias. *Isso só pode significar que o texto hebraico, usado para a LXX, fora suplantado, de modo que o antigo grego não mais representava o hebraico contemporâneo.* Termos "cristãos" foram evitados. Áquila, por exemplo, não usa o termo *christos*, ungido, em nenhum dos textos do Antigo Testamento, mas cria uma nova palavra: *eleimmenos*, besuntado em óleo.

Além disso, foi determinado que os pergaminhos e escritos usados pelos *minim*, ou seja, pelos cristãos, tinham de ser destruídos e não poderiam ser resgatados do fogo.[19] "As revelações, *gilyonim*, e os livros dos *minim* não corromperão nossas mãos." O que significava dizer que não eram sagrados.[20] Portanto, "revelação" passou a ser característico dos cristãos, e os judeus zombavam dessa palavra com sarcasmo e usavam jogos de palavras. *Evangelion*, o termo grego para "Boa-Nova", era pronunciado, em hebraico, com duas palavras com sons semelhantes, *avon gilyon*, que significava "revelação iníqua", ou ainda *aven gilyon*, "revelação imprestável".[21]

---

[17] *Carta de Aristeas* 311; Fílon, *Moisés* II,40.
[18] Mishná *Soferim* 1,7.
[19] O Talmude babilônico *Gittin* 45b, Tosefta *Shabbat* 13,5; Tosefta *Yadaim* 2,13.
[20] Tosefta *Yadaim* 2,13.
[21] O Talmude babilônico *Shabbat* 116a. A frase foi censurada em algumas edições.

O processo de alteração das escrituras não era novo. Por vezes, descrita como "escritura reescrita", a prática mostra como os textos santos eram usados como veículos para novas interpretações e ensinamentos. Uma comparação entre textos bem conhecidos nos mostra, por exemplo, que a história de Davi e Bate-Seba, encontrada em 2 Samuel 11, não aparece na parte correspondente em 1 Crônicas: uma história que retrata Davi de forma pouco louvável. Descrições do santo dos santos em 1 e 2 Crônicas não aparecem em 1 Reis, como veremos. O retorno dos exilados da Babilônia, tendo Esdras como figura proeminente,[22] é descrito em 1 Enoque como o retorno das ovelhas cegas, cujo serviço no templo estava corrompido, ou seja, tratava-se de uma geração de apóstatas.[23] O terceiro Isaías, que na época profetizava, descreve os líderes do templo como seus "guardiões", embora sejam retratados como cegos e ignorantes, isto é, pastores sem discernimento (Isaías 56,10-11). Os capítulos finais de 1 Enoque alertam sobre aqueles pecadores que adulteram os textos: "Ai de vós pecadores; pois com as palavras de vossas bocas, e com a obra de vossas mãos, tendes agido impiamente". "Eles farão coisas más e pronunciarão falsidades."[24] Nesses textos, como de costume, ninguém era nomeado, embora os eventos fossem registrados.

Determinados escribas estavam autorizados a "restaurar" o texto, mudando passagens que considerassem blasfemas ou inapropriadas. Tradicionalmente, temos dezoito dessas *tiqqune*

---

[22] Os relatos do período estão desordenados, mas ver Esdras 8-10 e Neemias 8.
[23] 1 Enoque 89,73-74; 93,9.
[24] 1 Enoque 99,2; 104,10, trad. D. Olson, *Enoch*. North Richland Hills, Bibal Press, 2004.

sopherim,²⁵ ou restaurações dos escribas; estes, em suas mudanças, reivindicavam para si a autoridade de Moisés: "Palavras lidas mas não escritas, palavras escritas mas não lidas, são todas *halachah* de Moisés no Sinai". As convenções posteriores que determinaram a leitura e "fixaram" o significado dos textos, diziam os escribas, amparavam-se nas palavras de Esdras, descritas em Neemias 8,8: "E leram do livro, da Lei de Deus" refere-se às escrituras; "claramente" faz referência ao Targum; "e eles deram o sentido" se referia à divisão em frases; "assim se pode compreender a leitura" é uma referência aos diferentes sotaques ou, segundo alguns, ao *masoroth*.²⁶ Essas convenções foram os laços ou os grilhões (como em Ezequiel 20,37) por meio dos quais o significado do texto foi fixado; posteriormente, seria dito que a palavra viera de *masar*, que significava transmitir, em outras palavras, passar a leitura tradicional.

O trabalho desses escribas era sofisticado e determinado por regras rígidas. Letras podiam ser rearranjadas, e uma letra ou mesmo duas poderiam ser substituídas por outra. Isso pode ser visto no seguinte caso. Um exército em dispersão recebe ordens para que envie "cada um para as suas tendas" (2 Samuel 20,1; 1Rs 12,16; 2Cr 10,16). No entanto, no original, lemos "cada um para o seu Deus", mas isso implicaria a existência de um politeísmo em Israel; portanto, o trecho foi adulterado ao se reposicionar as letras *l* e *h*. No caso, *l'lhyw*, "para o seu Deus", se tornou *l'hlyw*, "para as suas tendas". Por vezes, a mudança era feita no intuito de remover um termo ofensivo: O filho de Saul ficou conhecido como *Eshba'al* (Isbaal), homem de Baal

---

²⁵ Também pronunciado *tikkune soferim*.
²⁶ São, ambas, citações do Talmude babilônico *Nedarim* 37b.

(1 Crônicas 8,33), mas, ao mudar as duas últimas letras, teríamos *Ishbosheth* (Isboset), homem da vergonha (2 Samuel 2,8). Em outros casos, todavia, é uma motivação teológica que está em jogo: "Façamos o homem à nossa semelhança" tornou-se "farei o homem [...]" mudando-se apenas uma letra. Como nos diz Jerônimo, foram treze as alterações desse tipo, feitas na tradução da LXX. Consequentemente, o rei Ptolomeu do Egito não suspeitaria de profecias místicas sobre um Messias e que os judeus adoravam um segundo Deus.[27] Isso vale também para os "filhos de Deus" no Canto de Moisés, claramente os antigos anjos das nações. Nesse caso, duas letras foram modificadas, e os filhos de Deus se tornaram, no Texto Massorético, incompreensíveis "filhos de Israel". Todavia tanto no texto de Qumran quanto na LXX lemos o original "filhos de Deus" (Deuteronômio 32,8). Os escribas trocaram o *h* e o *m* por *ś* e *r*, alterando *'lhym*, Deus, para *yśr'l*, Israel.

Esses escribas se associavam a Esdras e a uma organização conhecida como "os homens da Grande Sinagoga".[28] A tradição dizia que um grupo de cento e vinte anciãos, incluindo alguns profetas, voltou do exílio com Esdras para restabelecer as regras corretas de observância da Lei. Na verdade, esse grupo constituiu a ponte entre os profetas e os professores ulteriores da Lei. "Moisés recebeu a Lei no Sinai e a confiou a Joshua, este a confiou aos anciãos, que a confiaram aos profetas, e estes a confiaram aos homens da Grande Sinagoga."[29]

---

[27] Jerônimo, Prefácio *de Questões Hebraicas sobre o Gênesis*; também no Talmude de Jerusalém, *Megillah* 1,9.
[28] Ou "a grande assembleia".
[29] Mishná *Aboth* 1,1.

Simão, o Justo,[30] foi o último integrante dessa organização original, mas a tradição de ensino e interpretação da Lei continuou por séculos. Os herdeiros da "Grande Sinagoga" eram responsáveis pela decisão sobre quais livros (e quais versões) deveriam ser incluídos no cânone, e as muitas alterações que fizeram talvez sejam o motivo por trás da observação de Jesus de que em seu ensinamento nem mesmo uma única vírgula seria omitida (Mateus 5,18). Um *agraphon*, dito não encontrado nos Evangelhos mas atribuído a Jesus, anunciava: "Sejam como banqueiros experientes", o que significava que os seus seguidores tinham de identificar as falsificações, distinguindo a verdadeira da falsa Escritura.[31]

Os herdeiros da Grande Sinagoga eram responsáveis pela forma como a tradição oral, passada a Moisés no Sinai, seria observada; e Jesus, segundo Marcos, criticara a "tradição dos anciãos" de ter abandonado os mandamentos de Deus, trocando-os pela "tradição dos homens", "invalidando a Palavra de Deus pela tradição que transmitistes" (Marcos 7,5-8.13).

Os anciãos também eram responsáveis pela forma do culto na sinagoga, especialmente as "Dezoito Bênçãos". Ninguém sabe ao certo quando essas bênçãos foram compostas, mas R. Gamaliel II, o grande professor do período de Jâmnia, dizia que elas deveriam ser entoadas todos os dias.[32] Foi por volta dessa época que uma décima nona bênção foi adicionada, denominada "bênção aos heréticos", mas que se tratava, é claro, de uma maldição

---

[30] Provavelmente, o Simão mencionado em Ben Sira 50,1-21, cerca de 200 AEC.
[31] Isso pode ser encontrado nas *Homilias Clementinas* 2,51; 31,50; 18,20; e também em Clemente de Alexandria, *Miscelâneas* 1,28.
[32] Mishná *Berakoth* 4,3

contra eles.³³ Hoje posicionada como décima segunda, numa versão desse período ela roga para que os cristãos, *noṣerim*, e heréticos, *minim*, pereçam e sejam extirpados do Livro da Vida.

Essa era, então, a tradição de "Esdras", do qual se diz que conhecia mas manteve em segredo certos livros santos, cuja genealogia sacerdotal foi composta de modo que tomasse o lugar de Joshua (ou seja, Jesus) como o sumo sacerdote restaurador do culto do templo em Jerusalém.

O GRANDE SUMO SACERDOTE

Durante esse período, quando os judeus estabilizaram suas escrituras, coletando e escrevendo a lei oral e amaldiçoando os "heréticos" nas sinagogas, os cristãos, por sua vez, contavam a sua versão da história.

Em primeiro lugar, os cristãos alegavam ser os herdeiros da tradição do sumo sacerdócio e diziam que, diferentemente dos escribas, Jesus lhes ensinara com autoridade (Marcos 1,22). Foram muitos os sacerdotes que ingressaram na Igreja de Jerusalém (Atos dos Apóstolos 6,7), e Jesus foi proclamado sumo sacerdote (Hebreus 4,14). Tiago e João (mas não Pedro) foram lembrados como sumos sacerdotes, portadores do selo de ouro gravado com o nome divino.³⁴ Isso nos indica que esses primeiros cristãos conceberam uma estrutura paralela à hierarquia do templo, juntamente com uma tradição de ensinamentos secretos associada ao santo dos santos. Inácio, bispo de Antioquia

---

³³ O Talmude babilônico *Berakoth* 28b nos diz que a maldição contra os *minim* foi instituída em Jâmnia.
³⁴ Eusébio, *História da Igreja* 3,31; Epifânio, *Panarion* 1,29.

por volta do ano 100 EC, ensinava: "Somente a Jesus, nosso sumo sacerdote, foram confiadas as coisas secretas de Deus".[35] Clemente de Alexandria, escrevendo um século mais tarde, distinguia o verdadeiro ensinamento cristão do falso, fazendo-o ao se valer do mesmo imaginário do santo dos santos: "Eles não entram no recinto como nós entramos, pela tradição do Senhor, puxando-se o véu [...]".[36]

Há outro *agraphon*, este citado por Pedro num livro atribuído a Clemente de Roma: "Lembremo-nos de que o nosso Senhor e Mestre, instruindo-nos, disse: 'Mantenham guardados os mistérios e os segredos, para mim e para os filhos de minha morada'". Por conseguinte, Jesus deve ter explicado aos seus discípulos, em privado, os mistérios do reino do céu.[37] Nos Evangelhos, temos indicações e pistas desses procedimentos quando, por exemplo, Jesus explica ao seu círculo íntimo por que ensina em parábolas: "A vós foi dado o mistério do Reino de Deus; aos de fora, porém, tudo acontece em parábolas" (Marcos 4,11). O reino, como veremos, compreendia o santo dos santos e sua representação. Jesus, então, cita a visão de Isaías da punição lançada sobre aqueles que rejeitaram a Sabedoria: enxergariam mas não perceberiam, ouviriam mas não compreenderiam. Em outras palavras, não veriam o Reino.

Os cristãos também tinham conhecimento dos livros e pergaminhos marcados com o selo e que tinham de ser comidos, isto é, os ensinamentos secretos. João viu Aquele que estava sentado

---

[35] Inácio, *Aos Filadelfos* 9.
[36] Clemente, *Miscelâneas* 7,17.
[37] *Homilias Clementinas* 19,20, também citadas *em Miscelâneas* 5,10, de Clemente de Alexandria.

no trono empunhando um livro fechado com sete selos.[38] A descrição não é clara, mas parece que o Cordeiro tomou o seu lugar no trono no exato momento em que pegou o livro. Então, toda criação, no céu e na terra, saiu em adoração ao cordeiro portador do livro selado (Apocalipse 5,1-14). Depois de abertos os sete selos, um poderoso anjo desceu com o livro aberto[39] e deu-o a João, e este recebeu a instrução de ingeri-lo; a partir daí ele começou a falar como um profeta (Apocalipse 10,1-11). Essa sequência – o Cordeiro recebendo e abrindo o livro e o anjo poderoso levando-o a João – foi sintetizada no primeiro verso do Apocalipse: "Revelação de Jesus Cristo: Deus a concedeu para que mostrasse a seus servos as coisas que devem acontecer muito em breve"; isso significa que as visões haviam sido dadas a Jesus para que ele as revelasse aos "servos de Deus". Essa é a visão do Cordeiro recebendo o livro e abrindo os selos. "[Jesus] a manifestou por sinais por meio de seu Anjo, enviado ao seu servo João", significa que Jesus confiou/explicou os significados de suas visões a João. Temos, portanto, a visão do anjo poderoso que traz o livro aberto a João.

Reconhecer que o próprio Jesus recebia visões à maneira dos místicos do templo, e que essas visões compreendem o núcleo do livro do Apocalipse, é importante para a recuperação do misticismo do templo e para o entendimento de seu papel central no cristianismo primitivo. João nos indica, em seu Evangelho, que Jesus tinha essas visões antes de começar o seu ministério: "Aquele que vem do alto está acima de todos; o que é da terra é terrestre e fala como terrestre. Aquele que vem do céu dá testemunho do

---

[38] O grego *biblion* pode ser traduzido como "livro" ou "pergaminho".
[39] O termo grego é *biblaridion*, um livreto.

que viu e ouviu, mas ninguém acolhe o seu testemunho" (João 3,31-32). João também nos mostra que haveria mais revelações de Jesus no futuro:

> Tenho ainda muito que vos dizer, mas não podeis agora suportar. Quando vier o Espírito da Verdade, ele vos conduzirá à verdade plena, pois não falará de si mesmo, mas dirá tudo o que tiver ouvido e vos anunciará as coisas futuras.
>
> (João 16,12-13)

Ele definia a nascente comunidade cristã como o outro rebento da mulher vestida com trajes solares (junto ao Messias). Os cristãos guardariam os mandamentos de Deus segundo os testemunhos de Jesus, definidos como "as coisas que ele via" (Apocalipse 12,17, traduzindo-se literalmente, e Apocalipse 1,2).

Em outras passagens encontramos mais vislumbres de Jesus como místico do templo: ele viu o céu se abrir durante seu batismo (Marcos 1,10) e a voz celestial o chamou de Filho Divino. Orígenes sabia que, em seu batismo, Jesus também vira o trono em forma de carro, da mesma forma que Ezequiel também vira o carro flamejante às margens do Rio Quebar (Ezequiel 1,4-28).[40] Jesus passou quarenta dias no deserto "e vivia entre as feras, e os anjos o serviam" (Marcos 1,13). Segundo essa passagem, Jesus estivera sozinho no deserto e relatou a experiência a terceiros, e o fez, presumivelmente, não em grego. Dizer isso é importante porque, em hebraico, as "feras" seria a mesma palavra para descrever as "criaturas vivas" do carro em forma de trono, *hayyot* (Ezequiel

---

[40] Orígenes, Homilia 1 *Sobre Ezequiel.*

1,5; Apocalipse 4,6), e os anjos servidores teriam sido as hostes dos anjos adoradores na visão do trono, uma vez que o termo "servir", '*ābad*, também significa "adorar" em hebraico (Apocalipse 5,11). A experiência mística de Jesus no deserto é descrita, de forma mais completa, na cena de abertura do Apocalipse de João: ele pega o livro, é entronizado entre as criaturas e, então, é servido/adorado pelos anjos (Apocalipse 5,1-14). É por isso que João podia dizer o seguinte sobre Jesus em seu ministério: "Ele dá testemunho daquilo que viu e ouviu [...]" e podia reivindicar que os cristãos guardassem esses testemunhos.

Quando Ezequiel contemplou o trono/carro flamejante e os seus ocupantes à margem do Rio Quebar, isso deve ter significado a forma como ele visualizou o santo dos santos. A experiência dele é importante para compreender o que está escrito de forma subentendida no Novo Testamento, e para vislumbrar o que os primeiros cristãos imaginavam quando liam essas passagens. Por exemplo, um antigo Evangelho ilustrado retrata a Ascensão, na qual Jesus aparece elevado no carro que Ezequiel vira.[41] Algumas referências nos dizem que um campo flamejante pairou sobre o Jordão durante o batismo de Jesus.[42] Isso significa uma alusão à visão do carro flamejante de Ezequiel, e um campo de fogo apareceu quando um discípulo de

---

[41] Os Evangelhos Rabbula, escritos na Síria no século VI. A descrição da Ascensão pode ser encontrada na p. 111 de meu livro *An Extraordinary Gathering of Angels*. London, MQ Publications, 2004.

[42] Duas antigas versões latinas de Mateus 3,15, *Codex Vercellensis* e *Codex Sangermanensis*; Justino, que escreveu em Roma na metade do século II EC, *Trifão* 88; e Efrém, que escreveu na Síria no final do século IV EC, *Comentário sobre o Diatessarão*.

R. Johanan ben Zakkai, contemporâneo de Jesus, expunha os mistérios do trono visto por Ezequiel.⁴³

Ezequiel viu o Um sentado no trono em forma de carro, *electro*, uma figura humana radiante. Essa figura oferece a Ezequiel um pergaminho aberto para que ele o engula e, então, diz-lhe que se dirija aos que não o escutarão (Ezequiel 2,1-3,11). Orígenes comenta:

> Os nossos profetas conheciam coisas bem elevadas que não foram escritas. Assim, Ezequiel tomou um pergaminho, escrito no verso e no reverso [...] mas ao comando do Logos ele o engoliu a fim de que o seu conteúdo não fosse escrito e, assim, não fosse entregue aos indignos. É ainda João que nos ensina a diferença entre o que se deve escrever e o que não se deve.⁴⁴

Note que Orígenes identifica essa figura humana fulgurante, que está colocada no trono, com o Logos, a Segunda Pessoa, outra característica do misticismo do templo; e essa é, certamente, a mesma figura do anjo poderoso que João viu e que lhe ofereceu o livreto a ser ingerido (Apocalipse 10,1). Depois de comer o pergaminho, Ezequiel foi erguido pelo Espírito e levado ao seu povo (Ezequiel 3,12-15). Orígenes conhecia o *Evangelho Segundo os Hebreus*,⁴⁵ segundo o qual também se afirma que Jesus foi carregado pelo Espírito Santo, descrito como "sua mãe", e levado para o Monte Tabor.⁴⁶ Não temos como saber quanto disso

---

⁴³ Talmude de Jerusalém, *Hagigah* 77; Talmude babilônico *Hagigah* 14b.
⁴⁴ Orígenes, *Contra Celso* 6,6.
⁴⁵ Hoje perdido, exceto por alguns trechos nas citações de escritores antigos.
⁴⁶ Citado em Orígenes, *Sobre João* 2,12; e Homilia 15 *Sobre Jeremias*.

realmente fundamenta as breves descrições do batismo de Jesus e seu período no deserto, como retratados nos Evangelhos, mas é possível dizer que o misticismo do templo é o contexto por trás do ministério de Jesus, o grande sumo sacerdote.

BÍBLIA DE QUEM?

Há muitas versões do Antigo Testamento, e as traduções inglesas que se baseiam no hebraico diferem, em aspectos importantes, daquilo que Jesus ou a Igreja primitiva teriam conhecido. Qualquer tentativa de reconstrução ou compreensão das origens cristãs baseada no Antigo Testamento das Bíblias britânicas terá uma chance muito pequena de êxito. Procuraremos, então, entender como os escritores cristãos relataram a história da formação do cânone do Antigo Testamento.

Justino, um convertido ao cristianismo, escreveu o seu *Diálogo com Trifão* na metade do século II EC. Na época, ele procurava levantar os pontos de discordância entre judeus e cristãos, e Trifão, seu interlocutor judeu, pode ter sido ou não uma figura historicamente real. Justino veio da Samaria, nasceu por volta do ano 100 EC e foi criado próximo a Jâmnia, ou seja, cresceu no centro nervoso da erudição judaica. Os comentários que dirige a Trifão a respeito das mudanças que eram feitas nas escrituras hebraicas são, portanto, de grande interesse para nós. Em primeiro lugar, Justino tinha conhecimento das traduções gregas, feitas a fim de substituir a LXX, que na época passou a ser vista pelos judeus como um bezerro dourado a desencaminhar Israel.

> Certamente, não confio em seus professores quando se recusam a admitir que a tradução das escrituras, feita

pelos setenta sábios na corte do rei Ptolomeu, é corretíssima e tentam fazer uma tradução própria deles. Você também deveria saber que eles removeram passagens inteiras da versão composta por esses sábios.[47]

Justino sabia que os professores hebreus haviam rejeitado o termo "virgem", *parthenos*, para a mãe inominada em Isaías 7,14, substituindo-o por "mulher jovem", *neanis*.[48] No entanto, a palavra "virgem" fora aceita pela comunidade judaica de Alexandria, quando a tradução mais antiga fora feita – talvez, na época, eles ainda soubessem quem era essa mulher. Portanto, deve ter sido o uso e significado cristão do termo que os obrigou a refazer as traduções. Justino também alega que algumas passagens de Jeremias e dos Salmos foram removidas. Antes da descoberta dos textos bíblicos de Qumran, dizia-se, com certa dose de confiança, que as "diferenças" entre a LXX e os textos hebraicos atuais ocorriam em razão de acréscimos cristãos, inseridos para dar peso às profecias de Cristo. Todavia, como estamos vendo, isso não mais se sustenta.

Os textos de Qumran mostram, de forma consistente, que as reclamações de Justino eram pertinentes. Há muito a ser verificado e os exemplos específicos que ele dá a Trifão ainda não foram encontrados, mas muitos outros casos de fato confirmam que aqueles textos hebraicos, especialmente os mais importantes para os cristãos, foram alterados ou simplesmente desapareceram. Num dos textos em que se confirma essa prática, que está localizado no começo de Hebreus e que também se encontra na

---

[47] Justino, *Diálogos com Trifão* 71.
[48] Justino, *Diálogos com Trifão* 71.

LXX e num fragmento de Qumran,[49] lemos "Adorem-no todos os anjos de Deus" (LXX Deuteronômio 32,43; Hebreus 1,6). Esse trecho desaparece do Texto Massorético. Esse versículo-chave revela que Jesus era identificado como Yahweh, o nascido primeiro. Yahweh, o Senhor, não é geralmente identificado como o primogênito, mas assim o era na crença original. Yahweh era o filho do Deus Altíssimo – como Gabriel anuncia a Maria (Lucas 1,32). Portanto, aí estava, nas Escrituras hebraicas, a relação entre o Pai e o Filho. A proclamação cristã "Jesus é o Senhor" significava Jesus é Yahweh. A manifestação humana do Senhor, Filho do Deus Altíssimo, compreendia o coração do misticismo do templo, e essa foi uma das peças fundamentais que foram retiradas do Texto Massorético. Tampouco aparece o versículo em que o Deus Altíssimo divide as nações entre "os filhos de Deus" (Deuteronômio 32,8). Os filhos de Deus se tornaram, no Testamento Massorético, os incompreensíveis "filhos de Israel". São muitos os exemplos, como veremos ao longo de nossa reconstrução do misticismo do templo.

Orígenes quis reconstituir o texto correto das escrituras. Ele recolheu todas as versões conhecidas em sua imensa obra, dividida em seis seções, "Héxapla". É provável que esse trabalho tenha sido compilado a fim de formar uma base comum de discussão com os judeus. Orígenes estava muito ciente das diferenças entre as escrituras cristãs e judaicas de sua época, e tomou cuidado para que "em nossos debates com os judeus não usemos passagens que não estejam nos textos deles, e que não usemos as passagens que estão nos textos deles mas não nos nossos".[50]

---

[49] 4QDeut^q.
[50] Orígenes, *Carta a Júlio Africano* 5(9).

Note que ele concordou em debater a questão *com base no cânone judaico e em suas formas textuais*, mas ele não quis dizer, com isso, que o cânone judaico deveria controlar as escrituras cristãs. "Devemos suprimir os textos usados pelas nossas igrejas e pedir à comunidade que os rejeitem a fim de lisonjear os judeus, persuadidos de que estes devem nos fornecer textos puros, sem acréscimos forjados?"[51] Orígenes supunha que o texto hebraico que lhe fora passado fosse o original; ele não estava ciente sobre a variedade de textos hebraicos mais antigos; consequentemente, ele "corrigiu" a LXX que os cristãos usavam e favoreceu a versão hebraica pós-cristã, a partir das três traduções gregas. O resultado foi um desastre para um conhecimento mais rigoroso sobre as escrituras cristãs originais.

E, então, apareceu Jerônimo. Quando lhe foi solicitado pelo papa Damásio que providenciasse uma nova tradução latina, por volta do ano 400 EC, ele escolheu o texto hebraico pós-cristão como base para o seu trabalho. Agostinho o avisara de que isso seria um equívoco, uma vez que implicaria a desvalorização do texto grego.[52] Jerônimo prosseguiu em sua empreitada, usando tanto o texto quanto o cânone hebraico da época. O motivo? Para que os judeus não pudessem dizer que a Igreja tinha falsas escrituras como base.[53] Novamente, um escritor cristão aceitara o cânone e o texto hebraicos em nome de um "debate" com os judeus. O resultado? Todas as Bíblias baseadas no trabalho de Jerônimo como também as da Reforma, baseadas diretamente no

---

[51] Orígenes, *Carta a Júlio Africano* 4(8).
[52] Carta preservada em Jerônimo, *Cartas* 104.
[53] Jerônimo, Prefácio a Isaías: *"ne Iudaei de falsitate scripturam ecclesiis diutius insultarent"*.

texto hebraico pós-cristão, não representam o Antigo Testamento como Jesus e os primeiros cristãos o conheceram. O que foi perdido? O misticismo do templo, justamente o elemento-chave para a compreensão das origens do cristianismo.

Alguns dos primeiros escritores cristãos citam "escrituras" que, hoje, não podem mais ser encontradas no Antigo Testamento. Por exemplo, *A Epístola de Barnabé*, um texto cristão da segunda ou terceira geração,[54] faz uso frequente de elementos desconhecidos: "Um coração que glorifica o seu criador é um deleite ao Senhor"; "Estou fazendo agora as últimas coisas assim como fiz as primeiras"; "Se meus filhos guardam o Sábado, mostrar-lhes-ei misericórdia", dentre tantos outros exemplos.[55] Digno de nota é um trecho que fala do dia da expiação e sacrifício, ligando-o diretamente à compreensão original sobre a Eucaristia. "E o que diz o profeta: 'que comam o bode oferecido pelos pecados deles no jejum, *e deixem que os sacerdotes, e ninguém mais, comam as partes internas, sem lavar e com vinagre'.*" Barnabé nos conta que Jesus tomou vinagre pouco antes de morrer, a fim de se preparar como expiação sacrificial que os sacerdotes consumiram.[56] Isso explicaria o motivo de a Eucaristia ter o simbolismo do consumo do sangue, que, fora desse contexto, não seria uma prática judaica. O sangue era consumido com o sacrifício não lavado, no dia da expiação. Assim, a Eucaristia não foi retirada somente do rito pascal, mas também o foi, como indicado em Hebreus, do rito expiatório (Hebreus 9,11-14). Mas quem seria

---

[54] Está incluída no final do Códice do Sinai, que contém a mais antiga cópia completa do Novo Testamento.
[55] *Epístola de Barnabé* 2, 6, 15.
[56] *Epístola de Barnabé* 7.

o "profeta" citado por Barnabé? Por que esse texto crucial da liturgia do "templo" não sobreviveu em outras partes?[57]

Os cristãos também foram expulsos das sinagogas, como solicitava "a bênção sobre os *minim*". Justino, que nasceu na Samaria e viveu tanto em Éfeso quanto em Roma, faz muitas alusões às expulsões em seu debate com Trifão. "Vocês amaldiçoam, em suas sinagogas, todos os que são chamados de cristãos, e as outras nações de fato concretizam essa maldição assassinando os que simplesmente confessam o cristianismo." "Vocês o amaldiçoam [Jesus] incessantemente, como também todos os que se colocam ao lado dele, ao passo que nós oramos por vocês e por todos os homens, como o nosso Senhor, o Cristo, nos ensinou a fazer" (cf. Mateus 5,44).[58] Era essa a situação na metade do século II, embora nada disso fosse novidade. Paulo ensinara que aquele que amaldiçoasse Jesus jamais poderia alegar inspiração, ao passo que todo aquele que proclamasse "Jesus é o Senhor" estaria inspirado pelo Espírito Santo (1 Coríntios 12,3). João ligou a expulsão das sinagogas ao reconhecimento de que Jesus era o Senhor (João 12,41-42), e o próprio Jesus avisara os seguidores de que os judeus considerariam um dever religioso matá-los (João 16,2). Assim, ele pôde dizer que Jerusalém, a cidade prostituta, embriagava-se com o sangue dos santos e dos mártires (isto é, testemunhos) de Jesus (Apocalipse 17,6), e que os céus rejubilaram-se quando Jerusalém foi queimada, quando o Senhor vingou o sangue de

---

[57] Há pistas dessa prática na Mishná *Menahoth* 11,2, na qual lemos que, em determinadas circunstâncias, os judeus da Babilônia costumavam comer o bode expiatório cru.

[58] Justino, *Trifão* 96, 133, com dizeres similares em 16, 47, 93, 95, 108, 123, 137.

seus servos (Apocalipse 19,1-3, aludindo ao texto mutilado em Deuteronômio 32,43).

Essa é a história que explica por que uma busca mais rigorosa das fontes originais é tarefa tão árdua.

A SABEDORIA OCULTA

Portanto, os setenta livros de Esdras são muito importantes. Como ocorre com o cânone que comporta os 24 livros, nenhuma lista sobreviveu, e temos de peneirar outros tipos de material que indiquem a presença desse período e contexto. Parte desse material pode estar representada nos Pergaminhos do Mar Morto como, por exemplo, no antes desconhecido *Livro de Hagu*, texto obrigatório e de estudo para os membros da comunidade de Qumran.[59] Também existem livros de Sabedoria que foram juntados e publicados com títulos variados,[60] e temos também fragmentos dos textos de Enoque, o Pergaminho do Templo, inúmeros hinos e orações e muito mais.

O primeiro problema está nas nomenclaturas e datações. Os acadêmicos dispuseram os textos canônicos hebraicos em categorias como "profecia", "sabedoria", "história", assim por diante, com base no repertório limitado do material que se tornou canônico. Eles os dataram segundo a premissa, ainda que não abertamente admitida, de que esses textos canônicos seriam, de fato, tão antigos quanto alegavam ser, mas, ao mesmo tempo,

---

[59] *Damascus Document* CD X,6; XIII,2; XIV,8; *Messianic Rule* 1QSa I,6.
[60] *4Q Instruction and Sapiental Work A* são dois exemplos. Os principais trechos do texto são 4Q416, 417 e 418, mas existem muitos outros fragmentos de Qumran identificados como "sabedoria".

todos os outros textos teriam a sua antiguidade vinculada estritamente às evidências materiais mais antigas. Consequentemente, Isaías, datado no século VIII AEC, não poderia ter tomado conhecimento de 1 Enoque, uma vez que não existe, para este, evidência manuscrita antes da metade do período do Segundo Templo. Mas a primeira evidência manuscrita do livro de Isaías é bem posterior ao século VIII AEC, e tal fato é simplesmente ignorado. As primeiras reticências surgiram com os textos apocalípticos, quando ficou claro que o apocalipse canônico de Daniel não era, absolutamente, típico. Dessa forma, como categorizar todos aqueles textos, até então desconhecidos, encontrados em Qumran? Denominando-os de sectários, supostamente, uma vez que ao cânone restaria a incumbência de determinar a "ortodoxia", mesmo que se saiba que esses textos se inserem numa época em que ainda não havia um cânone. Então, surgiram outras questões: quais critérios determinaram que determinado apocalipse, mas não outro, fosse aceito no cânone? Um livro de Sabedoria, mas não outro? E assim por diante. Ademais, qual fora o critério de "Esdras" para justificar que os textos de "sabedoria" ficariam fora do alcance do grande público? "Neles se encontram o manancial do *discernimento*, a fonte da *sabedoria* e o rio do *conhecimento*." (2 Esdras 14,47)

Os textos de Sabedoria do cânone hebraico são: Jó, Provérbios e Eclesiastes, juntamente com alguns salmos e algumas passagens nos profetas. Nos textos deuterocanônicos ("Os Apócrifos"), temos a Sabedoria de Jesus ben Sira (Eclesiástico), a Sabedoria de Salomão e partes do Livro de Tobias. É possível que esses livros sejam "tardios", do período do Segundo Templo, compilados pelos escribas como coleções de ensinamentos tradicionais; ou poderia ser o caso de expressarem o trabalho de escribas da corte real e, portanto, provenientes do período do Primeiro Templo. Material com estilo e conteúdos semelhantes foram produzidos por escribas no Egito e na Mesopotâmia, e assim os acadêmicos puderam flertar com ideias extravagantes, tais como a existência de um escritório de relações exteriores em Jerusalém, administrado pelos cavalheiros cultos da época. O que está claro é que os textos de Sabedoria do cânone hebraico compreendem apenas uma fração da sabedoria original; eles não têm nenhuma preocupação com a histórica ou com a aliança, dispõem de uma aplicação largamente secular, e não há neles uma teologia real, e também não explicam por que o Deuteronômio deveria oferecer a Lei em substituição da Sabedoria (Deuteronômio 4,6).

É bastante provável, no entanto, que esse material relacionado aos livros de Sabedoria, na forma como sobreviveu na literatura canônica, tenha sido modificado à luz da ênfase posterior na Lei – e temos novamente o fator "Esdras" como elemento decisivo. Isso está posto de forma clara na remodelação do grande hino em Ben Sira 24, em que o louvor à Sabedoria foi desajeitadamente substituído pelo louvor à Lei mosaica (Ben Sira 24,23). A ausência de teologia nos textos canônicos de Sabedoria se deve à impossibilidade de estabelecer compromisso com a teologia original, ligada à Sabedoria. De modo nenhum as platitudes sapienciais do Texto Massorético estavam reservadas somente aos sábios, uma vez que compreendiam "o manancial do *discernimento*, a fonte da *sabedoria* e o rio do *conhecimento*" (2 Esdras 14,47), mas o discurso do arcanjo Rafael a Tobit e Tobias revela-nos o contexto original dessas peças de aconselhamento aparentemente isoladas. No final da história, Rafael recita uma sequência de ensinamentos: "É bom louvar a Deus [...] Não demoreis em celebrá-lo [...] Fazeis o bem, e o mal não vos atingirá [...] É melhor pouco com justiça do que muito com iniquidade [...]" (Tobias 12,6-8). Então, o anjo revela a sua identidade: Rafael, que estivera invisivelmente presente enquanto Tobit realizara cada uma dessas boas ações, durante suas orações para a glória do Altíssimo (indicando que as boas ações foram as orações). A sabedoria enlaçava o ensinamento dos anjos, e estes, então, vigiavam a sua condução à medida que os ensinamentos se tornavam realidade e, assim, uma parte da glória na terra. Em Apocalipse, João explica que as vestes gloriosas, com as quais a Noiva apareceu, representavam a conduta justa dos santos, ou seja, outra forma de dizer a mesma coisa (Apocalipse 19,8).

A imagem da Sabedoria como água – discernimento, sabedoria e compreensão – pode também ser encontrada no poema de Ben Sira sobre a Sabedoria, embora, nesse contexto, aplicada à Lei. Infelizmente, 2 Esdras é um texto latino e essa parte de Ben Sira nos é conhecida somente em grego, de modo que comparações precisas são impossíveis. A Sabedoria em Ben Sira se compara a um rio que traz *sabedoria, discernimento* e *conhecimento* (Ben Sira 24,25-27),[61] e o contexto do poema indica que esse rio flui do templo, no qual a Sabedoria estabeleceu sua morada. Agora, comparemos com a visão de Enoque do santo dos santos, descrita como "visão da Sabedoria".[62] Após ter visto a contrapartida celestial do dia da expiação, ele descreve a fonte eterna de justiça e as muitas fontes de sabedoria que jorravam perto do trono, de modo que o sedento poderia nelas fartar-se.[63]

---

[61] Usando a tradução de P. W. Skehan em *The Wisdom of Jesus ben Sira*, Anchor Bible, New York, Doubleday, 1987.
[62] 1 Enoque 37,1.
[63] 1 Enoque 48,1.

É exatamente esse o contexto de "que o sedento venha, e quem o deseja receba gratuitamente água da vida" (Apocalipse 22,17); pois "bem-aventurados os que têm fome e sede de justiça, porque serão saciados" (Mateus 5,6); e para o convite de Jesus: "Se alguém tem sede, venha a mim e beba". Ele, então, cita uma parte da Escritura a que não temos mais acesso: "De seu coração [isto é, mente], jorrarão rios de água viva" (João 7,37-38).

Em seguida, Enoque viu como o Homem recebeu o Nome antes que o sol e as estrelas fossem criados; em outras palavras, ele viu como uma figura humana recebeu o nome Yahweh no santo dos santos, a realidade anterior e transcendente à criação material. Isso se chamava *theosis*, e esse Escolhido se tornou a fonte da *sabedoria, discernimento* e *conhecimento*.[64] Isaías aprendeu que a punição para os que haviam rejeitado a Sabedoria seria a perda de discernimento e conhecimento (Isaías 6,10), mas que isso seria restaurado pelo Ungido, por meio de seus dons, dentre outras coisas, de *sabedoria, discernimento* e *conhecimento* (Isaías 11,2). Os Provérbios de Salomão serviam para fornecer *sabedoria, instrução* e *discernimento* (Provérbios 1,2), mas podemos melhor vislumbrar a antiga sabedoria na descrição sacerdotal que o autor faz de Bezalel, o arquiteto e construtor do tabernáculo do deserto. O Senhor o inspirou com o espírito de *'elohim*, com sabedoria, discernimento, conhecimento e "engenho", *m^{e}la'ka'*. Este termo é interessante, já que é a forma feminina da palavra "anjo", o que sugere que a engenhosidade para criar coisas era parceira ou companheira do(s) anjo(s). A sabedoria dos *'elohim* é traduzida de modo mais apropriado como "sabedoria dos anjos/seres celestiais" do que como "sabedoria de Deus".

---

[64] 1 Enoque 49,1-3.

Fontes de água, isto é, a Sabedoria jorrando do trono e do santo dos santos era um tema recorrente das escrituras hebraicas, mas a expectativa mudou. Para o salmista tratava-se de uma esperança presente:

> Deste modo, os filhos dos homens se abrigam à sombra de tuas asas.
> Eles ficam saciados com a abundância de tua casa,
> Tu os embriagas com um rio de delícias;
> Pois a fonte da vida está em ti,
> E com tua luz nós vemos a luz.
> (Salmos 36,7-9)

Esse pode ser o rio cujas torrentes "alegram a cidade de Deus" (Salmos 46,4), do qual Isaías falou ao dizer que os justos veriam o rei em sua beleza e majestade, num lugar de rios largos e correfdeiras em cada lado (Isaías 33,15.17.21).

Jeremias sabia da mudança e lamentava que o povo rejeitasse o manancial de água viva:

> Um trono de glória, sublime desde a origem, é o lugar de nosso santuário.
> Esperança de Israel, Yahweh, todos os que te abandonam serão envergonhados.
> Porque eles abandonaram a fonte de água viva, Yahweh.
> (Jeremias 17,12-13, também 2,12-12)[65]

Para os profetas, tornou-se uma esperança futura, a época da chegada do Messias.

---

[65] E também 1 Enoque 96,6.

[...] a terra ficará repleta do conhecimento do Senhor
Como as águas enchem o mar.
     (Isaías 11,9; Habacuque 2,14)

Naquele dia, torrentes de água viva fluirão de Jerusalém [...]
E o Senhor será rei de toda a terra.
  (Zacarias 14,8-9; também Joel 3,18; Ezequiel 47,1-12)

E para os "novos" professores de Sabedoria, tornou-se apenas um provérbio:

O conhecimento do sábio é uma fonte de vida [...]
O temor de Yahweh é fonte de vida [...]
     (Provérbios 13,14; 14,27)

Imaginário semelhante é encontrado nos Hinos de Qumran que descrevem a vida da comunidade num lugar desértico; pode ser uma descrição literal de sua morada, mas, por outro lado, era mais do que isso. Eles tinham habitado um deserto espiritual e haviam redescoberto o manancial, a fonte e o rio que "Esdras" afastara do cânone público da Escritura. Eles cantavam e louvavam "a [fonte] eterna, o poço da glória e o manancial do conhecimento";[66] "Uma fonte de luz que se torna manancial eternamente vivo"[67] e nisso depositavam sua confiança; "Meu coração se abrirá para a fonte eterna; meu amparo vem da força que está no alto".[68] E davam graças ao Senhor:

---

[66] 1QH XX,29. Entre chaves [ ] indica um pedaço textual incerto.
[67] 1QH XIV,17.
[68] 1QH XVIII,32; "coração" significa "mente".

Numa terra seca, vós me colocastes ao lado de corredeiras,
Ao lado de fontes de água, no deserto [...]
Árvores da vida à margem do manancial do mistério, *raz*,
Ainda não foram germinadas,
Mas enviaram suas raízes para a corredeira,
E o talo se abriu para a água da vida
E foi como uma fonte eterna.[69]

O poema prossegue, tomado pelo imaginário da árvore da vida e seu corolário: entidades poderosas, espíritos de santidade e chamas rodopiantes previnem o acesso ao fruto da árvore; ninguém pode se aproximar do "poço-fonte da vida" ou beber das "águas santas", a não ser que acredite na fonte da vida. Tudo isso integra o imaginário do Éden; a maldição lançada sobre Adão e Eva fora removida, de modo que haviam recuperado o acesso à árvore da vida (Gênesis 3,22-24), da mesma forma que Jesus prometeu aos fiéis: "Ao vencedor, conceder-lhe-ei comer da árvore da vida que está no paraíso de Deus" (Apocalipse 2,7, cf. 22,14). O professor, *maśkil*, na comunidade de Qumran escutava o conselho secreto por meio do Espírito Santo: "No mistério de tua sabedoria, abriste o conhecimento a mim, e em tuas misericórdias abriste-me a fonte do poder". Eles diziam dele: "Tu colocaste (o discernimento) em teu coração/mente para abrir a fonte do conhecimento aos que discernem".[70] João descreve a mesma experiência: ele estava tomado pelo Espírito, no dia do Senhor (Apocalipse 1,10), ao receber as revelações.

---

[69] 1QH XVI,5-8.
[70] 1QH XX,14-15; 1QH X,20.

A *Regra da Comunidade* estabeleceu hinos em seu contexto, cuja referência é o santo dos santos:

> Meus olhos contemplaram as coisas eternas,
> Que se ocultam do homem,
> Conhecimento e prudência
> [ocultados] aos filhos de Adão,
> Uma fonte de justiça, um reduto de fortaleza,
> Um manancial de glória,
> [ocultados] da comunidade da carne.

Tudo isso fora dado à comunidade, descrita como comunidade dos escolhidos, os santos reunidos na assembleia dos filhos do céu.[71] Eram anjos na terra.

Os textos de Sabedoria de Qumran dividem pontos comuns com os textos de Sabedoria bíblicos, como no caso das advertências do dia a dia, "não se venda por dinheiro", ou "não se envolva com iníquos".[72] Mas havia outro material que colocava esses ensinamentos num contexto mais elevado; não como meros ditos de sabedoria popular das antigas cortes que auxiliavam na conquista do sucesso temporal, mas sim como conhecimento das verdades eternas, admitindo o iniciado na harmonia da criação e no conhecimento das coisas secretas. Tratava-se de conhecimento revelado pelos anjos, e que foi vislumbrado em Tobias. Nos textos de Qumran, o aconselhamento aos pobres era transmitido com o estudo do *raz nihyeh*, o mistério da existência (caso essa seja uma tradução adequada), em que se subentendia um

---

[71] *Community Rule*, 1QSa XI,6-7.
[72] 4Q416 e 4Q417.

plano divino.⁷³ Isso não era nenhuma novidade. O salmista quando refletiu sobre a questão das pessoas más recebeu uma resposta somente quando foi ao santuário de Deus, e lá tomou conhecimento do que aconteceria depois (Salmos 73,17). Da mesma forma se deu com Segundo-Isaías, quando o Senhor o fez lembrar o que lhe fora ensinado "com base no começo [...] desde a fundação do mundo" (Isaías 40,21). O profeta ficara no santo dos santos, a fonte da criação, de onde foi capaz de contemplar toda a história. João foi convocado a ficar diante do trono, para que lhe fossem mostradas "as coisas que devem acontecer" (Apocalipse 4,1).

O *raz nihyeh* envolvia, dentre outras coisas, uma ligação entre padrão da criação, conduta humana e dia do julgamento. Uma reconstrução cautelosa do grande texto de Sabedoria de Qumran⁷⁴ sugere que o ensinamento era estabelecido em "moldura teológica cósmico-escatológica", e as instruções passadas permitiam que uma pessoa "se alinhasse com a ordem correta do cosmos".⁷⁵ O Servo de Isaías, que também era um *maśkil*⁷⁶ (Isaías 52,13), fora elevado e exaltado, tornando-se sábio e compreensivo. Ele fez justos a muitos, por meio de seu conhecimento. Em outras palavras, o seu conhecimento pôs as pessoas de volta em harmonia com os planos de Deus – o exato significado de justiça piedosa (Isaías 53,11). Retornaremos a esse ponto mais tarde, mas por enquanto é suficiente notar que esse seria o tema do

---

⁷³ Logo, 4Q416.
⁷⁴ 4Q416.
⁷⁵ D. J. Harrington, *Wisdom Texts from Qumran*. London, Routledge, 1996, p. 41.
⁷⁶ Esse versículo tem o verbo, o hino de Qumran tem o substantivo derivado.

grande hino do céu, quando o sétimo anjo toca a última trombeta: o reino é estabelecido na terra, os servos e os santos do Senhor são recompensados, os mortos julgados e os destruidores da criação exterminados (Apocalipse 11,15-18).

A frase *raz nihyeh* aparece muitas vezes nos textos de Qumran, e o fato de não conseguirmos nem sequer traduzir o termo com segurança, para não falar de uma explicação precisa de seu significado, indica quão pouco se sabe sobre sua matriz na tradição do templo e da sabedoria. A comunidade de Qumran criticava alguns de seus contemporâneos pelo fato de não saberem o que estavam falando: "Pois lhes foi selado. Selada é a sua visão, e não podem contemplar os mistérios eternos", e com isso não tinham como compreender aquele conhecimento.[77] Os primeiros escritores cristãos diziam mais ou menos a mesma coisa, e se referiam à tradição do templo como uma ordem de mistérios. Contudo, isso não significa dizer que estes foram cooptados ou modelados pelos vários cultos de mistério da época. Significa, apenas, que compartilhavam a mesma linguagem e, portanto, tinham de usar a mesma terminologia em grego. O bispo Inácio de Antioquia, na segunda ou terceira geração, enfatizava a necessidade da unidade em seu rebanho e a importância do ensinamento verdadeiro, e isso incluía muito mais elementos do que os encontrados no Novo Testamento. Esse ensinamento comportava "segredos celestiais, hierarquias e disposições dos poderes celestes, e muito mais das coisas vistas e não vistas [...]", embora apenas isso não tornasse alguém um discípulo.[78] Ele alertava o seu rebanho: "Vocês são iniciados

---

[77] *The Book of Mysteries*, 4Q300.
[78] Inácio, *Aos Trálios* 5.

nos mesmos mistérios que o nosso santificado e renomado Paulo",[79] mas os "mistérios" aos quais se referia se associavam aos dos sacerdotes do antigo templo:

> Os sacerdotes de antanho, admito, eram homens formidáveis, mas o nosso Sumo Sacerdote é muito mais, pois a ele foi legado o Santo dos Santos. E somente a ele foram transmitidas as coisas secretas de Deus. Ele é o portal que dá acesso ao Pai, e foi por meio dele que Abraão, Isaac, Jacó e os profetas entraram; o mesmo vale para os Apóstolos e toda a Igreja, pois todas essas coisas integram a unidade de Deus.[80]

Frequentemente é dito que Clemente de Alexandria adotou as ideias gregas de sua época, mas ele também se reportava ao misticismo do templo. Ele dizia que Paulo revelara que certos conhecimentos não foram redigidos, "pois havia coisas no hebraísmo que eram passadas sem a escrita [...]".[81] O objetivo do cristão seria conhecer essas coisas e contemplá-las. Essa capacidade fornecia conhecimento sobre as coisas passadas, presentes e futuras, e era a forma de Clemente de descrever a visão de Deus e o conhecimento que ela promovia. "Da mesma forma que os hebreus contemplaram a glória de Moisés e os profetas a glória de Israel, com a visão dos anjos, também nos tornamos capazes de fitar o esplendor da verdade face a face."[82] Aquele que obtivesse a visão era por ela transformado em ser angelical. "Nesse sentido,

---

[79] Inácio, *Aos Efésios* 12.
[80] Inácio, *Aos Filadelfos* 9.
[81] Clemente, *Miscelâneas* 5,10.
[82] Clemente, *Miscelâneas* 6,15.

é possível para o gnóstico [aquele que conhece] já ter se tornado Deus: 'Vós sois deuses, todos vós sois filhos do Altíssimo'."[83]

Orígenes sabia que o ensinamento do templo fora ocultado de todos, exceto dos sumos sacerdotes, e que boa parte do ensinamento fora transmitida via liturgia e não via escritura. Parte do Novo Testamento, como as epístolas paulinas, foi elaborada a fim de esclarecer determinados aspectos e com o intuito de entabular discussões; mas isso não fornece um retrato completo do cristianismo primitivo. O mesmo aconteceu com os concílios da Igreja; as liturgias constituem evidências mais eficazes sobre aquilo em que os cristãos acreditavam. Orígenes comparou certos costumes – rezar voltado para o oriente, ritos de batismo, palavras usadas na Eucaristia – aos segredos do santo dos santos. Os levitas que carregaram o Tabernáculo pelo deserto, como vimos, não estavam autorizados a olhar aquilo que transportavam. Os sumos sacerdotes tinham de embrulhar o mobiliário e os recipientes sagrados antes que os levitas pudessem carregá-los: "Virão os filhos de Caat para transportá-los, sem, contudo, tocar naquilo que é consagrado; morrerão se o fizerem" (Números 4,15). Mesmo os levitas não compreendiam por completo o que estavam transmitindo, embora, segundo a tradição de Esdras, eles fossem os responsáveis pela explicação das escrituras ao povo.

Se adotarmos como norma o cânone e a interpretação de "Esdras" e o relato deuteronômico do culto no templo – a prática usual –, restará pouca evidência de um misticismo do templo. A descrição deuteronomista do templo em 1 Reis 6-8 não menciona nem o trono em forma de carro nem o véu, embora em Crônicas esses elementos apareçam (1 Crônicas 28,18; 2

---

[83] Clemente, *Miscelâneas* 4,23.

Crônicas 3,14). Tampouco os deuteronomistas mencionam a música no templo, muito embora em Crônicas a música compreenda a parte mais importante do culto, e ficamos sabendo que os músicos do templo foram estabelecidos antes do próprio templo (1 Crônicas 16,1-6). Os cronistas também atribuem a Davi um cântico em que ele agradece ao Senhor por algo que hoje nos parece ininteligível. Uma possível reconstrução seria "Vós me causastes ver no meio [ou numa visão], o Homem no alto [o Homem que ascende]" (1 Crônicas 17,17). Trata-se da figura que encontraremos muitas vezes em nossa investigação sobre o misticismo do templo: Adão antes do pecado; o Servo de Isaías no alto e exaltado; o Homem de Daniel ascendendo às nuvens do céu (Deuteronômio 7,13); a figura sem nome que ascende ao céu para adquirir discernimento, sabedoria e conhecimento (Provérbios 30,1-4, outro texto corrompido); aquele de quem falou João Batista, "Aquele que vem do alto [...] dá testemunho do que viu e ouviu" (João 3,31-32).

Capítulo II

O UM

Os místicos do templo entravam no santo dos santos e viviam naquele mundo. Entrar no santo dos santos significava retornar ao Dia Um e à fonte da vida, aproximando-se da unidade da luz pré-criada e se transformando em luz pré-criada. R. Ishmael, místico descendente de uma família sumo-sacerdotal e jovem contemporâneo de João,[1] recebeu uma visão do Senhor entronizado enquanto oferecia incenso no santo dos santos.[2] É impossível que ele estivesse literalmente no templo, uma vez que ainda era uma criança quando o templo foi destruído, mas um ditado atribuído a ele resume a experiência do místico do templo:

> Ismael/ele disse: Quando meus ouvidos ouviram esse grande mistério, o mundo e tudo ao redor foi transformado num lugar resplandecente; o meu coração sentiu como se tivesse chegado num novo mundo, e a cada momento, assim me pareceu, era como se eu estivesse diante do trono da glória.[3]

---

[1] R. Ishmael ensinou na Palestina no início do século II EC.
[2] O Talmude babilônico *Berakoth* 7a.
[3] *Merkavah Rabbah* 680, numeração de Schäfer. Esse é o fundamento de três textos quase paralelos.

Os místicos avaliavam o mundo com base no santo dos santos; eles o viam por inteiro e ao verem-no com novos olhos, eles o viam de forma diferente. Uma vez que o santo dos santos, como veremos, era o reino, tratava-se de ver o mundo pela perspectiva do reino. Essas figuras sumo-sacerdotais eram designadas de diversas maneiras: servos, filhos e anjos. Essa pluralidade inserida no Dia Um, o acesso humano ao dia da unidade e a transformação resultante, de um estado humano para um divino, conhecido posteriormente por *theosis*, era característica do cristianismo; mas, julgando a coisa com base nos textos judaicos pré-cristãos, toda essa perspectiva fora controversa antes do advento do cristianismo.

João apresentava o cristianismo como misticismo do templo, embora não fosse mais necessário entrar literalmente no santo dos santos a fim de contemplar o Senhor e a luz, já que ambos – o Senhor e a luz – haviam aterrissado no mundo. "A luz verdadeira que ilumina todo homem veio ao mundo [...] e nós vimos a sua glória" (João 1,9-14). Ao descrever Jesus exortando seus discípulos para que acreditassem na luz e, dessa forma, se tornassem filhos da luz (João 12,36), João se referia prontamente à experiência de Isaías como místico do templo – vendo o Senhor repleto de glória e entronizado no santo dos santos. Ele descrevia a senda cristã como uma jornada pela luz ao se atravessar o campo da morte para o campo da vida (1 João 1,7; 3,14).

O místico do templo aprendia o *raz nihyeh*, o mistério da vida que vinha do Criador (o Um), e ao adentrar o santo dos santos, tanto literal quanto mentalmente, o místico recuperava essa unidade. Ele era transformado, assim como também o era a sua forma de ver o mundo. Por vezes, esse evento era descrito como recebimento da sabedoria ou do conhecimento. Leiamos, então, as famosas palavras de João na perspectiva do misticismo do templo:

> O que era desde o princípio [o santo dos santos], o que ouvimos, o que vimos com os nossos olhos, o que contemplamos, e o que nossas mãos apalparam do Verbo da vida – porque a Vida manifestou-se: nós a vimos e lhe damos testemunho e anunciamos a Vida eterna, que estava voltada para o Pai e que nos apareceu – o que vimos e ouvimos anunciamos a vós para que estejais também em comunhão conosco. E a nossa comunhão é com o Pai e com o seu Filho Jesus Cristo.
>
> (1 João 1,1-3)

Mais adiante, na epístola, ele introduz outros temas característicos: o místico do templo adquiria conhecimento após sua unção, e João escreveu: "Vós, porém, tendes recebido a unção que vem do Santo, e todos possuís a ciência" (1 João 2,20).

O misticismo do templo tinha muito em comum com as religiões de mistério do mundo antigo. Isso não significa, contudo, que o judaísmo do Segundo Templo adotasse os modismos dos cultos de mistério da cultura grega da época; pelo contrário, tratava-se de colocar a tradição do Primeiro Templo em seu contexto histórico e cultural. As religiões da antiga Anatólia e do Egito tinham elementos rituais de "mistério", mas grande parte das evidências associadas a essas práticas só são encontradas em textos gregos e latinos muito posteriores. Poucas certezas nos restaram sobre essas práticas. Por exemplo, ninguém sabe a idade do mais famoso dos mistérios gregos em Elêusis, e toda investigação séria fica comprometida pelo fato de os iniciados não revelarem o que sabiam. Os mistérios que floresceram no mundo mediterrâneo a partir de 300 AEC, a respeito dos quais temos mais informações, foram tributários de elementos diversos, e não somente da Grécia, mas também da Anatólia, do Egito, da Pérsia e da Síria, de modo que fica impossível generalizar ou identificar fontes precisas com segurança.

Todavia, os mistérios apresentavam certas características relevantes em nossa investigação sobre o misticismo do templo, ainda que a maior parte dos textos do "templo" seja muito mais antiga do que o material grego ou latino, do qual são reconstruídos os mistérios do universo mediterrâneo. Por exemplo, o estado mais elevado nos mistérios de Elêusis era o da "contemplação", mas não há possibilidade de o Salmo 17 ter recebido influência de cultos de mistério estrangeiros. Depois de seu sofrimento, o salmista sabia que veria o Senhor:

> Quanto a mim, com justiça eu verei tua face;
> Ao despertar, eu me saciarei com tua imagem.
>
> (Salmos 17,15)

Esse era o estado alcançado por um iniciado nos mistérios, mas também pelo Servo Sofredor de Isaías, segundo as versões hebraicas mais antigas: "Após o sofrimento de sua alma, ele contemplará a luz e ficará satisfeito com seu conhecimento" (Isaías 53,11, ao se traduzir literalmente o texto de Qumran). Considera-se que essa passagem venha do Primeiro-Isaías, anterior a 700 AEC, e que foi reutilizada, posteriormente, por um discípulo. A bênção do sumo sacerdote, "O Senhor faça resplandecer o seu rosto sobre ti e te seja benigno!" (Números 6,25), foi encontrada em pequenos pergaminhos de prata que foram datados por volta de 600 AEC, ou seja, no final do período do Primeiro Templo.[4] Uma das características marcantes da religião de mistério já se estabelecera no templo antes dos anos 700 AEC. Pode ser que as semelhanças com os cultos de mistério posteriores tenham sido um dos fatores que levaram à supressão desse aspecto do antigo templo.

Os mistérios gregos envolviam palavras sagradas que eram proferidas, *legomena*, objetos sagrados que eram exibidos, *deiknumena*, e atos sagrados que eram encenados, *drōmena*,[5] e nos recordemos que somente aos sumos sacerdotes era autorizada a contemplação do mobiliário sagrado do tabernáculo. Orígenes sabia que os objetos sagrados representavam o ensinamento e o seu texto indica que apenas os sumos sacerdotes sabiam disso: "Se um sujeito é um sacerdote ao qual os recipientes sagrados, os segredos da misteriosa Sabedoria, foram confiados, ele deve mantê-los ocultos e não poderá revelá-los levianamente às pessoas".[6] Assim, o bispo Basílio de Cesareia também escrevia nesses termos na Capadócia na metade do século IV EC. Ele (e outros) usou a terminologia dos mistérios quando escreveu sobre os sacramentos e sobre as tradições da Igreja, para os quais não há fontes escritas óbvias. Depois de comparar os Apóstolos e os Pais da Igreja aos antigos sumos sacerdotes, e estes tinham acesso exclusivo ao santo dos santos, Basílio escreveu: "[Eles] costumavam preservar a dignidade sagrada dos mistérios em segredo e

---

[4] Os pergaminhos de prata de Ketef Hinnom foram encontrados no Vale de Hinnom. A inscrição está incompleta, mas os termos "Senhor" e "resplandecer" estão claros.
[5] Ver M. W. Meyer, *The Ancient Mysteries*. San Francisco, HarperSanFrancisco, 1987, p. 18.
[6] Orígenes, Homilia 4, *Números*.

silêncio";[7] "As tradições não escritas são muitas e possuem enorme força sobre o mistério de nossa religião".[8] Ele lista algumas dessas tradições como, por exemplo, voltar-se para o Oriente durante as orações, fazer o sinal da cruz durante o batismo, ungir-se com óleo consagrado, e as palavras da *epiclesis*[9] na Eucaristia. Esses procedimentos correspondem muito bem às palavras, aos objetos e encenações sagrados que caracterizavam os mistérios, mas os primeiros cristãos sabiam que, no caso deles, o mistério viera da tradição do templo. É interessante que o líder da comunidade de Qumran, o *m^ebaqqer*, termo que poderia ser traduzido de modo preciso por "bispo", tinha de instruir os seus "nas coisas eternas e sua interpretação"[10] e, uma vez que o santo dos santos representava a eternidade, ele deve tê-los instruído nos mistérios.

Geralmente, as religiões de mistério comportavam uma refeição sagrada que representava o repasto junto aos deuses e, uma vez mais, temos evidência dessa atividade nos textos hebraicos mais antigos. Quando os anciãos de Israel subiram o Sinai, "eles contemplaram a Deus e depois beberam e comeram" (Êxodo 24,11), um fato que os deuteronomistas negavam. Essa refeição após a visão nunca foi explicada, tampouco a mesa dourada no tabernáculo/templo sobre a qual "farás os seus pratos, as suas taças, as suas galhetas e os seus recipientes para as libações [...] e os colocará para sempre sobre a mesa, diante de mim, com os pães da oblação" (Êxodo 26,29-30). O pão era destinado somente aos sumos sacerdotes, ingerido

---

[7] Basílio, *Sobre o Espírito Santo* 66.
[8] Basílio, *Sobre o Espírito Santo* 67.
[9] Invocação a pedir a descida do Espírito Santo. (N.T.)
[10] *Damascus Document* CD XIII.

no recinto sagrado (Levítico 24,5-9), e representava o alimento mais sagrado, personificando a santidade.

Vamos olhar, agora, para três características fundamentais do misticismo do tempo: a unidade (1), a luz (2) e a glória (3).

O DIA UM

O santo dos santos é brevemente mencionado em Gênesis, capítulo I, como o Dia Um. Em boa parte das traduções lê-se "o primeiro dia", mas essa designação é imprecisa. Em hebraico é "um", e a tradução grega manteve essa forma curiosa. Deve ter havido uma razão para isso. Os outros dias da criação estão "no tempo", portanto são retratados como segundo dia, terceiro dia e assim por diante. Dia Um significava que essa realidade estava além da sequência temporal e da criação material. Não se trata de um "primeiro dia", mas de um estado para além do mundo material e criado; tratava-se do eterno presente. Da mesma forma que o santo dos santos se localizava no meio do templo, o mesmo se dava com a eterna presença de Deus no meio da criação. Era essa a motivação original para a construção do tabernáculo segundo um padrão particular: "Faze-me um santuário, para que eu possa habitar no meio dele" (Êxodo 25,8). O santo dos santos por trás do véu simbolizava Deus no meio da criação.

O véu do templo foi tecido em quatro cores diferentes: vermelho, azul, púrpura – possivelmente de lã – e linho branco. Na época de Jesus, essas quatro cores representavam os quatro elementos que as pessoas pensavam constituir a base para a formação do mundo material. O vermelho representava o fogo, o azul o ar, o púrpura a água (porque o pigmento vinha de uma concha marinha) e o branco a terra. Josefo, que vinha de família sumo-sacerdotal, revelou-nos isso, de modo que provavelmente esteja correto.[11] O que não podemos saber é a idade desse simbolismo, mas a ideia de que algo ocultava ou "punha um véu" sobre a presença divina é encontrado na descrição de Jó sobre a criação, indicando que talvez se trate de uma simbologia bem antiga: "Ele encobriu a presença do trono, espalhou sobre este a sua nuvem" (Jó 26,9, em tradução literal).[12] A arquitetura do tabernáculo/templo anunciava como a matéria ocultava a presença divina no meio da criação. Aqueles que passavam pelo véu, ou que viam através do véu, podiam contemplar a luz divina no meio dele.

O santo dos santos (atrás do véu) era um ambiente cúbico revestido de ouro (1 Reis 6,20) em que havia enormes querubins que representavam o trono do Senhor. Ezequias rezava: "Ó Senhor das Hostes, que habitas entre os querubins, tu és o único Deus de todos os reinos da terra, tu criastes o céu e a terra" (Isaías 37,16-17). E o salmista cantava: "Tu que sentas sobre os querubins, resplandece [...]" (Salmos, 80,1). Isaías vira o Rei, o Senhor das Hostes, entronizado no santo dos santos (Isaías 6,5), e o santo dos santos era o reino. Esse seria um sentido possível de um dos dizeres de Jesus: "Pois eis que o Reino de Deus está no meio de vós" (Lucas 17,21); no caso, ele recordava os fariseus sobre algo que já sabiam. Para João, o reino era a cidade celestial e, naturalmente, ele a descreveu como um cubo dourado (Apocalipse 21,15-18). Essa cidade não precisava nem do Sol nem da Lua como fonte de luz, pois a sua luz era a glória de Deus (Apocalipse 21,23).

---

[11] Josefo, *A Guerra Judaica* 5,212-13.
[12] As palavras em hebraico para "lua" e "trono" são escritas da mesma forma, embora pronunciadas de maneiras diferentes.

Em outra passagem, o santo dos santos é descrito como "o princípio", mas o termo precisa ser compreendido como "a origem" em vez de "o primeiro de uma sequência temporal". O santo dos santos estava fora do tempo, e os que nele entravam perscrutavam além do tempo, vendo a história como um todo. Isaías fora informado sobre o futuro "desde o começo": "Não o sabeis? Não o ouvistes? Não vos foi anunciado desde o princípio? Não compreendestes os fundamentos da terra?" (Isaías 40,21). Isaías entrara no coração e na origem da criação, e de lá contemplou o futuro. João inicia o seu Evangelho: "No princípio era o Verbo" (João 1,1), mas, novamente, isso não se referia ao início no sentido temporal. O que temos é a descrição da glória que o Filho compartilha com o Pai "antes da criação do mundo" (João 15,5).

Fílon explicava:

> [Moisés] diz que "no princípio Deus criou o céu e a terra", entendendo "princípio" não segundo o tempo, como alguns supõem. Antes do mundo não havia tempo, que surgiu junto com o mundo ou depois dele.[13]

O estado para além do tempo, representado no santo dos santos, manifestava a "eternidade", 'olam, um termo que implica uma existência contínua ou indefinida, e derivado do termo "ocultado". Aqueles que penetravam nesse estado oculto rasgavam o tempo e alcançavam a eternidade, presente no meio deles, e podiam contemplar toda a história, do passado até o futuro. Quando R. Ishmael foi levado ao céu e ficou diante do trono, o grande anjo Metatron mostrou-lhe, do outro lado do véu, toda

---

[13] Fílon, *Da Criação* 26.

a história do mundo: "[Tudo] o que fora e o que será feito, até o final dos tempos, estava impresso na cortina do Onipresente",[14] e quando Jesus contou às pessoas a sua experiência no deserto, disse que vira "todos os reinos da terra" (Lucas 4,5). Lucas também descreveu a ascensão de Jesus ao céu no jargão do templo: ele abençoou os discípulos que se prostraram, e ele foi elevado ao céu e dois anjos[15] apareceram (Lucas 24,50-51; Atos dos Apóstolos 1,9-11). Jesus, o sumo sacerdote, movia-se de um tempo e local particular, a Betânia do século I EC, para o eterno presente.

Muito embora o Gênesis integrasse o cânone da escritura, os primeiros versos estavam proibidos para a leitura pública, presumivelmente por fazerem referência ao Dia Um,[16] e os rabis debatiam o que esse Dia Um, ou Um Dia, significava. Segundo R. Judan,[17] tratava-se do estado de unidade divina subjacente a toda criação: "O dia em que o Santo Altíssimo, bendito seja, revela seu Um no universo".[18] Uma vez que o Dia Um estava fora do campo do tempo e da matéria, não haveria modo de dividi-lo. Todavia, a unidade não era o problema; mas sim a pluralidade dentro da unidade indivisa. Outros textos indicam a existência de anjos no Dia Um, antes de o mundo material ser criado, mas os anjos eram uma questão sensível, pois implicavam a pluralidade. Os rabinos não entravam num acordo sobre quando os anjos haviam sido criados, embora todos concordassem que não fora no Dia Um.[19]

---

[14] 3 Enoque 45,6.
[15] A expressão "homens de branco" significava a presença de anjos.
[16] Mishná *Hagigah* 2,1.
[17] Que ensinava na Palestina no século IV EC.
[18] Gênesis *Rabbah* III,8.
[19] Gênesis *Rabbah* I,3.

Todavia, temos textos nas escrituras hebraicas que de fato indicam a existência de anjos no Dia Um e, portanto, da pluralidade dentro do divino. O termo *'elohim*, geralmente traduzido como "Deus", está no plural e poderia ser facilmente traduzido por "deuses" ou "anjos". O Salmo 82, versículo 1, ilustra esse problema: *'elohim* (Deus) tomou o seu lugar no conselho de *El* (do divino), em meio aos *'elohim* (deuses) ele julga". A primeira ocorrência é geralmente traduzida por "Deus", e a segunda por "deuses". Em Gênesis 1, a criação é obra de/dos *'elohim* ("Deus" ou "anjos"?), e temos verbos associados que estão tanto no singular quanto no plural: "E *'elohim* disse [singular] vamos fazer [plural] [...]" (Gênesis 1,26). O *Shemaʿ* também é ambíguo. "O Senhor nosso *'elohim* é um Senhor" (Deuteronômio 6,4). Isso poderia significar que o Senhor seria uma unidade, da mesma forma que o Dia Um representa a unidade. O salmista descrevia os anjos do Senhor e seus ministros antes de descrever a criação, a terra e o mar (Salmos 104,4-5), implicando uma existência (angelical) anterior à criação da terra e do mar, e Jó sabia dos astros matutinos e dos filhos de Deus que cantaram enquanto Deus estabeleceu as fundações da terra (Jó 38,4-7). Sabia-se da existência de anjos no Dia Um. A versão completa do Cântico da Criação (*Benedicite*),[20] descrito segundo uma ordem, inicia-se com louvor ao Um entronizado no templo, sobre os querubins, em seu reino e no céu, para logo em seguida dispor da criação não material: anjos, poderes e águas – antes de listar a terra e a criação visível, como descrita em Gênesis 1. O autor desse cântico e todos os que o cantavam reconheciam a presença

---

[20] Parte da versão grega do livro de Daniel, mas que não é encontrada no texto em hebraico.

dos anjos no Dia Um. O livro Jubileus nos dá a clara visão de como Moisés contemplou o processo da criação e viu, em primeiro lugar, a criação de todos os espíritos que servem diante do trono: anjos de presença, de santidade, dos ventos e águas "e de todos os espíritos e criaturas que estão no céu e na terra".[21]

A escola deuteronomista, absolutamente influente na redação e transmissão das escrituras hebraicas, alertava contra esses ensinamentos esotéricos. "As coisas escondidas pertencem ao Senhor nosso Deus; as coisas reveladas, porém, pertencem a nós e aos nossos filhos para sempre, para que ponhamos em prática todas as palavras desta Lei" (Deuteronômio 29,29). Em suma, eles não negavam a existência das coisas secretas, mas proibiam qualquer investigação, e foram os seus herdeiros espirituais que proibiram a leitura e a explicação de certas passagens da escritura, e que, finalmente, decidiram ocultar os livros de sabedoria, discernimento e conhecimento.[22] Diziam que a Lei estava mais prontamente acessível. "Não está no céu, para que fiques dizendo: 'Quem subiria por nós até o céu para trazê-lo a nós, para que possamos ouvi-lo e pô-lo em prática?'. E não está no além-mar, para que fiques dizendo: 'Quem atravessaria o mar por nós para trazê-lo a nós, para que possamos ouvi-lo e pô-lo em prática?'." (Deuteronômio 30,12-13).

Os deuteronomistas tinham conhecimento de pessoas que ascenderam ao céu e atravessaram o mar (que mar?) a fim de trazer o conhecimento do céu. Um texto obscuro (possivelmente obscurecido?) em Provérbios se insere nesse contexto, ligando a ascensão ao céu ao *discernimento*, *sabedoria* e *conhecimento*:

---

[21] Jubileus 2,2.
[22] Ver acima, p. 44.

"Não tenho a inteligência do homem; não aprendi a sabedoria nem cheguei a conhecer o Santo. Quem subiu ao céu e de lá desceu?" (Provérbios 30,2b-3).[23] O salmista anuncia um trono cercado pelas águas, e presumivelmente seria esse o mar que o fiel teria de cruzar: "O Senhor está sentado sobre o dilúvio, o Senhor sentou-se como rei para sempre" (Salmos 29,10). Sabendo-se que o Salmo 29 é um dos salmos mais antigos, Isaías também teria conhecido esse imaginário do templo, embora ele não mencione um mar em suas visões do trono. Para os primeiros cristãos, o céu era o santo dos santos, onde o trono de Deus estava protegido por um mar vítreo (Apocalipse 4,6). João viu os fiéis em pé e às margens desse mar (Apocalipse 15,2) e, segundo uma história conhecida na época de Jesus, o arcanjo Miguel congelara o mar para que Adão pudesse cruzá-lo.[24] João viu o cordeiro a receber o pergaminho daquele que estava sentado no trono (Apocalipse 5,7), para isso ele precisaria cruzar o mar, muito embora João não mencione esse fato. As pessoas que cruzavam esse mar, a fim de adquirir ensinamentos celestiais, colocavam-se num cenário semelhante ao do cordeiro que recebeu o pergaminho.

Os anciãos de Israel viram o Deus de Israel em sua visão no Sinai, quando os mandamentos foram passados (Êxodo 24,9-11); Isaías viu o Senhor entronizado ao ser chamado de profeta (Isaías 6,1-5); Ezequiel viu o trono e uma figura humana no trono deixando o templo e indo à Babilônia, quando foi chamado de profeta (Ezequiel 1,4-28; 10,1-22); e Daniel viu alguém semelhante ao "Filho do Homem", isto é, uma figura humana

---

[23] Retomaremos esse ponto a fim de analisar toda a passagem. Ver adiante, p. 254-55.
[24] *The Life of Adam and Eve* 29,3.

que se aproximou de um trono resplandecente situado sobre um vasto mar (Daniel 7,2-14). João também recebeu as suas revelações do trono.

Existe uma oração enigmática em Provérbios 29,18 que recebeu diversas traduções:

- "Onde não há visão, o povo perece" (AV).
- "Onde não há profecia, o povo se entrega ao desregramento" (RSV).
- "Uma nação sem a direção de Deus é uma nação sem ordem" (GNB).
- "Onde não há ninguém no comando, as pessoas se desgarram" (NEB).
- "Onde não há visão, o povo não tem freio" (JB).[25]

Em hebraico, literalmente, temos "Onde não há visão profética, as pessoas se dispersam". Uma visão que faz referência ao Dia Um, a fonte de unidade do povo.

PITÁGORAS

Vestígios de um misticismo do templo, em especial nos textos cristãos, são frequentemente associados ao platonismo ou ao neoplatonismo. Todavia os escritores antigos sabiam que Platão tomara algumas de suas ideias de fontes hebraicas e, em particular, sabiam que Pitágoras aprendera muito com o Templo de Jerusalém. Portanto, faz-se necessário avaliar as

---

[25] AV ou *Authorized Version*, a Bíblia do rei James; RSV ou *Revised Standard Version*; GNB ou *Good News Bible*, da American Bible Society; NEB ou *New English Bible*; e a JB ou *Jerusalem Bible*, a Bíblia de Jerusalém. (N.T.)

semelhanças a fim de saber quem pegou de quem, uma vez que certos elementos do misticismo do templo podem ter sobrevivido fora de contextos hebraicos.

Pitágoras foi contemporâneo de Ezequiel, e Hermipo de Esmirna, *grego* que escreveu na metade do século III AEC, dizia que Pitágoras adotara os ensinamentos dos judeus. Josefo enfatiza esse ponto em seu debate com Apion, e cita Hermipo: "[Pitágoras] imitou as doutrinas dos judeus [...] que ele transpôs para a sua própria filosofia".[26] Uma vez que Timeu, discípulo de Sócrates, foi seguidor de Pitágoras, elementos do ensinamento do antigo templo e de seu misticismo podem ser rastreados nos escritos de Platão, e quando eles reaparecem, digamos, nos escritos de Fílon, seria um equívoco identificá-los prontamente como mero platonismo. São vários os autores antigos que disseram que Pitágoras aprendera com os judeus: Aristóbulo, por exemplo, judeu que escreveu na metade do século II AEC, disse que "Pitágoras transferiu muitas de nossas doutrinas, integrando-as em suas próprias crenças".[27] Eusébio, bispo cristão que escreveu no início do século IV EC, em uma extensa seção de sua obra *Preparação para o Evangelho*[28] procura mostrar quanto fora transferido do ensinamento hebraico para a filosofia grega.

Pitágoras não deixou nada escrito, mas um relato de sua vida, redigido muito depois, diz que ele viajou durante a juventude e que se estabeleceu, durante certo tempo, na "Síria", vivendo

---

[26] Josefo, *Contra Apion* 1,22. Para mais detalhes ver o meu livro *The Great High Priest*. London, T&T Clark, 2003, p. 263-65.
[27] Citado em Eusébio, *Preparação para o Evangelho* 13,12.
[28] A tradução em inglês de *Preparação para o Evangelho* [Preparation of the Gospel] de E. H. Gifford. Oxford, Oxford University Press, 1903.

próximo ao Monte Carmelo, antes de ir para o Egito. "Foi iniciado nos procedimentos sagrados encenados em muitas regiões da Síria",[29] o que nos soa como uma iniciação numa religião de mistério. Uma vez que a "Síria" incluía a Judeia, as semelhanças entre os ensinamentos pitagóricos e a sabedoria dos sacerdotes do templo não seriam, então, mera coincidência.

Provavelmente, Pitágoras viveu na Síria por volta da metade do século VI AEC, portanto imediatamente após a destruição do Primeiro Templo. Seis séculos depois, Josefo, que conhecia bem os essênios, nos relata que esse grupo seguia o mesmo estilo de vida dos pitagóricos,[30] e os escritos de Qumran sugerem que essa comunidade encerrava um grupo sacerdotal conservador. Os acadêmicos ainda não conseguiram identificar o que estaria por trás dos ensinamentos mais característicos do pitagorismo, e admitem que essa "ciência" pressupunha uma moldura mitológica. Aristóteles criticava os pitagóricos por essa abordagem: "[Eles] não buscam relatos e explicações segundo as aparências, mas se esforçam, violentamente, em colocar as aparências em conformidade com os seus relatos e opiniões".[31] Esse "mito", por sua vez, parece encerrar a visão de mundo do Templo de Jerusalém, e corresponde em grau extraordinário ao que sabemos sobre os ensinamentos de Pitágoras.[32]

O *Timeu* de Platão, por exemplo, tem um relato da criação fornecido por Timeu, um pitagórico. Bury resumiu o

---

[29] Iamblichus, que morreu por volta de 330 EC, *Life of Pythagoras*, trad. T. Taylor. London, Watkins (1818), 1965, p. 7.

[30] Josefo, *Antiguidades* 15,371

[31] Aristóteles, *Sobre o Céu*, 293A.

[32] Para mais informações, consultar o meu livro *The Great High Priest*. London, T&T Clark, 2003, p. 262-93.

entendimento dessa passagem, e a coisa se encaixa, muito naturalmente, na linguagem bíblica:

> O tema desse Mito central não é nada menos que a Criação do Universo [...]. Somos transportados imaginativamente para um ponto "além do princípio dos anos", quando o tempo ainda não era e "a terra não tinha forma ou vácuo". Então, segue-se, passo a passo, o processo por meio do qual o Mundo foi construído, formando uma estrutura harmoniosa, e como o Cosmos evoluiu do Caos.[33]

Trata-se da versão grega do *raz nihyeh*, o mistério de como todas as coisas são o que são, como a vida, em sua pujante variedade, brota da unidade eterna. "No princípio era o Verbo [...] e nele era a vida" é a célebre afirmação do quarto Evangelho, mas Aristóteles criticava os pitagóricos justamente por esse ensinamento: "É estranho atribuir geração às coisas eternas; essa é uma das coisas impossíveis".[34]

São muitos os elementos da sabedoria e do imaginário pitagóricos que só podem ter vindo da tradição mística do templo. Por exemplo, os pitagóricos acreditavam que haveria uma chama (uma realidade ardente) no centro do universo, entendimento que foi descrito como "uma das questões mais controversas da história da filosofia grega".[35] Eles acreditavam que "no centro dos

---

[33] *Plato in Twelve Volumes*, Loeb ed., trad. R. G. Bury. Cambridge MA, Harvard University Press (1929), 1989, vol. IX, introdução p. 3, 5.
[34] Aristóteles, *Metafísica* N3 1091a.
[35] Logo, P. Kingsley, *Ancient Philosophy, Mystery and Magic: Empedocles and the Pythagorean Tradition*. Oxford, Clarendon, 1995, p. 172.

quatro elementos há um cubo, unitário e incandescente".³⁶ Sabemos que a descrição de um cubo unitário ígneo se assemelha demais com o santo dos santos; e os quatro elementos, por sua vez, assemelham-se ao véu que o encobria. O ouro que revestia o santo dos santos representava o fogo, e os visionários o descreviam como um lugar de fogo. Isaías falava da pessoa íntegra que podia "permanecer junto ao fogo devorador" para então "ver o rei em seu esplendor" num "lugar de amplas corredeiras e rios extensos" (Isaías 33,14,17,21). Os *Hinos de Ação de Graças* de Qumran resolviam a dificuldade de comunhão entre fogo e água dizendo que as correntes eram de fogo ou água dependendo do recipiente:

> [...] e o manancial de luz se tornará uma fonte eterna
> que nunca se interrompe.
> E em suas chamas brilhantes, todos os filhos de [ ]
> arderão
> Como um fogo, queimando todos os que têm culpa
> [...].³⁷

Ezequiel descreveu o trono em forma de carro deixando o templo. Ao fazer isso, ele descrevia o santo dos santos como o conhecia e imaginava: o brilho, um fogo ardendo continuamente e, no meio do fogo, algo como um bronze a brilhar. Havia uma figura humana flamejante no trono, cercada por um arco-íris (Ezequiel 1,4,26-28). Daniel viu o Ancião dos Dias num trono flamejante acima de um rio de fogo (Daniel 7,8-14). Enoque descreveu o santo dos santos como um lugar incandescente, com

---

³⁶ Kingsley, *Ancient Philosophy, Mystery and Magic*, p. 183.
³⁷ *Thanksgiving Hymns*, 1QH XIV,20b-21.

o piso e o teto de fogo, no qual o Glorioso, uma realidade ardente, estava entronizado. Os anjos comuns não poderiam entrar no santo dos santos.[38] Num outro relato, Enoque descreve a habitação de fogo rodeada por anjos, onde apenas os arcanjos poderiam entrar.[39] Num dos *Cânticos Sabáticos* de Qumran, há como saber como essa comunidade imaginava o santo dos santos na época de Jesus:

> Do meio de suas rodas gloriosas, há, por assim dizer, uma visão ardente dos mais altos espíritos. Acima deles encontra-se algo que se assemelha a um riacho de fogo à semelhança de um bronze brilhante [...] radiação multicolorida e repleta de glória [...].[40]

Os pitagóricos descreviam o cubo ardente como a torre de Zeus, ou o trono de Zeus.[41] São muitas as representações do santo dos santos como trono, mas como torre é uma representação menos conhecida. A torre de vigia de Isaías, no meio da vinha (Isaías 5,2), era tida como referência ao santo dos santos,[42] o local onde Habacuque se alojou enquanto aguardava receber uma visão do futuro: "Vou ficar de pé em minha torre, vou me colocar em minha muralha e espreitar para ver o que ela me dirá" (Habacuque 2,1). Quando "a geração de apóstatas" que retornou da Babilônia reconstruiu o templo, Enoque disse que ela havia "erguido uma torre" e disposto uma mesa diante dela,

---

[38] 1 Enoque 14,15-22.
[39] 1 Enoque 71,1-11.
[40] *Sabbath Songs*, 4Q405.
[41] Kingsley, *Ancient Philosophy, Mystery and Magic*, nota 35, acima, p. 187, 195.
[42] Logo, R. Yosi, no início do século II de nossa era, Tosefta *Sukkah* 3,15: "Ele construiu uma torre no meio dele [...] Esse é o santuário".

o que significava que o santo dos santos fora reconstruído e que a mesa para o "pão da presença" fora posta.⁴³ Enoque foi levado a uma torre de vigia para que pudesse observar a história de seu povo desdobrar diante de seus olhos.⁴⁴ E foi dessa torre que o Senhor contemplou:

> Do céu, o Senhor contempla
> E vê todos os filhos dos homens.
> Do lugar de sua morada, ele observa os habitantes todos da terra.
>
> (Salmos 33,13).

Algumas traduções dizem "olha para baixo" do céu, mas isso não está escrito dessa forma no texto hebraico; o Senhor contempla do santo dos santos.

Platão descreveu o cubo ardente como o lugar onde Zeus reunia os deuses: "Ele reúne todos os deuses em sua morada mais digna, localizada no centro do universo, e vigia tudo o que pertence ao mundo do vir a ser".⁴⁵ De forma inconfundível, temos então uma versão helênica do santo dos santos, em que o Senhor se encontra entronizado no meio de suas Hostes (Apocalipse 5,11). Os pitagóricos também identificavam esse centro flamejante como momento presente e como número um,⁴⁶ e eles descreviam a unidade como "o carro".⁴⁷ A unidade como "carro" deve ter ficado como memória do "trono em forma de carro" do

---

⁴³ 1 Enoque 87,4.
⁴⁴ 1 Enoque 89,73.
⁴⁵ Platão, *Crítias* 121C.
⁴⁶ Kingsley, *Ancient Philosophy, Mystery and Magic*, p. 183.
⁴⁷ Iamblichus, *Theologoumena Arithmeticae* 6, ed. V. de Falco. Leipzig, Teubneri, 1922.

templo, e o santo dos santos, de fato, manifestava o eterno presente. Retornaremos muitas vezes a Pitágoras e a Platão, a fim de reivindicar a influência dos ensinamentos do templo.

A LUZ

"Que o Senhor mostre para ti a sua face e te conceda a paz!" (Números 6,25) era a bênção do sumo sacerdote, mas também era um texto proibido. Alguns Targumim não o traduziam para o aramaico, e sua explicação não era autorizada.[48] Mas por que assim?

"Ver" o Senhor e a Sua face brilhante tinha vários significados. Nas sagas e histórias mais antigas, o Senhor encerra Noé numa arca (Gênesis 7,16) e vem olhar a torre de Babel (Gênesis 11,5). Talvez, para o narrador da história, fosse apenas uma maneira antropomórfica de se expressar. Então, temos visões e sonhos (Gênesis 15,1; 28,12-15), mas há também "aparições" (Gênesis 12,7; 17,1), e mesmo algumas em que o Senhor parece ser um dos três homens em Mambré (Gênesis 18,1-2).[49] Os anciãos viram o Deus de Israel no Sinai (Êxodo 24,10), e o Senhor disse que apareceria para Aarão sobre o propiciatório (Levítico 16,2). Isaías viu o Senhor entronizado no templo, e Ezequiel o viu partir, mas então o Deuteronômio negou que o Senhor fora visto quando os mandamentos foram passados (Deuteronômio 4,12). Depois disso, "ver" o Senhor se tornou um assunto delicado, e circunlóquios foram criados. A "visão"

---

[48] Mishná *Megillah*, 4,10. Algumas versões dizem que a bênção não era sequer lida em voz alta.

[49] Ver também, adiante, p. 122.

começou a ser negada pelas pessoas que advertiam contra as coisas secretas e enfatizavam, em vez disso, que a Lei seria suficiente (Deuteronômio 29,29). Essa mudança afetou a transmissão subsequente dos textos mais antigos e, como resultado, a forma como eles seriam lidos.

A influência dos deuteronomistas e seus herdeiros pode ser detectada em vários lugares. Outros dois exemplos devem ser suficientes para ilustrar esse ponto. O calendário dos deuteronomistas não menciona o dia da expiação (Deuteronômio 16, cf. Levítico 23), e estes imprimem o seu traço no arranjo final do livro do Êxodo. Deuteronômio 9; 10 sintetiza a versão deles da segunda lei, o significado do nome "deuteronômio". As primeiras tábuas da Lei foram quebradas porque Aarão desviara o povo com o bezerro de ouro, e foi dado a Moisés o segundo conjunto de tábuas (Deuteronômio 10,1-5). A versão completa da história em Êxodo nos revela as mudanças introduzidas pelos deuteronomistas, juntamente com a "segunda lei". Em primeiro lugar, Moisés quis oferecer a si mesmo como expiação pelos pecados do povo – para ele um ato possível –, então, o Senhor revela que cada pessoa seria responsável por seus próprios pecados: "Riscarei do livro todo aquele que pecou contra mim" (Êxodo 32,33). Dessa forma, expiar os erros de um terceiro não seria mais possível. Isso explica a omissão da expiação no calendário dos deuteronomistas.

Logo em seguida, Moisés, que falara com o Senhor face a face (Êxodo 33,11), pede para ver a glória do Senhor (Êxodo 33,18). Um material mais antigo encontrado em Números, e tradicionalmente associado ao período inicial do Primeiro Templo, descreve Moisés como servo do Senhor, aquele que viu a forma, *t^emunah*, do Senhor (Números 12,8); e o salmista, no mesmo período, tinha confiança que sua oração seria ouvida: "Quanto a mim, com justiça eu verei, *hazah*,⁵⁰ a tua face; ao despertar, me saciarei com tua imagem, *t'munah*" (Salmos 17,15). Em grego, isso se tornou: "Me saciarei vendo a sua glória". Considerando o paralelismo da poesia hebraica, deduzimos que "forma" e "face" seriam termos equivalentes, e que a "forma" era compreendida como a "glória". Quando o Moisés da tradição mais antiga pediu para ver a glória, ele queria ver a face ou a forma. Mas essa história foi alterada.

Quando os deuteronomistas editam a história, Moisés pede para ver a glória (Êxodo 33,18), mas o Senhor diz que revelará apenas o seu Nome "mas [...] não poderás ver minha face, porque o homem não pode ver-me e continuar vivendo" (Êxodo 33,20). Moisés ficou então escondido na fenda da rocha enquanto a glória passou: "Me verás pelas costas. Minha face, porém, não se pode ver" (Êxodo 33,23). Os deuteronomistas enfatizaram que quando os mandamentos foram dados, "que o Senhor vos falou do meio do fogo. Ouvíeis os sons das palavras, mas nenhuma forma distinguistes: nada, além de uma voz!" (Deuteronômio 4,12). De forma semelhante, não era o Senhor que habitava no templo, mas o seu Nome. Ninguém sabe o que se queria dizer com isso, mas era uma marca dos deuteronomistas: "Buscá-lo-ei somente no lugar que o Senhor, vosso Deus, houver escolhido [...] para aí colocar o seu nome" (Deuteronômio 12,5). Além disso, na oração que colocam na boca de Salomão, quando o templo foi consagrado: "Se os céus e os céus dos céus não te podem conter, muito menos esta casa que construí [...] sobre este lugar do qual disseste: 'Meu nome

---

⁵⁰ Esse verbo implica a experiência de uma visão.

estará lá'" (1 Reis 8,27,29). Os deuteronomistas e seus herdeiros advertiam contra as coisas ocultas, negavam a possibilidade da expiação e negavam que a "forma" do senhor fora alguma vez vista; não obstante esses eram justamente os elementos fundamentais do culto mais antigo do templo.

Nas escrituras hebraicas há, então, dois posicionamentos: o Senhor poderia ser visto – a tradição do templo – e o Senhor não poderia ser visto. "E nós vimos a sua glória" escreve João (João 1,14), o clímax do livro do Apocalipse e, portanto, do Novo Testamento. É o momento em que os seguidores de Deus-e-o--Cordeiro[51] ficam diante de seu trono e contemplam a sua face (Apocalipse 22,4). O cristianismo enraizou-se na antiga tradição do templo e seu misticismo.

Os peregrinos do templo original viajavam a Jerusalém para ver a face/presença[52] do Senhor, pois era o que diziam as escrituras hebraicas mais antigas, embora, posteriormente, os escribas tenham alterado a forma como essas palavras eram lidas. No texto atual, lemos que três vezes por ano – na Festa dos Pães Ázimos, durantes as Celebrações das Semanas e na Festa dos Tabernáculos – todos os homens de Israel tinham "de aparecer diante do Senhor", mas o texto mais antigo diz "ver a face do Senhor" (Êxodo 23,17; 34,23; Deuteronômio 16,16).[53] Essa transformação do texto não requer alteração nas consoantes, mudaram-se apenas as vogais, e estas não eram usadas até a chegada da era cristã. Em

---

[51] Deus-e-o-Cordeiro indica a natureza em dois aspectos do Um entronizado; ver abaixo p. 177.
[52] Em hebraico, "face" e "presença" são a mesma palavra.
[53] Outros exemplos: Êxodo 23,15; 34,20; 34,24: Deuteronômio 31,11; 1 Samuel 1,22; Isaías 1,12.

determinado estágio, a pronúncia original foi alterada, mesmo que o resultado em hebraico soasse esquisito. O léxico hebraico nos diz que todas essas passagens foram modificadas para que se evitasse a expressão "ver a face do Senhor".[54]

Os salmos nos mostram que a contemplação da face resplandecente do Senhor era uma realidade absolutamente central ao culto do templo, muito embora não mais saibamos o que isso significava exatamente – como era representado no rito, por exemplo. Para Isaías e Ezequiel tratou-se de uma visão, mas essa experiência deve ter sido diferente para os peregrinos. Alguns estudiosos sugeriram que seria o sol nascente que brilhava diretamente no templo durante os grandes festivais que ocorriam nos equinócios da primavera (Páscoa) e do outono (Tabernáculos); outros sugerem que seria a aparição, em vestes gloriosas, do rei/sumo sacerdote a representar a presença do Senhor – Emanuel. Ou poderia ter sido o sol brilhando sobre o sinete de ouro que portava o Nome, e que o sumo sacerdote fixava em seu turbante.[55] O fato de não mais haver informações seguras sobre um aspecto tão central da liturgia do templo indica quanto esse conhecimento foi perdido.

O termo sobrevivente mais familiar dessa liturgia foi Hallelu-jah, geralmente traduzido como "louvemos o Senhor", que aparece ou no início ou no fim de um salmo.[56] A palavra

---

[54] F. Brown, R. Driver, C. Briggs, *A Hebrew and English Lexicon of the Old Testament*. Oxford, Clarendon Press, 1962 edn, p. 816, 908.

[55] O Evangelho de Tiago sobre a Infância relata a história de Joaquim, o pai de Maria, que foi ao templo para ver se os seus pecados haviam sido perdoados. Ele sabia que receberia a resposta ao olhar para a placa de ouro fixada na fronte do sumo sacerdote.

[56] A exceção é o Salmo 135,3

hebraica *hll* pode significar louvar, mas também significa brilhar, e ao se saber da importância da face/presença que brilha, o termo poderia obviamente exprimir "Brilhe, Senhor". Talvez, no Salmo 22,23, "louvar-te [...] glorificar-te [...] temer-te" estivesse mais exato se fosse "*ver-te brilhar* [...] *ver a tua glória* [...] e temer-te".[57] O dever dos levitas teria sido o de "invocar, prestar graças e *fazer o Senhor brilhar* [...]" (1 Crônicas 16,4), e ao fazerem isso, "a casa se assoberbava com a glória do Senhor" (2 Crônicas 5,13-14). A música trazia a glória ao templo. Os deuteronomistas nunca mencionam a execução da música durante a consagração do templo; a glória chegava quando a arca era levada ao seu lugar (1 Reis 8,6-11).

A face/presença resplandecente do Senhor é um tema frequente nos Salmos: "Verei a tua face" (Salmos 17,15); "A tua face, Senhor, eu busco" (Salmos 27,8); "Faze brilhar a tua face sobre o teu servo" (Salmos 32,16); "De Sião [...] Deus resplandece" (Salmos 50,2); "Fazendo a sua face brilhar sobre nós" (Salmos 67,2); "Faze tua face brilhar, e seremos salvos" (Salmos 80,4). São muitos os exemplos. Ver a luz significava segurança: "O Senhor é minha luz e minha salvação, de quem terei medo?" (Salmos 27,1); mas quando o Senhor escondia a face, o desastre iminente se impunha: "mas escondeste tua face e eu fiquei perturbado" (Salmos 30,7). O Targum dos Salmos, ao refletir sensibilidades posteriores, nunca coloca de forma direta "a face"

---

[57] Existe uma curiosa confirmação desse significado séculos mais tarde, numa explicação da liturgia dada por Germano, patriarca de Constantinopla, 715-730 EC. Ele diz que o termo "aleluia" exprimia "O Nosso Senhor virá clara/visivelmente e Seu fogo resplandecerá" (*On the Divine Liturgy*, 29). Portanto Germano sabia que o "aleluia" anunciava a teofania.

do Senhor manifestando-se no templo. Frequentemente, nesse caso, a "face" é substituída pelo Shekinah, presença que habita o interior, ou por outros circunlóquios. Assim, por exemplo, nos Targumim dos Salmos 27,8 e 30,7 havia o termo Shekinah; no Targum do Salmo 17,15 tornou-se "a glória da face"; no Targum do Salmo 31,16, "o brilho" da face; e no Targum do Salmo 67,1, "o esplendor" da face.

Os antigos calendários associavam a visão da face às peregrinações ao templo, mas um antigo poema conhecido como *A Bênção de Moisés* sugere que o "brilhar" associava-se particularmente ao momento em que o Senhor se tornava Rei.

> O Senhor veio do Sinai, alvoreceu para eles de Seir,
> Resplandeceu do Monte Fará
> Ele veio com dez mil santos
> Com [ ] em sua mão direita [...]
> Então, o Senhor se tornou rei [...]
>
> (Deuteronômio 33,2,5)

As palavras que estão faltando, que geralmente são traduzidas como "fogo em chamas", indicam a intervenção posterior de escribas editores. Provavelmente, o original anunciava o nome da Rainha-Mãe no templo, Ashratah, que era simbolizada pelo trono e por uma nuvem resplandecente.[58]

O Senhor era visto como o Rei dos Tabernáculos, e no período do Segundo Templo a memória do templo original, retratada na *Bênção de Moisés*, tornou-se uma esperança futura. Isso pode ser visto nas visões em Zacarias 14,5b-9. Traduzindo-as literalmente do hebraico:

---

[58] Ver abaixo, p. 108.

5b. "Então, o Senhor virá [ ] e todos os santos com ele."
6. "E naquele dia não haverá nem frio nem gelo." Um texto adulterado, pois o original era provavelmente "E naquele dia não haverá luz, e os gloriosos definharão", isto é, os corpos celestiais perderiam a luz.[59]
7. "Será o Dia Um. Isso é conhecido do Senhor. Sem dia e sem noite, mas ao entardecer haverá luz."
8. "Naquele dia os rios vivos sairão de Jerusalém [...]."
9. "E o Senhor será rei por toda a terra, e o Senhor será Um e o seu Nome será Um."

Em outras palavras, quando o Rei/Reino se manifestava, o Dia Um se revelava, e as luzes do céu não eram mais necessárias. Água/sabedoria fluía de Jerusalém, e o Senhor era Um.[60]

O mais célebre "resplandecer" da presença do Senhor deu-se na Transfiguração. Jesus disse aos seus discípulos que, antes de morrer, alguns veriam o Filho do Homem vindo em seu reino e o reino de Deus chegando com poder (Mateus 16,28; Marcos 9,1; Lucas 9,27). Então, seis dias mais tarde,[61] Jesus conduz Pedro, Tiago e João para uma montanha, para que orassem, e lá ele é transfigurado. Suas vestes (sua face, em Mateus e Lucas) brilharam, e ele conversa com Moisés e Elias, os dois homens que encontraram o Senhor no Sinai.[62] Pedro quer erguer três tabernáculos. Então, uma nuvem (Mateus: "uma nuvem luminosa") se impõe sobre eles e uma voz anuncia: "Este é o meu

---

[59] Desse modo, Brown, Driver e Briggs, *Hebrew and English Lexicon*, p. 891.
[60] Retomaremos esse ponto. Ver abaixo p. 128-29.
[61] Oito dias, segundo Lucas 9,28.
[62] Na história de Elias a montanha em questão é o Monte Horeb, mas a tradição fundiu as duas.

filho amado, em quem me comprazo, escutem-no!". Aquilo que os discípulos experimentam na montanha é a manifestação do Reino de Deus. O contexto – ao menos na cabeça de Pedro – era dos Tabernáculos, o tempo em que, no templo-tenda original, o Senhor se tornara Rei e resplandecera, presumivelmente através do véu ou quando o véu era descerrado.[63]

Sabemos que o reino era o santo dos santos, revelado somente a alguns poucos. Jesus fala sobre o sigilo do reino, e mantém o segredo por meio de parábolas (Marcos 4,11). No Evangelho de Tomé existe uma versão mais extensa, em que Jesus fala do "reino de Deus no meio de vocês" (Lucas 17,21).

> Os discípulos lhe perguntaram: "Quando virá o Reino?" [Jesus disse]
>
> Ele não virá ao se esperar por ele. Não é uma questão de dizer: "Eis que ele está aqui" ou "Eis que está ali". Na verdade, o Reino do Pai está espalhado pela terra e os homens não o veem.[64]

Temos, aqui, o reino como o santo dos santos; a presença sempre presente, ocultada pela matéria de muitos olhos humanos.

O Targum de Isaías, que inclui material da época de Jesus, mostra que, afinal de contas, o reino era a revelação da presença do Senhor:

- "O Senhor das Hostes reina no Monte Sião" (Isaías 24,23b) – "O reino do Senhor das Hostes será revelado no Monte Sião" (Targum de Isaías 24,23b).

---

[63] Retomaremos esse ponto no contexto do Servo. Ver abaixo p. 148.
[64] Evangelho de Tomé 113.

- "O Senhor das Hostes descerá para guerrear sobre o Monte Sião" (Isaías 31,4) – "O reino do Senhor das Hostes será revelado como residente no Monte Sião" (Targum de Isaías 31,4).
- "O teu Deus reina" (Isaías 52,7) – "O reino de seu Deus foi revelado" (Targum de Isaías 52,7).
- No Targum de Ezequiel, reino significava julgamento, como na parábola da rede (Mateus 13,47-50), ou na visão joanina do estabelecimento do reino na terra (Apocalipse 11,15-18):
- "Chegou a tua vez, sim, para ti, habitante da terra" (Ezequiel 7,7) – "O reino te foi revelado, ó habitante da terra" (Targum de Ezequiel 7,7).
- "Eis o dia, eis que chegou a tua vez" (Ezequiel 7,10) – "O reino foi revelado" (Targum de Ezequiel 7,10).

E podemos recordar o jogo de palavras cruel dos rabinos do século II EC, quando insinuavam que *evangelion*, boa nova, significaria *aven gilyon*, revelação imprestável, ou *avon gilyon*, revelação iníqua.[65]

Na época de Jesus, o próprio nome Israel tinha o significado de "o homem que vê a Deus".[66] Fílon usa-o diversas vezes em sua obra, como por exemplo "pois Israel significa ver a Deus".[67] Os filhos de Israel se tornaram, para Fílon, "os filhos Daquele que é visto".[68] Essa compreensão do nome se associa, indubitavelmente, à forma como Êxodo 25,8 foi traduzido para o

---

[65] Ver acima, p. 50.
[66] Hebraico '*ish* = homem, *ra'ah* = vê, '*el* = Deus.
[67] Fílon, *Estudos Preliminares* 51.
[68] Fílon, *Interpretação Alegórica* III,15.

grego. Enquanto no hebraico temos: "Deixem-nos fazer um santuário para mim, no qual eu possa habitar no meio deles", no grego está "[...] para que eu possa ser *visto* no meio deles". Para os judeus que viviam no Egito e falavam grego, o Senhor era visto no santo dos santos. Esse sentido de "aquele que vê a Deus" também foi adotado pela maior parte dos primeiros escritores cristãos. Hipólito, escrevendo em Roma no início do século III EC, aplica o nome de Israel a Jesus: "Então, tendo recebido todo o conhecimento do Pai, o Israel perfeito, o verdadeiro Jacó, mostrou-se ao mundo e falou com os homens. E quem recebe o nome de Israel a não ser aquele que vê a Deus?" Hipólito associa isso a João 1,14.[69] Eusébio, um século mais tarde, também diria: "Israel significa aquele que vê a Deus, uma mente capaz de conhecer e perceber".[70]

Nesse sentido, "Ver" a Deus significa discernimento, uma vez que essa visão pressupunha a vinda da sabedoria. Isso se evidencia no material mais antigo e relacionado a Enoque, para o qual a perda da visão espiritual dos sacerdotes equivalia ao abandono da Sabedoria: "Na sexta semana, todos os que vivem [no templo] perderão a visão, e seus corações impiedosos abandonarão a Sabedoria".[71] Esse entendimento é encontrado nos *Hinos de Ação de Graça* de Qumran:

> Você resplandece para mim em sua força [...]
> Ao meu lado iluminou muitas faces
> E sua força é inominável
> Você me ensinou mistérios extraordinários

---

[69] Hipólito, *Contra Noetus* 5.
[70] Eusébio, *Preparação para o Evangelho* 11,6.
[71] 1 Enoque 93,8.

O seu conselho maravilhoso,
Você é minha força.[72]

Em algumas orações sinagogais, adaptadas pela Igreja primitiva, lemos:

> Ó Deus Todo Poderoso, Deus verdadeiro [...] portador da luz inacessível [...] invisível por natureza, mas conhecível por todos os corações razoáveis que buscam verdadeiramente a Vós; Ó Deus de Israel, o Vosso povo que viu e acreditou no Cristo [...].[73]

Nesse contexto, ver o Senhor trazia discernimento.

Os sacerdotes abençoavam a comunidade de Qumran com uma versão ampliada da antiga bênção, e mostravam como compreendiam o sentido da Face Luminosa: tanto uma iluminação da mente quanto uma forma distinta de conhecer.

> Que o Senhor os abençoe e os guarde
> *Que Ele os abençoe com todo o bem e os afaste de todo mal,*
>
> Que o Senhor ilumine a Sua face sobre vocês e os gratifique
> *Que ele ilumine a mente de vocês com discernimento/ percepção, que ele os gratifique com o conhecimento da eternidade,*
>
> Que o Senhor erga a sanção sobre vocês e lhes agracie com a paz.

---

[72] *Thanksgiving Hymns*, 1QH XII,24b; 28-29a.
[73] *Constituições Apostólicas* 8,15.

> *Que Ele pronuncie a Sua face sobre vocês para que recebam a paz eterna.*[74]

Fílon dizia que, uma vez ungida, a mente do sumo sacerdote "ilumina-se como uma luz brilhante",[75] e Justino descrevia o batismo cristão da mesma forma: "Essa imersão se chama iluminação, pois aqueles que aprendem essas coisas têm o discernimento iluminado".[76] É preciso notar que, no caso, ele não fazia uma comparação fácil com as religiões de mistério de sua época, no intuito de agradar leitores pagãos; mas o que ele fazia era colocar o batismo, de modo apropriado, no contexto da tradição do templo.

Fílon disse o mesmo, usando a linguagem das religiões de mistério, ao explicar a ordem na construção de um santuário: "Faça-me um santuário para que eu possa estar no meio de vocês". A visão do Senhor alterava a percepção de tudo mais.

> Se você for merecidamente iniciado e puder ser consagrado a Deus e, em certo sentido, tornar-se um santuário vivo do Pai, então, em vez de ter os olhos cerrados, você verá as Primeiras [coisas?] e ficará desperto, você deixará de habitar no sono profundo em que foi mantido. Então, vai se manifestar a você o Um resplandecente, e Ele lhe concederá visões [...] Pois o princípio e o fim da felicidade está em ser capaz de ver a Deus, mas isso não ocorrerá àquele que não fez de sua alma um santuário completamente dedicado a Deus.[77]

---

[74] *Community Rule*, 1QS II,3.
[75] Fílon, *Da Fuga* 110.
[76] Justino, *Apologia* 1,61.
[77] Fílon, *Questões sobre o Êxodo* II,51.

Sinésio, bispo de Ptolomaica em Cirene por volta do ano 400 EC, explicou a diferença entre a aquisição de conhecimentos comuns e o que era apreendido nos mistérios, referindo-se a um escrito de Aristóteles que foi perdido:

> Os assuntos referentes ao sagrado [a contemplação alcançada nos mistérios] não funcionam nos parâmetros normais de atenção, destinados ao conhecimento comum, mera habilidade mental [...]
>
> Na visão de Aristóteles, um iniciado não tem somente uma lição a aprender, mas uma experiência a viver, uma condição que tem de ser criada enquanto se prepara [para receber a revelação].[78]

Isso é exatamente o que Isaías, nosso melhor testemunho do misticismo envolvendo a tradição do Primeiro Templo, disse a respeito do Ungido:

> Sobre ele repousará o espírito do Senhor [...],
> Ele não julgará segundo a aparência [...],
> Ele não dará sentença apenas por ouvir dizer [...],
> A terra ficará cheia do conhecimento do Senhor [...]
> (Isaías 11,2,3,9)

No centro estava o Um, e o Um era Unidade. A presença do Um era chamada de Reino, e os místicos do templo que entravam no Reino tornavam-se parte da Unidade; portanto, Jesus assim rezou durante a Última Ceia: "para que sejam Um, como nós somos Um [...] quero que, onde eu estou, também eles estejam

---

[78] Sinésio, *Dio* 7.

comigo, para que contemplem minha glória, que me deste, porque me amaste antes da fundação do mundo" (João 17,11,24). A presença do Um também era conhecida como santo dos santos, e isso não significava "muito santo", mas sim "ativamente santo" ou "comunicando santidade". Os místicos do templo que adentravam o santo dos santos se tornavam "santos" como os anjos. Eles estendiam a Unidade ao se tornar parte dela.

Capítulo III

OS MUITOS

A fim de explorarmos como os Muitos se relacionavam com o Um, investigaremos primeiro Dionísio, importante teólogo cristão cujos escritos em angeologia – como os Muitos se relacionavam com o Um – são vistos como controversos. Durante séculos, pensou-se que Dionísio fora o areopagita que Paulo encontrara em Atenas (Atos dos Apóstolos 17,34), e seus escritos, um indício dos ensinamentos do cristianismo primitivo. Todavia, os acadêmicos modernos o colocaram na Síria do final do século V EC, daí o nome pseudo-Dionísio. Portanto, a sua obra não é mais vista como exemplo de cristianismo primitivo, mas sim uma fusão tardia de cristianismo e platonismo/neoplatonismo. Durante séculos, os seus escritos exerceram enorme influência sobre as formas ocidentais e orientais de cristianismo, mas tornaram-se controversos a partir da Reforma, quando as pessoas começaram a duvidar, pela primeira vez, que Dionísio fosse uma figura neotestamentária que deixara um relato acurado do pensamento cristão primitivo. Em particular, alguns acadêmicos protestantes viam com maus olhos seu "platonismo". Lutero se mostrou particularmente hostil, especialmente em relação às ideias de Dionísio sobre a natureza celestial do sacerdócio. "Há um tênue repositório de conhecimento em sua obra", escreve Lutero, que via na teologia mística de Dionísio mais platonismo que cristianismo. "Se a coisa fosse do meu modo, nenhum fiel prestaria a menor atenção a esses livros".[1]

Certamente, Dionísio adotou esquemas do platonismo em seus escritos, mas a questão é quanto? Por outro lado, em que medida aquilo que ele diz sobre o Um e os Muitos (Deus, os anjos e o sacerdócio) pode ter pertencido ao cristianismo primitivo? Quando Dionísio oferece Isaías como modelo de alguém purificado por um serafim, para que Isaías pudesse contemplar os seres mais altos em volta do trono,[2] ele nos diz que aprendera essas coisas de um mestre (sem nome). Uma vez que o contexto indica a tradição envolvendo o misticismo do templo, esse mestre inominado seria outro cristão ou um filósofo neoplatônico? Não sabemos, mas supõe-se geralmente que o professor não era cristão, e que a hierarquia angelical usada foi importada para o cristianismo. Por exemplo, Dionísio estabelece nove categorias de anjos que parecem derivar de ideias neoplatônicas, pois estas diferem das categorias implicadas na Bíblia e nos textos associados à tradição do templo. Os arcanjos que descreve compõem as graduações mais baixas, ao passo que a tradição do templo os coloca nas posições mais altas, estabelecendo-os em volta do trono. Mas, por outro lado, muito do que é visto como "platonismo" de Dionísio pode ter sido retirado da teologia do templo, uma vez que o próprio "platonismo" (via Pitágoras) tinha raízes na tradição do templo. Em sua *Hierarquia Celestial* encontramos:

> Escutem com atenção as coisas sagradamente pronunciadas e sejam por elas inspirados para que se iniciem

---

[1] M. Luther, *The Babylonian Captivity of the Church*, 7,4.
[2] Dionísio, *The Celestial Hierarchy* 300 BCD, em *Pseudo-Dionysius. The Complete Works*, trad. C. Luibheid. New York, Paulist Press, 1987.

nas coisas inspiradas. Mantenham as verdades sagradas em segredo, ocultando-as em suas mentes. Guardem a sua unidade em segurança contra a multiplicidade daquilo que é profano [...]
Uma hierarquia é uma ordem sagrada, um estado de discernimento e uma atividade intimamente próxima do divino [...]
O objetivo de uma hierarquia é permitir que as coisas se equiparem a Deus, o máximo possível, que se tornem unas n'Ele.[3]
Por meio de esforços mediadores [os anjos], ele que é a Causa e, de fato, o Autor de toda purificação que trouxe da esfera do oculto e das obras de sua própria providência, lançando-as para que se tornassem visíveis a nós.[4]

Isso se assemelha em muito com a tradição do misticismo do templo; portanto, investigaremos algumas ideias a respeito da pluralidade e unidade dos anjos, que poderiam integrar a esfera de conhecimento dos primeiros cristãos, na medida em que também são encontradas em textos da época ou mesmo em textos hebreus mais antigos. Assim, esse conhecimento pode ter chegado até Dionísio por meio de fontes e professores cristãos.

AS HOSTES CELESTES

Uma das grandes questões que envolvem as escrituras refere-se à tradução do termo "Deus", '*elohim*. O termo aparece no

---

[3] Dionísio, *Hierarquia Celestial*, 154C, 164D, 165A.
[4] Dionísio, *Hierarquia Celestial*, 308A.

plural, no entanto os tradutores geralmente escolhem "Deus" no singular, justificando-o como plural "majestático". Julgando a coisa pelo contexto, às vezes o termo parece se referir ao divino no singular, mas, em outros casos, a designação "deuses" ou "seres celestes" seria, de fato, mais apropriada. O número pode variar de um para mais de um, dentro de um mesmo versículo. O melhor exemplo desse impasse se encontra no Salmo 82,1: "'*elohim* se levantou no conselho '*el* (divino), e em meio aos '*elohim* ele julga".[5] Os verbos estão no singular, de modo que o primeiro '*elohim* deve ser "Deus", mas "no meio dos '*elohim*" implica a existência de vários '*elohim*. Cabe ao tradutor tomar uma decisão: singular ou plural? A tradução mais comum é a seguinte: "Deus se levanta no conselho divino, em meio aos deuses ele julga". Mas, e o *Shema'*? "O Senhor, o nosso '*elohim* é Um." Isso diz que o Senhor é singular ou plural? Ou que os muitos formam uma unidade?

E o que devemos fazer com outras formas no plural que parecem indicar um singular mas que geralmente não são explicadas como "plural majestático/divino"? A enigmática figura feminina, a Sabedoria (Provérbios 8,1), também poderia aparecer como "as Sabedorias" que exortam seus filhos e filhas: "Eis que vos derramarei o meu Espírito" (Provérbios 1,20,23). "O(s) que Vive(m)", na visão de Ezequiel do trono em forma de carro. Por vezes essas coisas aparecem no singular, e por outras no plural. Esses seres dispõem de rodas que se movem conforme o desejo do Espírito que os conduz (Ezequiel 1,20; 10,17); não obstante nem a Sabedoria nem O(s) que Vive(m) são geralmente considerados divinos. O resultado depende da tradução, e caso o tradutor esteja

---

[5] Ver acima, p. 91.

certo sobre o significado do texto, antes de começar a trabalhar ele escolherá os termos segundo uma moldura conceitual prévia. Portanto "O que Vive", que os místicos do templo conheciam como a Senhora do templo,[6] será traduzido até mesmo como "o animal".[7] Sempre temos esse tipo de problema com termos suscetíveis a vários significados, especialmente quando é preciso escolher entre singular e plural no caso de "Deus" ou "deuses" (as hostes celestes).

A simultânea pluralidade e unidade do divino nunca é explicada nos textos bíblicos. Peguemos a célebre história da criação de Adão, "'*elohim* disse [singular] "Façamos [plural] o homem/Adão [singular] à nossa imagem e nossa semelhança, e que eles [plural] dominem [...]". Portanto, no caso, '*elohim* criou [singular] o Adão/humano à sua imagem, como imagem de '*elohim* ele o criou [singular], macho e fêmea ele [singular] os criou [plural]. (Gênesis 1,26-27). Está '*elohim* no singular, como sugere a maior parte dos verbos, ou no plural? E se Adão é masculino e feminino, pode o '*elohim* no singular ter uma imagem no plural que seja masculina e feminina?

Há textos que mostram quanto era comum na conceituação do templo representar o Senhor como um ou vários anjos. Josefo, por exemplo, parafraseou a história de Abraão que encontra o Senhor e dois homens, ou seriam três homens, ou eram todos anjos? Em Gênesis, a coisa não está clara (Gênesis 18,1-2.16.22; 19,1). Ao recontar a história, Josefo não menciona o Senhor, o que pode parecer uma omissão curiosa, a menos que fosse natural para ele, como judeu culto e membro de uma família de

---

[6] Ver abaixo, p. 187.
[7] Ezequiel 1,20 (Bíblia de Jerusalém).

sumos sacerdotes, pensar que um ou três anjos fosse outra forma de descrever o Senhor. Os três anjos, ele escreve, vieram a Abraão em Mambré: um para lhe dizer do nascimento de Isaac, e dois para destruir Sodoma.[8] A leitura judaica posterior dessa história é a mesma: o senhor aparecera a Abraão, mas ele/eles eram, de fato, três anjos. Quando Abraão se refere a um deles – "meu senhor"[9] (Gênesis 8,13) – ele se dirige a Miguel, o líder, que vem lhe dizer que Isaac nasceria.[10] Os dois que vão para Sodoma são Gabriel, para destruir a cidade, e Rafael, para resgatar Lot.[11] Os primeiros cristãos afirmavam que esse evento expunha uma aparição pré-encarnada de Jesus, e Constantino mandou construir uma grande Igreja em Mambré que marcasse o local onde "o Filho de Deus apareceu a Abraão acompanhado de dois anjos [...] Ele que, para a salvação da humanidade, nasceu de uma Virgem e lá se manifestou para um homem piedoso".[12] Os ícones dessa cena são vistos como representação da Trindade, e a tradição judaica fala de três anjos, mas o texto original não está claro.

O nexo entre pluralidade e unidade está suposto nos textos que descrevem os arcanjos. Por vezes, eles são sete; outras, aparecem em quatro ou três, todos semelhantes entre si, vestidos da mesma forma e agindo em conjunto a fim de assegurar a harmonia da criação.[13] Em outro texto, 1 Enoque, temos a nomeação de sete anjos como guardiões.[14] Desses sete, três levam Enoque

---

[8] Josefo, *Antiguidades* 1,11.
[9] Apenas a deferência respeitosa, e não o Nome.
[10] Gênesis *Rabbah* XLVIII,1.10.
[11] Gênesis *Rabbah* L,1.2.
[12] Sozomen, *História* 2,4.
[13] 2 Enoque 19,1-4.
[14] 1 Enoque 20,1-7.

até o topo de uma torre para que ele contemple toda a história,[15] e os outros quatro são nomeados como as quatro presenças/faces dos quatro lados do Senhor dos Espíritos, o equivalente em Enoque para o Senhor das Hostes.[16] No caso, Enoque não menciona o trono, mas o Senhor está no meio de milhares de anjos; portanto, a cena é a mesma de Apocalipse 4. As quatro presenças/faces compreendem Miguel, Rafael, Gabriel e Fanuel,[17] a presença em quatro modos; não obstante não nos restou nenhum indício sobre como os quatro se relacionavam com o Anjo da Presença. Houve um debate, durante o período do Segundo Templo, acerca do *status* do Anjo da Presença, porque a tradução grega de Isaías 63,9 – "o anjo de sua presença" – enfatizava que isso significava o próprio Senhor, "não um mensageiro, ou um anjo, mas ele mesmo" (LXX Isaías 63,9). O Senhor se manifestara como o Anjo. A bênção dos sacerdotes zadoquitas em Qumran era: "Que possas comparecer ao serviço do templo no Reino, e declarar o teu destino junto aos Anjos da Presença [...]".[18] Os sacerdotes no templo ministravam e administravam com/como a presença multifacetada do próprio Senhor.

O indício dessa unidade/pluralidade no discurso do templo foi consistente durante muitos séculos. As quatro presenças/faces tinham sido, anteriormente, os quatro nomes do trono do

---

[15] 1 Enoque 87,3; 90,31.
[16] 1 Enoque 40,1-2.
[17] Fanuel é também conhecido como Uriel, 1 Enoque 40,9, cf. 1 Enoque 10,1. Fanuel significa "face de Deus", e Uriel significa "luz de Deus", de modo que os nomes indicam o mesmo significado. O Senhor das Falanges tem quatro "faces", que em grego seria *prosopa*, termo do qual seriam criadas as "pessoas" da Trindade.
[18] *Blessings*, 1QSb IV.

rei único: "O seu nome será chamado 'Conselheiro maravilhoso, Deus forte, Pai eterno, Príncipe da Paz' [...] sobre o trono de Davi e sobre o seu reino [...]" (Isaías 9,6-7). No hebraico, "Pai Eterno" é identificado com "Pai do Butim", ou seja, como guerreiro triunfante,[19] nome que faz os quatro nomes do trono corresponderem aos nomes dos quatro arcanjos:

- Conselheiro Maravilhoso = *Uriel*, cujo nome significa "Luz de Deus";
- Deus Poderoso = *Gabriel*, cujo nome significa "Força de Deus";
- Pai do Butim = *Miguel*, o guerreiro cujo nome significa "aquele que é como Deus";
- Príncipe da Paz = *Rafael*, cujo nome significa "a cura de Deus".

No grego, os quatro nomes do trono tornaram-se apenas um: Anjo do Grande Conselho/*Design* (LXX Isaías 9,6). Assim, aquele que governasse no trono de Davi se sentaria, como Salomão, no trono do Senhor como rei e seria louvado. Em outras palavras, o Senhor podia ser descrito como "o Anjo do Grande Conselho", ou com os nomes dos quatro arcanjos que constituíam a(s) sua(s) Presença(s).

João viu sete anjos, todos idênticos e vestindo cintas de ouro. Eles eram os sete modos da presença do sumo sacerdote, já que somente o sumo sacerdote vestia uma cinta dourada (Apocalipse 15,5-6).[20] Sabendo-se que o sumo sacerdote "era" a presença do

---

[19] F. Brown, R. Driver, C. Briggs, *A Hebrew and English Lexicon of the Old Testament*. Oxford, Clarendon Press, 1962 edn, p. 723.

[20] Josefo, *Antiguidades* 3,159.

Senhor no templo – ele portava o Nome em sua fronte e era ele que vinha em Nome do Senhor –, João viu a presença sétupla nos sete arcanjos, cada qual a representar o sumo sacerdote. João viu Jesus trajado da mesma forma (Apocalipse 1,13), mas Jesus também se via pluralmente presente em seus seguidores: "Pois onde dois ou três estiverem reunidos em meu nome, ali estou eu no meio deles" (Mateus 18,20). Paulo aprendeu essa lição na estrada para Damasco, caso ele já não a soubesse. Ele perseguia os seguidores de Jesus, e ouviu a voz que lhe perguntou: "Por que me persegues?" (Atos dos Apóstolos 9,4). Jesus realizava, em seus seguidores, uma das crenças centrais da tradição do misticismo do templo: "O Senhor, nosso 'elohim, o Senhor é Um".

O agora incompleto tratado em astronomia em 1 Enoque 72-82 revela mais coisas sobre os anjos e sua unidade. Esse livro de astronomia comporta um complicado conjunto de cálculos de calendário, único indício mais concreto que nos restou que confirma a fama antiga de que os judeus gozavam de ser ótimos astrônomos. Teofrasto, grego que escreveu por volta de 300 AEC, o primeiro gentio que escreveu sobre os judeus, dizia o seguinte: "[os judeus] conversam entre si sobre a divindade e à noite observam as estrelas, fitando-as e chamando a Deus em oração".[21] Uriel revelou todo esse conhecimento a Enoque, mostrando-lhe como cada quarto do dia era governado por um dos grandes anjos e, ainda, como cada mês por outros anjos, e cada dia do mês por anjos menores.[22] Isso

---

[21] Teofrasto, *De Pietate*, citado em M. Stern, *Greek and Latin Authors on Jews and Judaism*. Jerusalem, Israel Academy of Sciences and Humanities, 1974, vol. 1, p. 10.

[22] 1 Enoque 82,10-14.

implica que os anjos dos dias estavam de algum modo "abaixo" dos anjos dos meses e estes, por sua vez, se colocavam "abaixo" dos anjos dos quartos. Todavia, isso não representava mera hierarquia, uma vez que todos os anjos menores estavam "incluídos" nos grandes anjos.

Um dos textos encontrados em Nag Hammadi no Egito, em 1945, e denominado "gnóstico", foi a *Epístola de Eugnostos*, que existia em duas formas: a "epístola" original e uma versão expandida intitulada *A Sabedoria de Jesus Cristo*. Esse texto foi considerado compatível com o ensinamento cristão, embora fosse pré-cristão, e a comunidade que escondeu essa biblioteca na caverna se via, certamente, como cristã. Vários dos textos de Nag Hammadi são hostis à religião do Antigo Testamento e seus intérpretes, ainda que os autores de Nag Hammadi conduzissem seu discurso nos termos das narrativas do A.T. Tudo indica que eles compartilhavam uma herança comum com os judeus, mas discordavam com os últimos em pontos fundamentais. O período imediatamente posterior ao Exílio e a influência de "Esdras" foram, muito provavelmente, os fatores que influenciaram essa ruptura, e a grande quantidade de termos ligados ao imaginário do templo sugere que os textos de Nag Hammadi foram escritos antagonistas ao posicionamento dos deuteronomistas.

Muitas passagens nos livros de Nag Hammadi são célebres, como por exemplo a do *Tripartite Tractate*:

> Aqueles que escutaram o que [os profetas] disseram sobre [a visão e a unidade] não rejeitam o que foi dito, mas, não obstante, aceitam a alteração das escrituras. Ao interpretá-las à sua maneira, eles fixaram muitas heresias que estão hoje presentes entre os judeus.

Alguns dizem que Deus é Um, assim proclamado nas antigas escrituras. Outros dizem que ele é muitos [...] Outros ainda dizem que ele é o criador daquilo que veio a ser. E outros ainda dirão que foi por meio dos anjos que ele criou [...] Os profetas, todavia, nada diziam segundo o que pensavam por si mesmos, mas cada um deles [falou] de coisas que vira e ouvira por meio da proclamação do Salvador.[23]

Visão, unidade e pluralidade, e o reconhecimento de que o Senhor que falou por meio dos profetas era o Salvador. Essa não é a forma como o Antigo Testamento geralmente é lido, mas teria sido uma leitura familiar para a Igreja primitiva, de modo que as observações "gnósticas" sobre a natureza dos anjos talvez estivessem disponíveis aos primeiros cristãos.

A *Epístola de Eugnostos* original explica a unidade e a pluralidade dos anjos em termos de unidades temporais, numa clave compatível com as revelações de calendário em Enoque. Da mesma forma que as unidades maiores de tempo contêm, dentro de si, unidades menores – as horas contêm os minutos, e estes os segundos –, o mesmo ocorre com a graduação dos anjos, contidas umas nas outras até o Um. Na linguagem desses gnósticos, a variedade de anjos expressava as graduações que emanavam do santo dos santos. Em seu código, o Homem Imortal é Yahweh, o Primeiro Progenitor é o Adão celestial tornado filho divino (Lucas 3,38). A terceira figura é incerta, porque há uma ruptura no texto, mas outras partes da *Epístola* mostram que era visto como o Salvador, o Segundo Adão.

---

[23] *Tripartite Tractate*, Coptic Gnostic Library (daqui em diante, CG) I,5,112-13.

- "Nosso *aeon* veio a ser como um tipo associado ao Homem Imortal". (*Yahweh*)
- "O tempo veio a ser como um tipo do Primeiro Progenitor, o seu filho". (*Adão*)
- "[O ano] veio a ser um tipo do [____? O Salvador]". (*Segundo Adão, Jesus*)
- "Os doze meses vieram e se expressaram como os dos doze poderes". (*Os discípulos*)
- "Os anjos que vieram dessas coisas, e que não têm número, se expressaram como horas e momentos dos dias". (*Os cristãos*)[24]

Da mesma forma que o tempo contém todas as suas unidades menores, Yahweh "contém" seu filho Adão e o Segundo Adão, os doze apóstolos e os numerosos cristãos que a eles se juntaram. Seja lá de onde isso tenha vindo, pode ter servido de base para a hierarquia angelical de Dionísio. As palavras que João atribuiu a Jesus são mais familiares e dizem a mesma coisa a respeito da unidade dos anjos.

> Não rogo somente por eles [os discípulos], mas pelos que, por meio de sua palavra, crerão em mim: a fim de que todos sejam um. Como tu, Pai, estás em mim e eu em ti, que eles estejam em nós, para que o mundo creia que tu me enviaste.

Existem outras passagens conhecidas desses textos gnósticos: "O Salvador foi a imagem corpórea do Unitário. Ele é a totalidade em forma corpórea".[25] Aparentemente enigmática,

---

[24] Carta de Eugnostos, CG III,3,84.
[25] *Tripartite Tractate*, CG I,5,116.

essa elaboração é perfeitamente compreensível no contexto do *Shemaʻ* e do misticismo do templo. O Salvador seria o Um em forma humana, e o Um abrigava a totalidade dos seres celestiais. A epístola paulina aos colossenses diz a mesma coisa: "Pois nele aprouve a Deus fazer habitar toda plenitude (*plerōma*)". (Colossenses 1,19); e "Pois nele habita corporalmente toda a plenitude da divindade" (Colossenses 2,9). Clemente de Alexandria preservou, em citações, ensinamentos de Teódoto, um gnóstico. É assim que ele explica o papel de Jesus quando une todos os cristãos:

> Dizem que nossos anjos foram dispostos numa unidade e são um no sentido de terem vindo da mesma fonte Única. Agora, uma vez que nos encontramos num estado dividido, Jesus foi batizado para que o individido pudesse ser dividido, até que ele pudesse nos unir em plenitude [*plerōma*], para que nós, os muitos, tornando-nos um, pudéssemos nos amalgamar no Um que foi dividido para o nosso bem.[26]

Existe um pronunciamento semelhante atribuído a Jesus no Evangelho de Tomé, encontrado em Nag Hammadi em 1945: "Eu vim daquele que é todo um em si [não dividido], isso recebi de meu Pai [...] Portanto, digo, se o discípulo for um [não dividido] ele será repleto de luz; mas se estiver dividido, estará repleto de trevas".[27] Esse é o contexto para pronunciamentos semelhantes em Efésios, em que há extensa terminologia advinda do misticismo do templo: "unidade, conhecimento, plenitude de Deus"

---

[26] Trechos de Teodoto 36.
[27] Evangelho de Tomé 61.

(Efésios 3,19); "Até que alcancemos todos a unidade da fé e do pleno conhecimento do Filho de Deus, o estado de Homem Perfeito, a medida da estatura da plenitude de Cristo" (Efésios 4,13).

Unidade e pluralidade, a unidade do Senhor e do(s) *'elohim* era o tema central do mistério do templo; desde o princípio os mestres cristãos diziam que a Igreja na terra assemelhava-se aos anjos, tanto no louvor quanto na unidade. Clemente, bispo de Roma no final do século I EC, escreveu o seguinte aos cristãos de Corinto: "Pensem na vasta companhia de anjos que esperam para servi-Lo em Seus desejos [...] Da mesma forma, devemos, em *unidade consciente*, exortá-Lo como se fosse uma única voz, caso obtenhamos parte de Suas promessas gloriosas".[28]

FOGO E LUZ

Unidade e pluralidade eram frequentemente expressas com imagens de fogo e luz, e esses dois elementos podem ser encontrados em diversos textos ao longo dos séculos. Olharemos para os exemplos do Primeiro Templo, do Segundo Templo e da Igreja primitiva: Ezequiel, sacerdote do século VI AEC; os *Cânticos do Sacrifício Sabático* de Qumran, usados por uma comunidade sacerdotal da época de Jesus; e Justino, escritor cristão nascido na Palestina que ensinava em Roma, durante a segunda metade do século II EC. O imaginário cristão está profundamente enraizado no misticismo do templo.

Ao debater a crença cristã com um judeu, Justino explicava que o "gerar" de Deus não significava cortar e separar algo de sua fonte, mas, em vez disso, significava a ampliação dessa fonte.

---

[28] 1 Clemente 34, ênfase da autora.

Aquele que foi gerado no princípio, ele dizia, "foi gerado do Pai por um ato de vontade [...] embora sem qualquer separação [...] como acontece no caso do fogo que não se reduz ao formar outro foco de fogo, mas permanece. Aquele que foi gerado parece gozar de existência plena e própria em relação àquele que o formou".[29] Posteriormente, ele usaria a luz do sol como uma ilustração do mesmo ponto:

> O Poder enviado do Pai de todos (o Filho) é indivisível e inseparável do Pai, da mesma forma que dizem que a luz do sol é indivisível e inseparável do sol que está no céu. O Pai, quando assim deseja, faz o seu poder emanar e, quando também assim o deseja, o faz retornar a si. Dessa forma [...] ele fez os anjos.[30]

A unidade resplandecente e a pluralidade dos anjos, frequentemente denominadas os filhos de Deus e as quatro faces/presenças do Senhor, eram imagens, posteriormente modificadas para descrever (mas não explicar) a Trindade, cujas "pessoas", *prosōpa*, são o equivalente grego da face/presença hebraica, *pānim*, uma forma plural (*outra* forma plural!). Os termos célebres do credo nicênico são oriundos do misticismo do templo e de seus anjos. O Filho de Deus era "eternamente gerado do Pai" – significando que ele fora gerado na eternidade, no santo dos santos[31] – "Deus de Deus, Luz da Luz, Deus verdadeiro de Deus verdadeiro; gerado, não criado [...]".

O santo dos santos, no templo de Salomão, era um oráculo em forma de cubo revestido de ouro e representava a luz incriada

---

[29] Justino, *Diálogo com Trifão* 61.
[30] Justino, *Trifão* 128.
[31] Retornaremos a essa questão. Ver abaixo, p. 173-74.

e um cubo de fogo. As descrições mais antigas que temos sobre o funcionamento do santo dos santos são as visões de Ezequiel, quando ele descreveu o trono em forma de carro, vivo e cercado de seres resplandecentes. A primeira característica de ambos os relatos (o trono chegando à Babilônia no capítulo I e o trono deixando o templo no capítulo X) é uma mistura de formas no singular e no plural, tanto para os substantivos quanto para os verbos, além de haver grande fluidez entre os gêneros. É impossível traduzir esses textos de forma precisa e coerente. Retornaremos a esse ponto,[32] mas, no momento, fiquemos com as imagens ígneas. O trono flamejava dentro de uma nuvem ígnea, e do fogo surgia a "semelhança" de quatro criaturas vivas (Ezequiel 1,4-5). A tradução mais literal é fornecida pela Bíblia do Rei James, que melhor transmite o sentido de atordoamento e confusão:

> Entre esses seres havia algo semelhante a brasas ardentes; eram como verdadeiras tochas flamejantes que se movimentavam de um lado para outro por entre os seres viventes, e do meio das chamas partiam fortes relâmpagos e faíscas. E esses seres viventes moviam-se com grande rapidez. (Ezequiel 1,13-14)

Acima desse fogo havia um trono, com uma figura humana sobre ele, e essa figura também era flamejante. "Assim era a aparência da semelhança da glória do Senhor." (Ezequiel 1,28 AV) A glória do Senhor na nuvem deixara o templo (Ezequiel 10,4), mas, antes de partir, um homem trajando vestes de linho entrou no trono em forma de carro. Então, Yahweh ordena ao homem vestido de linho: "Vai por entre as rodas giratórias, por baixo

---

[32] Ver abaixo, p. 187.

dos querubins; enches as tuas mãos de brasas acesas que estão no meio dos querubins e espalha-as sobre a cidade!" (Ezequiel 10,2). Esse é o indício mais antigo de uma figura humana – aqui transformada num anjo, "um homem em linho" – a entrar no domínio do trono celestial. É também o indício mais antigo da pluralidade do trono, descrito como lâmpadas/tochas de fogo. Em outra passagem, Ezequiel imagina o Éden como um jardim no topo de uma montanha de *'elohim*, deuses, onde um guardião ungido, *cherub*, anda no meio de pedras, *'abney*, de fogo. Remova uma consoante e o termo se torna "filhos", *bᵉney*, de fogo (Ezequiel 28,14). Em sua jornada celestial, Enoque contemplou tais seres; eram como chamas flamejantes e podiam assumir forma humana: "Eles [os anjos-guia] levaram-me para um lugar onde os que lá estavam eram como chamas flamejantes e, assim que desejassem, assemelhavam-se a homens".[33] Em outra visão, ele descreve os filhos de Deus trajados de branco, caminhando sobre chamas, e incontáveis anjos em volta do santo dos santos.[34]

Os *Cantos do Sacrifício Sabático* de Qumran nos fornecem o melhor vislumbre do santo dos santos, ao menos como as pessoas o imaginavam na época de Jesus. Como na visão de Ezequiel, o fogo em volta do trono em forma de carro está vivo, mas nos *Cantos* esse fogo vivo recebe o nome de *'elohim*, ou *'ēlim*, ambos significam deuses:

> De suas rodas gloriosas, há como se fosse uma visão flamejante dos mais santos espíritos. Perto deles, corredeiras de fogo semelhantes ao bronze fulgurante [...] glória multicolorida, pigmentos maravilhosos,

---

[33] 1 Enoque 17,1
[34] 1 Enoque 17,1

> claramente amalgamados, os espíritos vivos de *'elohim* se movimentam por toda parte [...].³⁵

> Em suas estações magníficas estão os espíritos, multicoloridos como se feitos pelo trabalho de um tecelão, figuras esplendidamente desenhadas. No meio de uma gloriosa figura escarlate, cores da mais sublime santidade espiritual [...] Esses são [...] os príncipes do reino, o reino dos santos do rei da santidade [...].³⁶

Os espíritos flamejantes dos *Cantos Sabáticos* serviam como sacerdotes no templo celestial, mas ninguém sabe ao certo se esses cantos representam um retrato imaginário do céu ou se temos a descrição real do serviço do templo em Jerusalém, onde os "sacerdotes" eram considerados "anjos", como o profeta Malaquias os descrevia (Malaquias 2,7: "um sacerdote [...] é o anjo do Senhor das Hostes"). Os espíritos eram descritos como deuses de conhecimento e justiça: "todos os deuses, *'ēlim*, do conhecimento celebram a glória Dele, e todos os espíritos de justiça celebram a verdade Dele", "os deuses,*'ēlim*, do conhecimento entram pelas portas da glória [...]".³⁷

Aqueles que entravam na luz eram, por esta, transformados, refletindo-a para o mundo. Esse era o papel de um anjo da presença. Os sacerdotes de Qumran eram abençoados, como vimos, com as palavras "Que sejas como um anjo da Presença [...]" Mas a bênção revela o que um Anjo da Presença tem de fazer: "Que Ele torne a ti santo entre os teus, uma luz [eterna

---

[35] *Songs of the Sabbath Sacrifice*, 4Q405,20.
[36] *Songs of the Sabbath Sacrifice*, 4Q405,23.
[37] *Songs of the Sabbath Sacrifice*, 4Q403.1; 4Q405,23.

a iluminar] o mundo com conhecimento e esclarecer a face da congregação [com sabedoria]".[38] A função dos anjos era trazer luz e conhecimento. Um texto de Enoque, em posse da comunidade de Qumran, dizia que esse conhecimento seria restaurado no final da "sétima semana", ou seja, no final do tempo do Segundo Templo: "[Então] aos escolhidos serão dados sete vezes mais sabedoria e conhecimento".[39] Os escolhidos participariam da luz da vida eterna.[40] Fílon também descreveu essa luz, ressaltando como ela perdeu parte de seu brilho à medida que penetrou na criação material:

> Aquela luz invisível e inteligível surgiu como imagem do *Lógos* divino, do *Lógos* que explica sua gênese. Ela é uma estrela supraceleste, poderia ser chamada de luminosidade suprema [sétupla],[41] a sua pura e imaculada resplandecência começa a se esvanecer ao se principiar a mudança inevitável do mundo inteligível ao mundo sensível [...].[42]

Paulo escreveu aos cristãos de Corinto, dizendo-lhes que refletiam a glória do Senhor: "E nós todos que, com a face descoberta, refletimos como num espelho a glória do Senhor, somos transfigurados nessa mesma imagem [...]" (2 Coríntios 3,18). Da mesma forma Pedro, referindo-se aos cristãos como o povo sacerdotal da luz "a fim de que proclameis as excelências", isto

---

[38] *The Blessings*, 1QSb IV.
[39] 1 Enoque 93,10; 4QEng.
[40] 1 Enoque 93,10; 4QEng.
[41] O equivalente a sétuplo.
[42] Fílon, *Da Criação do Mundo*, 31.

é, os ensinamentos: "Sois uma raça eleita, um sacerdócio real, uma nação santa, o povo de sua particular propriedade, a fim de que proclameis as excelências daquele que vos chamou das trevas para a sua luz maravilhosa" (1 Pedro 2,9). E esse é o motivo pelo qual, na arte cristã tradicional, tanto os anjos quanto os santos têm auras luminosas; pois, como Moisés,[43] refletem a glória que viram e na qual foram banhados pela luz invisível.

Os sacerdotes de Qumran que permaneciam na luz: "Resplandecerei com a luz sete vezes penetrante [ ] que vós me concedestes (para) a vossa glória".[44] "E lá [ ] na morada eterna, iluminado eternamente pela luz perfeita."[45] Eles cantavam ação de graças:

> Vós brilhais para mim em sua força [...]
> Por mim iluminastes as faces de muitos
> E sois forte além da imaginação
> Ensinastes a mim os vossos mistérios maravilhosos e vosso conselho imperecível
> Tendes sido a minha fortaleza.[46]
>
> Por meio de vossa percepção/discernimento [me destes conhecimento (?)]
> E por meio de vossa glória a minha luz resplandece
> Luz da escuridão [...].[47]

---

[43] Uma referência a Moisés, que encobriu a face com um véu depois de estar na presença do Senhor, para que o seu estado transfigurado não fascinasse o povo de Israel (Êxodo 34,29-35).
[44] *Hymns*, 1QH XV,27.
[45] 1QH XXI,27-8.
[46] 1QH XII,24b; 28; 29.
[47] 1QH XVII,26.

João descreveu o Cordeiro entronizado da mesma forma, ainda que tenha usado o código do templo quando fez referência aos sete olhos e sete chifres. Sete vezes significava completude, de modo que os sete olhos indicavam que o Cordeiro recebera o Espírito sétuplo, compreendendo a totalidade dos sete arcanjos. Em outras palavras, que se tratava do Senhor. No século VI AEC, Zacarias foi instruído por um anjo que lhe disse que as lâmpadas do candelabro de sete braços representavam os "sete" olhos do Senhor na terra (Zacarias 4,2.10), e João vira esses sete espíritos como tochas flamejantes diante do trono (Apocalipse 4,5). Os sete chifres do Cordeiro manifestavam os sete raios de luz,[48] a luz sétupla mencionada no hino de Qumran, mas os "chifres" mostram que essa visão foi originalmente "pensada" em hebraico. O verbo hebraico "enviar raios de luz" é escrito da mesma forma que "chifre".[49] Essa curiosa confusão é mais bem ilustrada no relato sobre a face resplandecente de Moisés que brilha como raios de luz quando este volta do Sinai (Êxodo 34,29-30.35). Frequentemente, ele é retratado voltando do Sinai com dois chifres, uma vez que Jerônimo traduziu o termo para o latim como "chifrado", *cornuto*: "[Moisés] não sabia que em sua cabeça cresceram chifres ao falar com o Senhor".[50] Um texto da época de Jesus, outrora atribuído a Fílon, mostra-nos como essa face resplandecente era na época compreendida. Note-se que

---

[48] Termo hebraico que significa "chifre".
[49] Resplandecer é *qāran*, chifre é *qeren*, mas as consoantes escritas são idênticas.
[50] Vulgata, Êxodo 34,29: *Ignorabat quod cornuta esse facies sua ex consortio sermonis Domini.*

o cume do Sinai é visto como o santo dos santos, pois lá estava a presença do Senhor.

> Moisés desceu [do Sinai]. Ao ser banhado com a luz invisível ele se encaminhou ao lugar onde está a luz do sol e da lua: e a luz de sua face ultrapassou o esplendor do sol e da lua, e ele nem soube disso [...].[51]

Quando Moisés estava prestes a morrer e recebeu do Senhor o plano da história, "Ele ficou repleto de discernimento e sua aparência tornou-se gloriosa".[52] Então, o Senhor designou Joshua como seu sucessor: "Tome a indumentária da sabedoria [de Moisés] e nela se vista, e com o cinturão do conhecimento prenda a sua túnica, você mudará e se tornará outro homem".[53] A indumentária dos iluminados tinha a sabedoria em sua tessitura, e aqueles que nela se vestiam eram transformados.[54]

A *Sabedoria de Jesus Cristo* foi um dos textos encontrados em Nag Hammadi, e, embora esteja adulterado, ainda assim nos restou o suficiente para vermos que o texto descreve o Adão celestial, seu lugar de luz chamado reino e os anjos que refletem a luz divina. Não há sombras nesse lugar, porque o espaço é totalmente luminoso: a luz emana de todos os lados. Esse talvez seja o motivo de não haver sombras nos ícones. Eles retratam a mesma realidade.

> O Primeiro Progenitor Pai é chamado de Adão,
> [ ] olho da luz, porque veio da luz resplandecente
> [ ] e seus anjos santos são inefáveis (e) sem sombras.

---

[51] Pseudo-Fílon, *Antiguidades Bíblicas*, 12,1
[52] Pseudo-Fílon, *Antiguidades Bíblicas*, 19,16.
[53] Pseudo-Fílon, *Antiguidades Bíblicas*, 20,2.
[54] Ver abaixo, p. 228.

> Continuamente, regozijam-se alegremente em seu resplendor, uma dádiva que receberam do Pai, (esse é) todo o Reino do Filho do Homem, aquele que é chamado de Filho de Deus. Repleto de alegria inefável e translúcida, num júbilo constante, pois regozijam em glória imperecível [...].
>
> Eu vim Daquele que foi gerado por Si mesmo e da Primeira e imperecível luz, de modo que posso lhes revelar tudo isso.[55]

A comunidade de Qumran concebia-se como povo nascido da luz, os filhos da luz, e a *Regra da Comunidade* incluía a seguinte instrução de seu chefe:

> O Mestre deve instruir todos os filhos da luz [...] Todos os filhos da justiça são governados pelo Príncipe da Luz e caminham nos ditames da luz [...] O Deus de Israel e o seu Anjo da verdade auxiliarão todos os filhos da luz.[56]

Eles se viam literalmente como guerreiros em luta contra as forças da escuridão, que se manifestavam, na época, nos romanos e em seus aliados. Seu hino de batalha revela o contexto cósmico da iluminação que salva. Os escolhidos eram instruídos nas leis e conheciam a sabedoria; ouviram a voz da majestade e tinham visto os santos anjos; e os seus ouvidos haviam sido abertos para que escutassem as coisas profundas. Segue um panegírico ao Criador: "Verdadeiramente, a batalha é vossa!". O Príncipe da Luz e seus anjos lutariam ao lado deles na terra, então, estavam certos da

---

[55] *Sabedoria de Jesus Cristo*, CG III,4,105-6.
[56] *Community Rule*, 1QS III.

vitória: "Com a luz eterna ele clareará com júbilo [os filhos] de Israel; paz e bênçãos acompanharão o Senhor".[57] Essas imagens também são encontradas em Apocalipse: o Cordeiro seguido por milhares dos seus agrupados no Monte Sião e, então, as hostes do céu montadas em cavalos brancos (Apocalipse 14,1; 19,11-46).

No Novo Testamento, foi João quem mais usou o imaginário da luz e dos filhos da luz, embora não tenha sido o único. Lucas atribui o imaginário "da luz" a Jesus – os seus seguidores como filhos da luz (Lucas 16,8) – e Paulo advertiu os cristãos, em Coríntios, que Satanás era capaz de se travestir de anjo de luz (2 Coríntios 11,14). João sabia que, com Jesus, a Luz do Dia Um viera ao mundo, e tudo o que até então fora privilégio dos místicos do templo, como o acesso exclusivo ao santo dos santos – literalmente como sumos sacerdotes ou em visões –, tornara-se possível para os seguidores de Jesus. "Quem me vê, vê o Pai" (João 14,9). Tornar-se-iam filhos de Deus, participariam da unidade, e receberiam o conhecimento celestial:

> O Verbo era a luz verdadeira que ilumina todo homem; ele vinha ao mundo. Ele estava no mundo e o mundo foi feito por meio dele [...] mas a todos que o receberam deu o poder de se tornarem filhos de Deus [...] e nós vimos a sua glória [...]
>
> (João 1,9.10.12.14)

> Eu sou a luz do mundo. Quem me segue não andará nas trevas, mas terá a luz da vida.
>
> (João 8,12)

---

[57] *War Scroll* [Pergaminho da Batalha], 1QM X; XIII; XVII.

> Enquanto tendes a luz, crede na luz, para vos tornardes filhos da luz.
>
> (João 12,36)

A aplicação prática disso é apresentada na primeira epístola de João. Os filhos da luz foram ungidos pelo Santíssimo e receberam o conhecimento (1 João 2,20). Os cristãos caminham na luz como Deus está na luz (1 João 1,7), e João enfatiza que a luz e a vida implicam a manifestação do amor, a implicação prática da unidade. "Aquele que diz que está na luz, mas odeia o seu irmão, está nas trevas até agora" (1 João 2,9); "Nós sabemos que passamos da morte para a vida, porque amamos os irmãos" (1 João 3,14).

O *Evangelho de Tomé* manteve muita coisa do ambiente do templo no tocante aos filhos da luz, e pode ser mais bem compreendido neste contexto:

> Os discípulos perguntaram a Jesus, "Como será o nosso fim?". Respondeu-lhes Jesus: "Descobristes o princípio, para que estejais procurando o fim? Pois onde estiver o princípio ali estará o fim. Abençoado quem fizer morada no princípio, lá também estará o seu fim – e ele não provará a morte".[58]

Os discípulos, ao tomarem o lugar no santo dos santos, o princípio, e tornarem-se filhos da luz, conhecem seu destino [o seu fim] e cruzam a morte em direção à Vida, cf. "Sabemos que passamos da morte para a vida, porque amamos os nossos irmãos" (1 João 3,14). Em outra passagem em Tomé, Jesus usa um imaginário diferente para passar o mesmo ensinamento:

---

[58] Evangelho de Tomé 18.

Abençoados os *solitários* e os eleitos, pois encontrareis o reino. Pois viestes dele e a ele retornareis.

Se eles vos perguntarem "Donde viestes", respondei--lhes: "Viemos da luz, lá onde nasce de si mesma, estabelecendo-se e se manifestando em sua imagem".[59]

Sabendo-se que o *Evangelho de Tomé* é uma coleção de dizeres, a ordem dos ditos talvez não seja significativa, mas esses dois trechos fazem sentido como par. O reino era o santo dos santos, o lugar da luz, como vimos,[60] de modo que as passagens são, de fato, duplicatas. Os "eles" que questionam os filhos da luz podem ser querubins que lá estavam para guardar o caminho para a árvore da vida (Gênesis 3,24), à qual Jesus prometera acesso aos seus seguidores fiéis (Apocalipse 2,7; 22,14).

O termo "eleitos" não precisa de explicação, mas ninguém sabe ao certo a quem se destinava o termo "solitário", *monachos*. Talvez refira-se a um monge ou celibatário – como foi, posteriormente, o caso – mas outra passagem sugere que no período mais primitivo significava os que estão habilitados a entrar no santo dos santos. "Jesus disse, 'Muitos estão diante da porta, mas somente os solitários entram na câmara nupcial'."[61] A câmara nupcial, como veremos,[62] era mais uma designação do santo dos santos, o local onde nasciam os filhos de Deus, de modo que "solitário" talvez não seja a melhor forma de traduzir um termo derivado de "um". Poderia implicar alguém que fosse parte da

---

[59] Evangelho de Tomé 49; 50.
[60] Ver acima, p. 88.
[61] Evangelho de Tomé 75. O termo "solitário" também aparece no Evangelho de Tomé 11; 16; 22; 23; e 106.
[62] Ver adiante, p. 178-79.

Unidade, que fora restaurado ao estado não dividido do Adão original, antes de Adão ser dividido em macho e fêmea na criação material. O filho recém-nascido no santo dos santos tornava-se sábio, como era Adão antes de escolher a árvore errada. O recém-nascido teria entrado na habitação da luz, o reino, e assim seria capaz de ensinar aos que ainda estavam envolvidos com os antigos modos do mundo.

> Jesus disse: "O ancião não hesitará em perguntar à pequena criança de sete dias sobre o lugar da vida – e viverá. Porque muitos dos primeiros serão os últimos, tornar-se-ão 'solitários' e iguais".[63]

Crianças que entram no reino pode ter sido o contexto original da frase atribuída a Jesus: "Aquele que não receber o Reino de Deus como uma criança não entrará nele" (Marcos 10,15). De fato, pode haver muitos dizeres de Jesus cujo contexto original se referia à tradição do misticismo do templo, mas cujo sentido mais profundo foi perdido quando a tradição do templo deixou de ser o contexto em que os seus ensinamentos eram compreendidos.

O Evangelho de Tomé também tem um ditado reminiscente de um dos hinos de Qumran, a respeito de alguém cuja luz iluminou a congregação: "Jesus disse: 'Há luz dentro de um ser luminoso, e ele ilumina o mundo inteiro. Se não o iluminar, ele é escuridão'".[64] A luz e a unidade que se estendia e incluía os discípulos de Jesus é recordada em: "Eu sou a luz que está acima de todos. Sou o 'Todo'. O Todo saiu de mim e o Todo voltou a mim. Rachai a madeira – e lá estou. Erguei a pedra – e lá me

---

[63] Evangelho de Tomé 4.
[64] Evangelho de Tomé 24.

acharei".⁶⁵ Paulo usou essas ideias para explicar a unidade para a qual todos os cristãos haviam retornado, do estado de pluralidade para a unidade de Cristo: "Não há judeu nem grego, não há escravo nem livre, não há homem nem mulher; pois todos vós sois um só em Cristo Jesus" (Gálatas 3,28).

MÚSICA CELESTIAL

Desde a época do Primeiro Templo, a unidade dos muitos não era descrita somente em termos visuais – fogo, luz – mas também como música. Os seres celestiais cantavam a glória do Criador (Salmos 148,1-2), esse louvor era reproduzido na terra, na música do templo, entoada "em uníssono" (2 Crônicas 5,3). Os anjos mais célebres do Novo Testamento foram ouvidos pelos pastores de Belém, louvando a Deus e proclamando a paz (isto é, *Shalōm*, totalidade, unicidade) na terra (Lucas 2,13-14). O primeiro retrato cristão do céu exibe uma multidão de anjos e seres celestiais que entoam "o novo canto" para o Cordeiro colocado no trono (Apocalipse 5,9), e "novo", como veremos, implicava renovação e cura.

Os místicos do templo concebiam a sustentação da criação com base nos laços da aliança eterna, em seu trançado estruturante. Uma vez que os laços fossem rompidos pelo pecado, toda a criação entrava em colapso e tinha de ser renovada-curada. A música habilitava e representava a cura, realizada no ritual de expiação do templo. A visão joanina da música celestial nos mostra a cura em ação (Apocalipse 4,8-11), e Isaías deixou-nos um vívido retrato da criação em colapso:

---

⁶⁵ Evangelho de Tomé 77.

> A terra cobre-se de luto, ela perece;
> O mundo definha, ele perece;
> A nata do povo da terra definha.
> A terra está profanada sob os pés de seus habitantes;
> Com efeito, eles transgrediram as leis,
> Mudaram o decreto e romperam a aliança eterna.
>
> (Isaías 24,4-5)

O despedaçamento dos laços da aliança era reparado pelo ritual de expiação, especialmente no dia da reparação. Esse ritual integrava o antigo festival do ano novo no outono, em que se celebrava e se reencenava a criação original para que, então, se restaurassem os laços da aliança que haviam sido rompidos. O clímax ocorria na Festa dos Tabernáculos, em que se celebrava a entronização do Rei sobre a criação renovada. Em Apocalipse, João descreve o Rei (o Cordeiro) sendo entronizado, depois do dia da expiação na sexta-feira da Paixão.

Os herdeiros judaicos do misticismo do templo foram os místicos *merkavah*, e estes mencionavam de forma frequente os laços e o tecido da criação. Embora o "tecido" possa compreender a interpretação que faziam do véu, de onde contemplavam a história, os laços da aliança eterna já eram conhecidos na época do Primeiro Templo. Eles atavam, num só sistema, o céu e a terra; atavam a sociedade humana e a criação mais ampla. Os laços e os seus limites garantiam a ordem do cosmos. Jó sabia que as estrelas estavam atadas em seus cursos (Jó 38,31); Jeremias sabia que o Senhor havia estabelecido limites para o mar (Jeremias 5,22); o salmista sabia que a terra e suas estações tinham os seus limites (Salmos 74,17). Em Provérbios 8, temos um vislumbre da criação descrita desta forma: o Criador firma o céu e traça a abóbada celeste sobre a face do abismo, impondo um limite ao mar e assentando os fundamentos da terra (Provérbios 8,27-29).[66] R. Nehunyah, que vivia em Emaús no final do século I EC, ascendeu ao trono e viu "os mistérios e os segredos, os laços e as maravilhas [...] o grande tecido que completa o mundo".[67] Outros místicos descreveram esses laços como "os mistérios".

Provérbios 8 nos mostra que esse sistema de laços e ligaduras era musicalmente imaginado. A misteriosa figura feminina "Sabedoria", que estava ao lado do Criador, enquanto ele firmava a criação, era descrita como 'amōn, termo até então desconhecido nas escrituras hebraicas. Foi traduzido ao grego como *harmozousa*, "a mulher que mantém juntas todas as coisas em harmonia". Enoque tinha uma forma peculiar de descrever a harmonia cósmica. Ao ascender ao sexto céu, ele viu o grupo dos sete arcanjos (idênticos entre si) cujas faces eram gloriosas e resplandecentes. Esses seres mantinham a unidade da criação pela música:

> Ordenavam mandamentos e instruções num doce coral com todo tipo de louvor glorioso. Esses são os arcanjos acima dos anjos, harmonizando toda a existência celestial e terrestre; anjos que cuidam das estações e dos anos, anjos que cuidam dos rios e do oceano, os anjos que zelam pelos frutos da terra e por toda a vegetação, dando a cada ser o seu alimento [...].[68]

---

[66] Há muitos exemplos. Retomaremos essa questão no Capítulo IV.
[67] *Hekhalot Rabbati* 201, usando a numeração em P. Schäfer, *Synopse zur Hekhalot Literature*, Tübingen, Mohr, 1981.
[68] 2 Enoque 19,1-4.

Literalmente, os grandes anjos mantinham a criação em harmonia.

No Apocalipse de Abraão, texto do período final do Segundo Templo, o anjo (sétuplo) que comanda os outros anjos/poderes da criação aparece ao patriarca Abraão como Yahweh-el, particularmente trajado como sumo sacerdote, cuja função seria manter a ordem entre os seres celestiais, ensinando-os o canto. Presumivelmente, seria o canto o elemento responsável pela manutenção da ordem. Esse foi o anjo que Enoque viu, e Abraão se dirigiu a ele como o "Cantor Daquele que é Eterno".[69] Da visão seguiu-se a música. Antes de aproximar-se do trono, Abraão tinha de aprender a canção celestial. Seu anjo guia lhe diz: "Louve, Abraão, e recite o canto que agora lhe ensino". Abraão cantou, invocando os muitos nomes de Deus: "Renovas/restauras a geração do justo, tu que resplandeces, e que resplandeces como a luz, assim como a luz que está contigo, com a qual te vestiste no primeiro dia da Criação [...] nestes lugares de habitações celestiais a luz é inacabável, não há necessidade de outra luz além do esplendor inefável de Tua face".[70] O fundamento fica claro mesmo que o texto não o seja.

Além disso, sabemos que esse texto é uma ampliação de Gênesis 15, em que o Senhor aparece a Abraão numa visão. O Apocalipse de Abraão revela o mesmo fenômeno mencionado no relato de Josefo sobre a teofania em Mambré: onde "o Senhor" aparece nas escrituras hebraicas, e que Josefo podia substituir por um ou por vários anjos.[71] Nesse Apocalipse,

---

[69] Apocalipse de Abraão 10-12.
[70] Apocalipse de Abraão 17,5.18-19.
[71] Ver acima, p. 121.

o Senhor – cujo nome significa "Aquele que causa o ser"[72] – foi denominado *Cantor da criação*. Lembrando que "o Senhor, o nosso *'elohim* é Um"; isto é, a unidade do Senhor era expressa pela música angelical, e cada anjo tocava uma parte dessa música una. Portanto, cantar "em uma só voz" compreendia um elemento importantíssimo das funções do templo e, posteriormente, dos cânticos da Igreja. Como essas canções do templo eram entoadas ou como eram tocados os instrumentos não sabemos ao certo, muito em razão de problemas com as traduções; mas sabemos que os músicos – instrumentistas e cantores – faziam música "em uma só voz" (2 Crônicas 5,13 – tradução da autora), imitando os anjos. Embora a *harmozousa*, que mantinha todas as coisas em harmonia, fosse usada para descrever o papel da Sabedoria na criação, a harmonia, em seu sentido musical moderno, não era conhecida na música do templo.[73] Na Ascensão de Isaías, "Isaías" vê anjos e "todos cantavam e louvavam em uma só voz".[74] Os cristãos também: "Pois a natureza celestial dos poderes incorpóreos glorifica a Deus num só consentimento, também na terra todos os homens, em uma só voz e propósito, devem glorificar o único e verdadeiro Deus por Cristo seu Filho".[75] "Coros angelicais cantam as glórias de Deus com salmos [...]

---

[72] Ver adiante, p. 175.

[73] É possível que o cabeçalho do salmo "segundo o *sheminith*" signifique "oitava", como no Salmo 6,1; e "segundo *'alamoth'*" signifique "vozes femininas", como no Salmo 46,1. Ver *The Jewish Encyclopedia*. New York, Funk and Wagnalls, 1901-6, 'Music'.

[74] *Ascensão de Isaías* 7,15; 9,18. Esse é um texto judaico ampliado por cristãos por volta do ano 100.

[75] Constituições Apostólicas 2,56.

celebrando numa única voz feita de muitas".⁷⁶ Cantar em uníssono representava a unidade da comunidade cristã, representava também sua união com/como anjos na harmonia da criação.

Ao estabelecer o culto ao Senhor em Jerusalém, antes de o templo ser construído, Davi designou os levitas para que servissem diante da arca e, portanto, diante do trono. Eles teriam de invocar: dar graças e louvar o Senhor. A música deles seria responsável pela manifestação da glória no templo, ligando o céu com a terra. Posteriormente, alguns escritores deixaram claro que a música proferida na terra instigava a resposta celestial, mas é provável que essa ideia seja, na verdade, muito mais antiga. Assim sendo, R. Ishmael, que ensinou durante o início do século II EC, descrevia sua ascensão diante do trono da seguinte forma: "Ele iluminou os meus olhos e o meu coração para que eu proferisse [louvores]. Quando abri minha boca e louvei-o diante do trono da glória, as criaturas santas, abaixo e acima do trono, repetiram comigo dizendo 'Santo Santo Santo', e 'Abençoada seja a glória do Senhor em sua morada'".⁷⁷ Os cristãos mantiveram esse padrão: na Liturgia de São João Crisóstomo, final do século IV EC, o Sanctus se inicia com um coro (na terra) a ser levado pelos clérigos ao santuário (no céu). O céu que responde aos chamados da terra pode, todavia, indicar o significado de uma até então inexplicável passagem em Oseias, do século VIII AEC: "Naquele dia eu responderei ao céu e ele responderá à terra. A terra responderá ao trigo, ao

---

[76] Gregório de Nazianzo, *Carmina* 2.1.1.180. Em Migne, *Patrologia Greco-Latina* XXXVII,991; não tenho conhecimento de uma versão para a língua inglesa dessa obra.
[77] 3 Enoque 1,12.

mosto e ao óleo [...]" (Oseias 2,21-22).[78] Quando os céus e a terra estavam em harmonia, a terra ficava fértil, mas, como escreve Isaías, quebrados os laços, céu e terra definham.

Os laços da criação, expressos como música celeste, explicam as difíceis linhas do Salmo 19:

> Os céus cantam a glória de Deus,
> E o firmamento proclama a obra de suas mãos.
> O dia entrega a mensagem a outro dia,
> E a noite a faz conhecer a outra noite.
> Não há termos, não há palavras,
> Nenhuma voz que deles se ouça;
> E por toda a terra sua música[79] aparece,
> E até os confins do mundo a sua linguagem.
>
> (Salmos 19,1-4)

Portanto a música silenciosa da criação seria semelhante à luz invisível do Dia Um – algo além da experiência humana que, no entanto, tinha de ser expresso em termos humanos. Frequentemente, as escrituras hebraicas mencionam "os céus" louvando ou glorificando o Criador, o que significa o cântico dos anjos que reconhece obediência diante do Criador. Os Targumim, em sua caracterização mais popular das escrituras, têm mais corais de anjos do que se nota numa leitura literal das escrituras hebraicas. Por exemplo, o Targum traduz "Que o céu se alegre" do texto hebraico de (1 Crônicas 16,31) por "Que os *anjos do alto* se alegrem"; "Que o céu e a terra o louvem" (Salmos 69,35) torna-se no Targum

---

[78] Lendo o verbo como *hiph'il*.
[79] Brown, Driver, Briggs, *Hebrew and English Lexicon*, p. 876 sugere "acorde" como significado; embora o seu sentido literal seja "uma frase".

"Que os *anjos do céu* o louvem"; "O céu celebra a tua maravilha" (Salmos 89,5) fica, em algumas versões, "Que *os anjos no céu* louvem as tuas maravilhas"; "Os céus proclamam a tua justiça" (Salmos 97,6) fica "os *anjos do céu* proclamam a tua justiça".

O coral de anjos pode comportar ainda outra conexão com Pitágoras: o ensinamento sobre a harmonia e a música das esferas. Isso foi posteriormente compreendido como o som do movimento dos corpos celestes, criticado por Aristóteles: "A teoria de que o movimento das estrelas produz uma harmonia [...] é, não obstante, incorreta".[80] Todavia a música se associava aos atos originais da criação, na óptica da tradição mais antiga conhecida em Jó, e Pitágoras pode ter tomado conhecimento dessa tradição quando era um jovem residente na "Síria". A música da criação não é mencionada em Gênesis, tampouco os anjos são mencionados, mas o Senhor perguntou a Jó: "Onde estavas quando lancei os fundamentos da terra? [...] Quem lhe fixou as dimensões?[81] [...] *quem assentou a sua pedra angular, entre os cânticos dos astros da manhã, e o júbilo de todos os filhos de Deus?*" (Jó 38,4.5.7).

Assim, o cântico dos anjos acompanhava a criação. Um dos salmos de Qumran se refere a um hino sobre o Criador: "Ele separa a luz da obscuridade, ele estabelece a aurora pelo conhecimento de seu coração. Quando os anjos viram o resultado, eles cantaram, *rānan*, pois ele mostrou-lhes aquilo sobre o que nada sabiam".[82] No antigo dia de ano novo,[83] havia uma solene

---

[80] Aristóteles, *Sobre o Céu* B9 290b12.
[81] Dimensões (ou medidas), *middoth*, é o termo posteriormente usado para descrever o que os místicos aprendiam diante do trono, por conseguinte traduzido como "mistérios".
[82] Salmos não bíblicos, 11Q5 XXVI.
[83] Depois da mudança no calendário, tornou-se o primeiro do sétimo mês.

"memória do brado de alegria" (Levítico 23,24, tradução literal), muito provavelmente uma memória da criação, pois era entoada na antiga celebração do ano novo: as pessoas *bradaram em alegria* quando as fundações do Segundo Templo foram fixadas (Esdras 3,11.12.13). Elas reencenavam o princípio da criação, uma vez que o templo o representava. O jubileu compreendia a grande restauração da criação e da sociedade humana, e era proclamado no dia da expiação com o mesmo "brado de alegria" (Levítico 25,9, tradução da autora).

Na história da criação em Jó, os anjos "cantaram", *rānan*, o que significava uma reverberação em brado, não necessariamente com uma voz humana. Os filhos de Deus "bradavam em alegria", *rua'*, que significava clamar ou soar a trombeta. É interessante notar onde esses termos aparecem em outras passagens, e traduzindo literalmente: "Que as nações se comprazam e *cantem*" (Salmos 67,5), em que o contexto é a face resplandecente do Senhor; "*eles cantam* a majestade do Senhor" (Isaías 24,14) à medida que o Justo se revela para o julgamento e para a restauração; o deserto *cantará* e a língua do estúpido também *cantará*, enquanto o povo retorna para a sua terra (Isaías 35,2.6). "Cantai um cântico novo [...] com *brados de alegria*" (Salmos 33,3) à medida que o Senhor estabelece a criação; "Deus sobe por entre *os brados* (ovações)" (Salmos 47,5) enquanto o Senhor ascende ao seu trono em triunfo; "Feliz o povo que sabe *aclamar* (bradar em júbilo), ele caminha à luz de tua face, Senhor, exultemos todo dia com o teu nome [...]" (Salmos 89,15). São todos temas de ano novo: julgamento, renovação da criação e o Senhor, o Rei, ascendendo ao seu trono em resplendor.

O templo representava a criação, e o serviço da expiação, no templo, renovava essa criação. Simão, o sumo sacerdote, ensinava que o mundo era sustentado por três coisas: Lei, serviço do templo e gentileza amorosa,[84] e Ben Sira deixou um retrato seu servindo no templo no dia da expiação, "até que a ordem do culto ao Senhor fosse completada [...]" (Ben Sira 50,19).[85] Aqui, o termo grego para "louvor" ou "adoração" é *kosmos*, usado em Gênesis 2,1 para descrever a *ordem da criação* que fora completada. O culto no templo no dia da expiação, com os seus cânticos, completava a ordem da criação do Senhor. Mesmo após a destruição do templo, esse papel da música ainda era recordado. Ao interpretar "Dou os levitas a Aarão e a seus filhos como doação [...] o rito de expiação" (Números 8,19), R. Benaiah, no início do século III EC, disse que os levitas executavam o ritual de expiação cantando no templo.[86]

Esse também era o contexto para o "novo cântico". São muitos os exemplos do "novo" cântico nas escrituras hebraicas, e o seu contexto sugere que "novo" cântico seria mais bem traduzido como cântico de "renovação", associando-se à música, o instrumento da renovação da criação.[87] O Salmo 33 exorta os músicos para que louvem um novo cântico, para então descrever como o Senhor fez o céu e a terra, e como governa as nações. No Salmo 96, o novo cântico é entoado (segundo o Targum, pelos anjos do alto) porque a terra foi estabelecida, o senhor reina e está prestes a vir como juiz. O Salmo 98 é semelhante. O Salmo 144 descreve um novo cântico da prosperidade e da vitória, e o

---

[84] Mishná *Aboth* 1,2.
[85] Ele acabara de sair da "morada do véu", isto é, o santo dos santos, e o sumo sacerdote entrava lá somente no dia da expiação, Ben Sira 50,5.
[86] Talmude de Jerusalém *Taʿanit* 4,2.
[87] A raiz hebraica $ḥdš$, da qual deriva o nosso "novo", significa "renovar" ou "reparar".

Salmo 149 é semelhante. Isaías exortou a execução de um novo cântico, enquanto o Senhor criava o seu povo (Isaías 42,10-25). Considerando-se esses contextos, é relevante notar que, na visão de João, o "novo cântico" é proferido imediatamente à entronização do Cordeiro e que, em seguida, a terra participa dessa liturgia (Apocalipse 5,9-14).

O misticismo do templo era caracterizado por uma mistura de sentidos, uma vez que a experiência ultrapassava as palavras e percepções comuns. Enoque viu dois homens (anjos) cujas faces resplandeciam como o sol. Seus olhos eram luminosos e de suas bocas saíam chamas, "As suas vestes cantavam e os seus braços eram como asas de ouro".[88] Ao adentrar o sétimo céu, Isaías ouviu e viu o louvor que era enviado das camadas mais baixas do céu.[89] O jogo de palavras retirado do texto original sugere que a glória era, ao mesmo tempo, vista e ouvida.[90] Os místicos conheciam a luz invisível e a música inaudível, e ambas manifestavam a glória. Isso explica a curiosa escolha dos termos em grego para a seguinte passagem de Êxodo 24: "Eles viram o Deus de Israel. Debaixo de seus pés havia como um lajeado de safira, tão pura como o próprio céu [...] eles contemplaram a Deus, e depois comeram e beberam" (Êxodo 24,9-11); enquanto no grego temos: "E viram o lugar onde está o Deus de Israel. Debaixo de seus pés havia como uma laje de safira [...] *Dos eleitos de Israel não havia um sequer desafinado*. Foram vistos no lugar de Deus, e depois comeram e beberam" (LXX Êxodo 24,9-11). "Foram vistos" parece uma "correção" posterior para evitar a ideia de que

---

[88] 2 Enoque 2.5
[89] Ascensão de Isaías 10.5.
[90] Ver acima, p. 27-28.

pudessem ver a Deus, da mesma forma que o circunlóquio "no lugar de Deus". Mas por que a referência musical à harmonia [desafinado], a não ser que fosse uma resposta natural à visão? Não há base para isso no TM.

Fílon faz alusão a essa harmonia e revela o seu contexto. Valendo-se das explicações espalhadas em sua extensa obra, é possível juntar algumas peças do relacionamento entre a música, os laços da criação, os anjos, a glória de Deus e a mente humana que busca conhecimento dessas coisas. Os acadêmicos ficam particularmente intrigados com os laços da criação, na medida em que não encontram nenhuma base para eles na filosofia grega, com base na qual se supõe que esteja a fonte primária do pensamento e imaginário de Fílon.[91] Na verdade, Fílon pensava como um judeu culto que conhecia a tradição do templo.

Ele descreve os laços como a disseminação da realidade angelical por toda a criação a fim de garanti-la. Isso leva Fílon a pensar sobre a música:

> [O Marcador] está em toda parte porque fez seus poderes se estenderem pela terra e pela água, ar e céu, e não deixou parte nenhuma do universo sem a sua presença. Ao unir tudo com tudo, ele os atou com laços invisíveis para que jamais se afrouxassem. Em razão disso, celebrarei com o cântico [...] Mas essa natureza divina que se apresenta a nós, como visível, compreensível e em todo lugar presente é, na realidade, invisível e incompreensível, e em nenhum lugar está presente.[92]

---

[91] D. T. Runia, *Philo of Alexandria and the Thimaeus of Plato*. Leiden, Brill, 1986, p. 240.
[92] Fílon, *Línguas* 136-38.

Ele, então, prossegue para falar dos anjos como coral dançante da criação.

> Há no ar um coral absolutamente santo, *choros*, de almas sem corpo que compõem os poderes celestiais, e que as escrituras chamam de anjos. Toda essa falange celeste é edificada em categorias, a fim de servir e ministrar os desejos do líder que a estabeleceu, apropriadamente seguindo-o como seu líder.[93]

A pessoa que busca a presença de Deus deve participar dessa música e dança angelicais.

> [A mente humana] elevando-se ainda mais, à altura do éter e das revoluções celestes, evolui então com a dança coral dos planetas e dos astros fixos segundo as leis da música perfeita, levada pelo amor da sabedoria que guia os seus passos [...][94]

Fílon escolheu termos muito semelhantes ao descrever os Terapeutas, cujo nome significa "curadores" ou "adoradores", um grupo monástico composto de homens e mulheres no norte do Egito. Eles cultivavam a visão espiritual e almejavam "subir acima do sol dos sentidos" para alcançar a visão Daquele que É. Trajavam túnicas brancas e dedicavam boa parte de seu tempo cantando hinos, às vezes em procissões e, por outras, "rodopiando e contrarrodopiando uma dança em coral".[95] Eusébio nos diz que a tradição deles se associava às primeiras

---

[93] Fílon, *Línguas* 174.
[94] Fílon, *Da Criação* 70-1.
[95] Fílon, *Da Vida Contemplativa* 11; 66; 84.

comunidades cristãs (ou, talvez, a de seus antepassados); uma posição que é atualmente descartada. Mas Eusébio, um bispo que escrevia na Palestina do início do século IV EC, sabia mais do que nós sobre os primeiros cristãos e, portanto, deve ter tomado conhecimento dessas danças circulares como parte do culto cristão primitivo.[96] Estariam eles imitando os anjos aos quais Fílon se refere? De fato, Enoque viu anjos se movimentarem dessa forma, trajados de túnica branca e que rodeavam o santo dos santos, e ficou estupefato com a luz que vinha deles.[97]

Fílon também explicou a passagem enigmática em que Moisés pergunta para ver a face de Deus (Êxodo 33,18-23). "Rogo-te que me mostres a tua glória que te cerca, e por tua glória eu compreenda os poderes que te guardam em tua volta", Moisés ansiava por "conhecê-los", isto é, queria saber sobre os anjos. O Senhor respondeu: "Os poderes que buscas conhecer não são discerníveis pela vista mas pela mente, e o mesmo acontece comigo: meus poderes são discernidos pela mente e não pela vista".[98] Ou, como disse Jesus: "Abençoados os puros de coração [isto é, mente], porque verão a Deus" (Mateus 5,8). Fílon dizia que essa pureza se expressa em hinos silenciosos: "[Nossa gratidão a Deus] deve se expressar por meio de hinos de louvor, não de forma estridente, mas num tom entoado e ecoado na mente, tão puro que os próprios olhos não podem discernir".[99]

Com exceção de Daniel, todas as visões do trono descrevem a presença da música. Ao ver o trono, Isaías ouve as vozes dos

---

[96] Eusébio, *História* 2,17.
[97] 1 Enoque 71,1.8.
[98] Fílon, *Leis Especiais* I,45-46.
[99] Fílon, *Sobre a Plantação* 126.

serafins a exortar "Santo, santo, santo é o Senhor das Hostes; toda a terra está repleta de sua glória". Ao ver o trono, Enoque ouve "aqueles que não dormem" – os quais ele distingue dos arcanjos – a cantar "Santo, santo, santo é o Senhor dos Espíritos; repleta de espíritos está a terra".[100] Sempre que os detalhes aparecem, temos o cântico dos anjos que louvam o Criador. O Sanctus em Isaías proclama a glória por toda a terra; o Sanctus em 1 Enoque proclama que a terra está repleta de espíritos. A glória e os espíritos são equivalentes, como bem sabe o Moisés em Fílon: "Por tua glória, compreendo os poderes guardiões à tua volta [...]". Fílon dizia que esses poderes sustentavam e protegiam a criação: "Deus é Um, mas ele tem à sua volta incontáveis poderes que auxiliam e protegem a criação [...]".[101] Agora, na liturgia cristã, o Sanctus localiza-se no coração da Eucaristia, o rito de expiação da Igreja e renovação da aliança, exatamente no ponto em que o cântico dos anjos destinava-se na tradição do templo.

Ao ver o trono, Ezequiel ouve um som como se fosse o de muitas corredeiras, ao que ele atribui um bater de asas (Ezequiel 1,24). João o comparou ao som de cítaras: "E ouvi uma voz que vinha do céu, semelhante a um fragor de águas e ao ribombo de um forte trovão; a voz que ouvi era como o som de citaristas tocando cítaras, e cantavam um cântico novo diante do trono [...]" (Apocalipse 14,2-3). Comparar a música ao som que vem do fluxo de corredeiras pode ser outra indicação do papel da música na visão do trono. Conforme vimos, o trono estava cercado por fontes de justiça e sabedoria, e dele fluía o

---

[100] 1 Enoque 39,12, trad. D. Olson, *Enoch*. North Richland Hills, Bibal Press, 2004.

[101] Fílon, *Línguas* 171.

rio da vida.[102] A crítica de Amós à música do templo faz exatamente essa comparação:

> Afasta de mim o ruído de teus cantos, eu não posso ouvir o som de tuas harpas!
> Que o direito, *mishpat*, corra como a água e a justiça, *tsᵉdāqāh*, como um rio caudaloso!
>
> (Amós 5,23-24).

Corredeiras e música do templo não fazem uma comparação óbvia, a não ser que houvesse uma associação natural dentro da teologia do templo. Direito e justiça formavam, no entanto, um par bem estabelecido: o Senhor lhes tinha procurado como um fruto em sua vinha (Isaías 5,7 – há muitos outros exemplos); e na visão do reino com a restauração da sabedoria, ele apresenta o direito e a justiça que haviam sido derramados pelo Espírito como componentes da paz (Isaías 32,1-3.15-17).

A música poderia representar algo vindo do céu para a terra, e aqui observamos para a versão vagamente diferente do Salmo 104 encontrado em Qumran. No Texto Massorético temos:

> Quando escondes tua face, [todas as coisas criadas] se apavoram,
> Quando retiras o seu sopro,[103] elas morrem e voltam ao pó.
> Quando envias o teu sopro elas são criadas
> E assim renovas[104] a face da terra.
>
> (Salmos 104,29-30)

---

[102] Ver acima, p. 70.
[103] "Espírito" e "sopro" são a mesma palavra em hebraico.
[104] "Renovado", aqui, é o termo que fornece o "novo" cântico.

No texto de Qumran temos: "retirastes o *teu* Espírito [...]", isso implica que a vida de todas as coisas criadas emana do Espírito do Criador. Esse também foi o tema do sermão de Pedro no templo. Não temos uma data para esse sermão, mas foi depois de Pentecostes, e a próxima grande celebração seria o ano novo e o dia da expiação. O tema de Pedro tratava do dia da expiação: "Arrependei-vos, pois, e convertei-vos, a fim de que sejam apagados os vossos pecados, e desse modo venha da face do Senhor os tempos do refrigério [...]" (Atos dos Apóstolos 3,19). "Vós acusastes o Santo e o Justo, e exigistes que fosse agraciado para vós um assassino, enquanto fazíeis morrer o Príncipe (o Autor) da vida [...]" (Atos dos Apóstolos 3,14-15). Logo, o Senhor é visto como a fonte da vida.

Clemente de Alexandria, e presumivelmente também outros cristãos, conhecia o papel da música do templo que os cristãos haviam mantido. Ele contrasta a música dos templos gregos à dos cristãos. A última, ele diz, é "a medida imortal da nova harmonia que porta o nome de Deus – o novo cântico levítico". Esse cântico afasta os demônios e restabelece a ordem da criação.

> Vede quão poderoso é o cântico novo: de pedras ele fez homens; de animais selvagens também fez homens. Aqueles que, de certa forma, estavam mortos, que não faziam parte da essência da vida, tão somente escutaram este cântico e tornaram-se redivivos. Além disso, Ele ordenou todo o universo harmoniosamente, para que o universo inteiro se tornasse uma sinfonia. Ele deixou o mar solto, ainda assim proibiu-o de invadir a terra; para a terra,

por sua vez, que estivera em estado de agitação, Ele estabeleceu e fixou o mar como sua fronteira.[105]

A visão de João mostra como o cântico dos anjos era compreendido pelos primeiros cristãos. Ele esteve no santo dos santos e viu o trono com seus raios e trovões, os setes espíritos flamejantes, as criaturas vivas, os anciãos e incontáveis anjos, todos louvando aquele-que-se-senta-no-trono-e-o-Cordeiro.[106] Os anciãos oferecem-lhe incenso, o que significa que eram sacerdotes (Apocalipse 5,8). João nos dá poucos detalhes, mas para ele a unidade divina comportava uma enormidade de seres celestiais, estabelecidos em suas diversas categorias. Eles cantam o Sanctus e então, como acontecera a Isaías e a Enoque, conectam a santidade ao poder do Criador, louvando Aquele que criou todas as coisas. A medida do culto é alterada no momento em que o Cordeiro é entronizado. Nesse ponto, a terra passa a ser incluída na liturgia celestial: "[...] toda criatura no céu, na terra, sob a terra, no mar, e todos os seres que nele vivem [...]" (Apocalipse 5,13). A entronização do Cordeiro significava que a terra se unia com o céu no cântico de louvor. Ou, talvez, devêssemos dizer que a terra se unia *novamente* no cântico de louvor.

Histórias desse período nos dizem que a música celestial fora perdida por causa do pecado de Adão, e os cristãos acreditavam que a encarnação do Filho de Deus permitira à raça humana ouvir novamente o cântico dos anjos. Esse é o motivo pelo qual Lucas descreve os pastores em Belém ouvindo a música dos anjos, quando Jesus nasceu: "Glória a Deus no mais alto dos céus e

---

[105] *Exortação aos Gregos* 1.
[106] Ver abaixo, p. 177.

paz na terra aos homens que ele ama!" (Lucas 2,14). Essas palavras tão conhecidas revelam o papel da música dos anjos: louvar a Deus no céu e trazer a paz na terra. Adão ouvira o cântico do serafim – "Santo, santo, santo" – quando estava no paraíso, antes de pecar: "Mas depois que transgredi a Lei, nunca mais ouvi o cântico".[107] Essa tradição é encontrada no *Testamento de Adão*, um texto judaico preservado e ampliado pelos primeiros cristãos. Essa obra ordena todos os louvores da criação; para cada categoria há um horário determinado de adoração: seres celestiais, climas, plantas, pássaros, animais e, na última hora do dia, os seres humanos.

A *Regra da Comunidade* de Qumran nos mostra que eles também afinavam seus cultos ao padrão da criação e às "leis entalhadas" do Criador.

> Cantarei em louvor e conhecimento; toda a minha música [será] para a glória de Deus.
> Minha harpa e meu alaúde marcarão a medida de Sua santidade.
> E a flauta de meus lábios entoará a Sua justa ordem.
> Quando o dia e a noite chegarem, firmarei a aliança de Deus,
> No despertar do amanhecer e no recolher do entardecer, recontarei os Seus estatutos.[108]

"Conhecimento" e "música" sugerem que, no caso, aliança e estatutos não se refiram à aliança mosaica e aos Dez Mandamentos, mas, em vez disso, refiram-se à eterna aliança e a

---

[107] *Testamento de Adão* 1,4.
[108] *Community Rule*, 1QS X,9-10.

seus "estatutos entalhados" na criação.[109] O hino prossegue e faz referência à fonte de conhecimento, *raz nihyeh*, à sabedoria e ao conhecimento ocultos e à contemplação do eterno.

Restaurar a música dos anjos e o que esta representava permaneceu uma atividade importante para a Igreja. Três eminentes teólogos do século IV EC nos mostram que esse detalhe não fora perdido:

- João Crisóstomo, na exposição da visão de Isaías, disse: "Acima, as hostes angélicas louvam em cânticos; abaixo, os homens o fazem nos coros das igrejas, imitando os primeiros ao cantarem a mesma doxologia".[110]
- Basílio de Cesareia ainda usava o termo *chorus*: "O que pode ser mais abençoado do que imitar, aqui na terra, o coro dos anjos?".[111]
- Gregório de Nissa ministrou um sermão cristão valendo-se dos versos do salmo dos Tabernáculos (Salmos 118,24.26.27) e também usou temas antigos. O Senhor, ele disse, viera até nós para restaurar a unidade original de toda a criação, "o templo do Senhor da criação". O som do santo louvor fora interrompido em razão do pecado, mas como resultado da Encarnação, com a vinda do Senhor, a criação humana pôde novamente cantar na grande liturgia do céu e da terra, juntando-se à dança e ao coral celestiais, como anteriormente fizera.

---

[109] Retomaremos essa questão adiante. Ver abaixo, p. 203.
[110] João Crisóstomo, *Homilia em Isaías* 6, em Migne, *Patrologia Greco-Latina*, LVI,97.
[111] Basílio de Cesareia, Carta I,2, em Migne, *Patrologia Greco-Latina*, XXII,225.

"Direcionemos nossas almas para o coro espiritual. Façamos Davi [o líder de] nosso coro, e com ele vamos proferir o som sublime que uma vez cantamos."[112]

O influente e não datado teólogo com quem iniciamos este capítulo, Dionísio, também diz que Isaías fora instruído no cântico dos anjos para que aprendesse o saber celestial. "Ele também foi instruído no mistério da divina e honradíssima hinódia, pois o anjo de sua visão ensinou-lhe [ao teólogo Isaías] o mais que pôde, tudo o que sabia do sagrado".[113]

Ainda na memória viva da primeira geração, como vimos, Clemente escreveria:

> Pensemos na vasta companhia de anjos que aguardam para servi-Lo em Seus desejos. "Por dez mil vezes, dez mil ficaram diante Dele", dizem-nos as Escrituras, "e por milhares e milhares de vezes prestaram-Lhe serviço, louvando, 'Santo, santo, santo é o Senhor das Hostes; toda a criação está repleta de sua glória'." Da mesma forma devemos fazer, reunindo-nos numa unidade consciente para prestar-Lhe louvor, como se fôssemos uma única voz, para que obtenhamos parte de Suas gloriosas promessas.[114]

A música dos anjos e a teologia que ela representa foram grandemente ignoradas pelos estudos acadêmicos de nossos tempos, muito por conta da influência deuteronomista.

---

[112] Gregório de Nissa, *Sermão de Natal*, em Migne, *Patrologia Greco-Latina*, XLVI,1127-8.
[113] Dionísio, *Hierarquia Celestial* 305A.
[114] 1 Clemente 34.

Os elementos-chave dessa música e seus significados – a visão de Deus, o trono, as hostes, a exortação da presença do Senhor no templo, a expiação – estão todos ausentes nos textos deuteronômicos. O relato que os últimos fazem de Moisés, quando este recebe os mandamentos, nega que o Senhor fora visto (Deuteronômio 4,12); a descrição que fazem do templo em 1 Reis nada diz do trono (cf. 1 Crônicas 28,18); eles nada falam sobre os levitas e sua música, e negam que o Senhor residisse no templo (1 Reis 8,27); eles removeram o termo "Hostes" do nome "Senhor das Hostes" (Isaías 37,16; cf. 2 Reis 19,5); não mais havia dia da expiação no calendário deuteronômico (Deuteronômio 16), e negavam a qualquer um o poder de expiar os pecados de Israel (Êxodo 32,31-33). Por outro lado, os primeiros cristãos mantiveram a antiga tradição e encenavam o culto, como fizeram os levitas. Com a sua música, louvavam o Senhor e davam graças ("eucaristia"), pedindo pela vinda do Senhor – o significado de *Maranatha*.

O primeiro vislumbre que temos desse culto cristão mais original é a visão celestial de João, em que os seres celestes se reúnem em volta do trono para louvar: "Pois tu criaste todas as coisas; por tua vontade elas existiram e foram criadas" (Apocalipse 4,11). Místicos posteriores, associados à tradição do templo, diziam que as coisas haviam sido criadas dos entalhes no trono. Como veremos, o trono simbolizava a Senhora do templo – a Sabedoria –, uma entidade praticamente perdida nas leituras contemporâneas da Bíblia, em razão de seus tradutores e intérpretes. Os escribas e suas edições e censuras não são um fenômeno exclusivo ao passado remoto. Os anjos do trono eram chamados de filhos da sabedoria.

Os primeiros cristãos não apenas sabiam dos anjos da tradição mais antiga do templo mas também viviam em seu mundo.

Mesmo uma breve olhada geral, como esta, revela-nos que os primeiros cristãos preservaram o saber associado aos anjos, e isso sustentava tanto a liturgia quanto o modo de vida dos primeiros cristãos. Evidências das fontes da época e posteriores – gnósticos, os místicos *merkavah* – atestam que todas tinham uma raiz comum no templo original, e que as semelhanças com os ensinamentos de Pitágoras, especialmente em sua retransmissão pelo platonismo, provavelmente se deram em razão da influência do templo. O mundo de Dionísio, com o qual iniciamos este capítulo, talvez seja menos tributário de influências gregas do que geralmente supõem os pupilos modernos dos antigos escribas editores, e bem mais dependente do misticismo do templo, embora este seja raramente considerado.

Capítulo IV

O TRONO

O foco do misticismo do templo era o trono divino. O "carro de ouro dos querubins com as asas abertas, cobrindo a arca da aliança do Senhor" ficava no santo dos santos no templo de Salomão (1 Crônicas 28,18). Ninguém sabe exatamente como eram esses querubins. Temos exemplos de tronos da Fenícia e de Canaã,[1] feitos com um par de animais com faces humanas, e nos quais as asas, encurvadas para trás, formam os braços do trono. O rei se sentava entre essas duas criaturas aladas. Todavia os querubins no templo tinham suas asas abertas para a frente, e estas se estendiam, de ponta a ponta, pelo santo dos santos. Cada um tinha uma envergadura de cinco metros, perfazendo um trono gigantesco, caso se assemelhasse aos da Fenícia e Canaã. Ezequiel viu o trono deixando o templo, mas a sua visão o deixou assombrado, e isso fica evidente no próprio texto. Os quatro querubins que viu seriam as quatro criaturas vivas, diz o seu editor (Ezequiel 10,20), de modo que, nesse caso, o trono comportaria quatro querubins e não dois; e cada um tinha quatro asas: duas estendidas em direção ao outro querubim e duas a cobrir o corpo do anjo (Ezequiel 1,23). O trono localizava-se acima deles, não entre eles. Os querubins sustentavam o incrível firmamento

---

[1] Imagens entalhadas encontradas em Biblos e Megido.

"cristalino",[2] sobre o qual havia um trono de safira (Ezequiel 1,26). Saber se são dois ou quatro querubins é uma questão não resolvida, da mesma forma que saber o seu exato relacionamento com as criaturas vivas. João não mencionará querubins junto ao trono, apenas as criaturas vivas (Apocalipse 4,6-7; 5,6-14).

"Entronizado sobre os querubins" era um título atribuído ao Senhor. Ezequias orou: "Ó Senhor das Hostes, Deus de Israel, que está entronizado sobre os querubins, tu és o único Deus de todos os reinos da terra [...]" (Isaías 37,16); também o salmista exortou o Único, que se ergue sobre os querubins, para que resplandecesse (Salmos 80,2; também Salmos 99,1). Embora agora associado ao templo, o título é usado nas histórias de Samuel e Davi (1 Samuel 4,4; 2 Samuel 6,2; 1 Crônicas 13,6); logo, talvez estivesse em uso antes de o templo ser construído. "Davi" cantou o Senhor voando num *cherub*, "visto em asas de vento/espírito" (2 Samuel 22,11 = Salmos 18,11).[3] No Pentateuco, o Senhor diz que apareceria entre os querubins acima da arca para falar com Moisés: "Ali virei a ti, por de cima do *propiciatório, kapporet*,[4] do meio dos querubins que estão sobre a arca do Testemunho [...] falarei contigo [...]" (Êxodo 25,22); o Senhor apareceria a Aarão na nuvem de incenso, acima do *kapporet* (Levítico 16,2). Portanto, o trono era elemento central no culto israelita, desde os primórdios.

Embora o trono estivesse sempre associado aos querubins, o significado de *cherub* é incerto: "gracioso" e "poderoso" foram sugeridos, com base em semelhanças com o aramaico e assírio

---

[2] O significado literal em hebraico.
[3] O vocábulo é um pouco diferente no Salmo.
[4] Em inglês, geralmente descrito como "assento da misericórdia". (N.T.)

respectivamente, mas a sugestão mais intrigante aparece em Fílon: "As duas criaturas aladas [sobre a arca] que em hebreu se chamam querubins, devemos entendê-las como 'repletas de conhecimento e ciência'", *epignōsis kai epistēmē pollē*.[5] Representavam o "conhecimento despejado em abundância".[6] Essa interpretação foi largamente dispensada, vista como uma sugestão desvairada de Fílon: não existiriam bases para esse significado em hebraico. No entanto, deve ter havido algum bom motivo para que ele o dissesse. Fílon também afirmou que os dois querubins representavam os dois aspectos/poderes do Senhor: o criativo e o de realeza.[7] Assim, ele associava-os com a mais alta manifestação dos poderes que coletivamente eram o Senhor, e com o conhecimento derramado. O derramamento do conhecimento (ou da sabedoria) do santo dos santos é um aspecto sobre o qual já falamos. Talvez Fílon soubesse em que medida o trono com os querubins se concatenava ao conhecimento. Como vimos, ele sabia muito bem que "Israel" significava o homem que conhece a Deus, e embora a etimologia que ele ofereça seja dúbia,[8] há inúmeras evidências de que "o homem que vê a Deus" compreendia um aspecto central da fé mais antiga. Fílon sabia do misticismo do templo, ainda que muito do que tenha dito seja identificado como empréstimo dos cultos de mistério dos gregos.

Durante o período final do Segundo Templo, o santo dos santos estava vazio, e o trono dos querubins se fora. Josefo escreve: "A parte mais interna comportava vinte cúbitos e estava

---

[5] Fílon, *Moisés* II 97.
[6] Fílon, *Questões sobre o Êxodo* II,62.
[7] Fílon, *Questões sobre o Êxodo* II,62.
[8] Ver acima, p. 110.

separada [...] da parte externa por um véu. Lá dentro não havia nada. Não era permitido entrar, profanar ou ver".[9] Isso suscita duas perguntas: se o santo dos santos estava vazio, por que os místicos, na época de Jesus, descrevem-no como um lugar onde havia anjos e um trono em forma de carro? Presumivelmente, porque a tradição deles tinha origem anterior ao esvaziamento do santo dos santos. E por que as pessoas ansiavam pelo retorno do mobiliário do templo? Continuou a ser dito, e por muito tempo depois da destruição do Segundo Templo, que no tempo do Messias o antigo mobiliário, ausente no Segundo Templo, seria restituído: arca, fogo, querubins, o Espírito e a menorá. Essas coisas foram "escondidas" na época de Josias *e todas, exceto a menorá, pertenciam ao santo dos santos*. Sabendo-se que já havia uma menorá no Segundo Templo,[10] logo, a que seria restituída devia ser diferente. Talvez, a verdadeira menorá estivesse no santo dos santos, em vez de ocupar o grande salão do templo.[11] Ela é restituída ao santo dos santos na visão joanina da árvore da vida e do trono (Apocalipse 22,1-5).

Adicionemos a isso o fato de o relato deuteronomista não mencionar o trono dos *cherub* e mencionar Josias queimando um carro do sol,[12] quando purgou o templo. Um objeto em forma de árvore (a verdadeira menorá?) foi o foco central de sua cólera, tratado com violência particular (2 Reis 23,6). Ele

---

[9] Josefo, *Guerra* 5,219.
[10] Embora os romanos a tenham apanhado em sua pilhagem, como pode ser visto no arco de Tito.
[11] Isso está implicado em Êxodo 40,24, que descreve a posição da menorá no tabernáculo.
[12] Em hebraico está no plural, carros, mas em grego está no singular, o que poderia sugerir que os escribas editores alteraram o texto hebraico.

também removeu, do templo, o culto aos anjos,¹³ juntamente com os óleos da unção.¹⁴ Os deuteronomistas que instigaram os expurgos do templo, executados por Josias, suprimiram parte expressiva do que hoje reconhecemos como misticismo do templo. Negavam que a visão de Deus fosse possível e ofereceram a Lei como substituta da Sabedoria. A tradição de Enoque recordava que a Sabedoria fora abandonada nessa época, e que os sacerdotes do templo haviam perdido a visão.¹⁵ Foi logo depois disso que Ezequiel viu o trono em forma de carro abandonando o templo, juntamente com o fogo e com o Espírito.¹⁶

Não é possível provar, mas esses indícios sugerem que a fé mais antiga, centrada no santo dos santos, no trono, na Senhora e no Filho e Senhor, foi obliterada por Josias. Os elementos perdidos do templo – arca, fogo, querubins, Espírito e menorá, juntamente com o óleo de unção – eram todos símbolos da Senhora. A fé mais antiga sobreviveu na memória e nos ensinamentos dos místicos do templo e de seus herdeiros: os devotos *merkavah* e os cristãos. O texto de Melquisedec de Qumran visa ao retorno dos "professores ocultados e mantidos em segredo"¹⁷ – mas quem seriam eles? E o Salmo 110, o salmo de Melquisedec, muito usado no Novo Testamento, é uma das passagens mais adulteradas

---

¹³ O termo é traduzido como "prostitutos sagrados" (2 Reis 23,7) e tem as mesmas consoantes que "os santos", anjos: *q'dēshim*, prostitutos; *q'dōshim*, santos.
¹⁴ O Talmude Babilônico *Horayoth* 12a.
¹⁵ 1 Enoque 93,8
¹⁶ Ver abaixo, p. 187.
¹⁷ 11Q Melchizedek. Trad. F. Garcia-Martinez, ed.; *Discoveries in the Judean Desert XXIII*. Oxford, Oxford University Press, 1998, p. 229. G. Vermes, em *The Complete Dead Sea Scrolls in English*, London, Penguin, 1997, traduz como "ele os designará aos filhos do céu".

nas escrituras hebraicas. O texto descreve o nascimento de uma figura melquisedequiana no santo dos santos, alguém convidado a se sentar no trono e que se apresentava como Filho divino. Jesus é chamado de "Melquisedec" (Hebreus 7,11), o que talvez explique certas partes do salmo de Melquisedec que foram tornadas opacas. Maria foi chamada de mãe celestial, e o trono foi rememorado como seu símbolo.

Observamos, então, as três formas em que o trono era importante para a tradição do misticismo do templo:

- como os que se sentavam no trono renasciam e viviam a vida celestial: equiparavam-se aos anjos, filhos de Deus, filhos da ressurreição (Lucas 20,36);
- como havia arquétipos celestiais de toda a criação gravados (entalhados) no trono;
- como os que ficavam diante do trono passavam a contemplar a criação com novos olhos, apreendendo sua unidade.

NASCIDO DO ALTO

João empregou vários temas do misticismo do templo para mostrar em que medida os judeus haviam perdido contato com os ensinamentos originais. O primeiro deles seria nascer do alto/ nascer novamente. Josefo, que foi contemporâneo de João, definia os "judeus" como o povo que retornou da Babilônia:[18] herdeiros dos purgadores do templo que rejeitavam a tradição mais antiga. É provável que João usasse o termo da mesma forma. Os "judeus", como fica marcado ao longo de seu Evangelho, não mais

---

[18] Josefo, *Antiguidades* 11,173. Os samaritanos alegavam ser "hebreus, mas não judeus", *Antiguidades* 11,344.

entendiam sua própria herança. Eles não mais compreendiam que o Sábado significava o descanso na efetuação da criação, o grande "amanhã" que se tornou central à visão cristã (João 5,6-18). Para ele, os judeus tinham perdido o significado original das Escrituras que revelava o Senhor em forma humana (João 5,39; 8,39-41); eles não mais compreendiam a antiga crença na ascensão ao céu (João 6,41-42; 7,35-36; 8,22), ou o significado de Filho de Deus (João 10,34-39). São muitos os exemplos na literatura joanina, e o primeiro é o encontro de Jesus com Nicodemos, quando se torna patente que os judeus não mais compreendiam o significado de "nascer novamente". "Como pode um homem nascer sendo ele já velho? Poderá entrar uma segunda vez no seio de sua mãe e renascer? Jesus lhe responde: Quem não nascer da água e do Espírito não pode entrar no Reino de Deus. O que nasceu da carne é carne, o que nasceu do Espírito é espírito, deveis nascer do alto para ver o Reino de Deus." (João 3,3-8) Isso fazia parte da tradição de mistério do templo e, não obstante, Jesus teve de repreender Nicodemos: "És mestre em Israel e ignoras essas coisas [não compreende isso]?" (João 3,10).

A passagem central na compreensão de "nascer do alto" está no Salmo 110,3. O salmo é anunciado pelo Senhor, que dirige a palavra para outro ao qual o salmista se refere como "meu Senhor". "Senta-te à minha direita até que eu ponha os teus inimigos como escabelo de teus pés." Temos o Senhor dirigindo-se ao rei davídico, convidando-o a compartilhar o trono. Ao rei era prometido o triunfo sobre seus inimigos, como no Salmo 2: "Serve o Senhor com temor, regozije-se com temor, beije o filho [...]" (Salmos 2,11-12, AV, onde temos uma tradução literal); ou no Salmo 89: "Esmagarei os seus opressores e ferirei os que o odeiam" (Salmos 89,24). O Salmo 2 também diz que o rei nasceu: "Tu és meu filho, hoje te gerei" (Salmos 2,7); e o Salmo 89 diz que ele foi elevado e ungido: "Exaltei um eleito entre o povo [...] e o ungi com meu óleo santo" (Salmos 89,20-21). O texto hebreu do Salmo 110 aparentemente não menciona nem o nascimento nem a unção do rei, mas ambos estão/estiveram lá, antes que os escribas editores fizessem o seu trabalho. Aquilo que foi obscurecido é um aspecto fundamental do misticismo do templo, o elemento-chave para a compreensão do que os cristãos queriam dizer por "Filho de Deus".

O versículo crucial é "Teu povo oferecer-se-á voluntariamente no dia em que liderares tuas hostes sobre as montanhas sagradas. Desde o ventre da aurora os teus jovens virão a ti como orvalho" (Salmos 110,3). Honestamente, isso não pode ser chamado de tradução, uma vez que todos os termos, com a exceção de "aurora" e "orvalho", são incertos. Todavia, nem toda discussão é relevante para uma introdução ao misticismo do templo. "No dia em que liderares tuas hostes" foi provavelmente no passado "no dia do teu nascimento", uma vez que os termos hebraicos "hoste/exército" e "nascimento" se assemelham. "Sobre montanhas sagradas" pode ter sido, anteriormente, "nas belezas da santidade" ou "um santo esplendor" (assim está na AV), uma vez que "montanhas", *hrry*, e "belezas/esplendor", *hdry*, diferem em uma letra e as duas letras têm formato parecido; ou poderia ter sido "nas câmaras [aposentos] dos santos", uma vez que "câmaras", *ḥdry*, também se diferencia por uma letra semelhante. "Teus jovens virão a ti", *yalduteyka*, escreve-se exatamente com as mesmas letras de "Eu te gerei", *y'lidtiyka*;[19] e "orvalho" era um termo bastante conhecido para designar o óleo de unção como ocorre, por exemplo, no

---

[19] Na LXX, temos "eu te gerei".

Salmo 133,2-3. Portanto, o cenário anunciava o nascimento celestial e a unção do rei. Nascer para a vida celestial era o que se queria dizer por ressurreição. "Desde o ventre da aurora" é uma frase obscura; *sh͡ehar* significa de fato "aurora", mas também era o nome dado à estrela matutina no panteão da vizinha Ugarit. A Estrela Matutina/da Manhã era o filho da grande deusa solar, chamado, dentre outros nomes, de Rahmay, a mesma palavra em hebraico traduzida por "ventre". Estrela Matutina era o título conferido ao príncipe real em Ugarit, "filho" da deusa sol. Também foi um título dado a Jesus: "Rebento da estirpe de Davi, a brilhante estrela da manhã" (Apocalipse 22,16), o que mostra que esse aspecto da antiga tradição davídica era conhecido dos primeiros cristãos.

O Salmo 110 descreve o que acontecia no santo dos santos quando o rei humano se tornava Filho divino, e que não significava *o filho de Yahweh*, mas, em vez disso, a manifestação de Yahweh em um humano. Isso era tanto a encarnação do Senhor quanto a adoção do rei humano como Filho divino, a sua *theosis*. Muitos termos foram inventados no intuito de descrever a relação entre o humano e o divino em Jesus, mas a origem está descrita aqui, nesse salmo mutilado. O rei humano entrava no santo dos santos – "a beleza da santidade/os aposentos dos santos"; ele era ungido com "orvalho", que na liturgia do templo se referia ao sacramento da ressurreição, e então entronizado – "senta-te à minha direita". Naturalmente, alguns dos primeiros cristãos liam esse versículo como uma profecia do nascimento de Jesus; e ao mudar uma letra eles passaram de "ventre" para "Maria". "Eu te gerei como Estrela Matutina de Maria."[20]

---

[20] Eusébio, Comentário sobre os Salmos, Migne, *Patrologia Greco-Latina*, *XXXIII* 1344. Eu desconheço a existência de uma versão em língua

Sentar-se no trono significava nascer como Filho de Deus. No discurso do templo, o Messias era, por definição, tanto Filho de Deus quanto ressuscitado; ele era o Senhor levantado. O relato do coroamento de Salomão em Crônicas de fato diz que o rei se tornou o Senhor em sua entronização, mas as traduções para o inglês "corrigem" o texto e, assim, obscurecem indícios importantes: "*Salomão assentou-se no trono do Senhor como rei*" (1 Crônicas 29,23). Então, "Davi disse para a assembleia, 'Bendizei, pois, o Senhor vosso Deus'. E toda a assembleia bendisse o Senhor, o Deus de seus antepassados, e se curvaram e adoraram o Senhor, o rei" (1 Crônicas 29,20, tradução literal). Muitas versões em inglês inserem um verbo extra, dizendo "e se prostraram diante de Deus e obedeceram ao rei" como se fossem atos separados. Em hebraico, temos apenas um verbo e dois objetos: adoraram o Senhor e o rei. A união entre o divino e o humano se expressava dessa forma, primeiro o divino e depois o humano: "o-Senhor-e-o-rei" ou "Deus-e-o-Cordeiro". Expressões que são frequentemente encontradas em Apocalipse.

A união entre divino e humano é a chave para a compreensão da cena da entronização no livro do Apocalipse. O Cordeiro (humano) tornou-se divino ao se sentar no trono, da mesma forma que Salomão. Um antigo hino cristão supõe a mesma cena, ao dizer que o Nome foi dado a um ser humano, isto é, dado o nome Yahweh, o Senhor, para ser adorado por toda a criação.

> Por isso Deus o exaltou grandemente e o agraciou com o Nome que está sobre todo o nome, para que, ao

---

inglesa. Eusébio indica que eles liam *mrḥm*, do ventre, como *mrym*, Maria. Isso indica que usavam o roteiro hebraico mais arcaico, em que as duas letras se assemelham.

nome de Jesus [isto é, o Senhor, o nome que ele agora ostenta], se dobre todo joelho dos seres celestes, dos terrestres e dos que vivem sob a terra, e para a glória de Deus, o Pai, toda língua confesse: Jesus é o Senhor.

(Filipenses 2,9-11, tradução da autora)

Temos poucos exemplares dos primeiros hinos cristãos, de modo que é interessante notar que dois deles, o acima descrito e o hino celestial em Apocalipse 5, supõem o mesmo cenário. Receber o Nome era o mesmo que estar no trono e receber o pergaminho. A cena que João descreveu – o Cordeiro entronizado que recebe a adoração de toda a criação – compreendia um dos mistérios do templo. Isso é frequentemente declarado e aludido, mas nunca explicado. Segundo Fílon, Moisés foi chamado de Deus e Rei ao entrar na escuridão onde estava Deus, "a não vista, invisível, incorpórea e arquetípica essência das coisas existentes. Então, ele contemplou o que está oculto da vista da natureza mortal" [...].[21] Ele entra no estado representado pelo santo dos santos, embora, no caso de Moisés, tenhamos uma nuvem no Sinai. Retornaremos a esse ponto.[22]

No restante de sua visão, João se refere a um único ser: "Aquele-que-está-sentado-no-trono-e-o-Cordeiro" (Apocalipse 5,13); "o trono de Deus-e-o-Cordeiro" (Apocalipse 22,3), seguido por "e eles o adorarão", no singular; "a salvação pertence ao nosso Deus que está sentado no trono, e ao Cordeiro!" e "eles adoraram a Deus", sem menção ao Cordeiro (Apocalipse 7,10-11; de forma semelhante em 11,5 e 20,6). Algumas versões mais originais do Apocalipse têm "o dia da *sua* ira" em vez

---

[21] Fílon, *Moisés* I,158.
[22] Ver abaixo, capítulo V.

de "o dia da ira *deles*" (Apocalipse 6,17), e pode-se ver por que tanta confusão. No coração do santo dos santos e, portanto, da criação, havia um humano entronizado, e algumas pessoas sabiam que haviam se tornado aquela pessoa: Jesus disse que estivera com criaturas vivas e que os anjos o serviram (Marcos 1,13), de modo que ele sabia que era o Senhor. Alguém que tivera a mesma experiência deixou as seguintes palavras em Qumran: "Um trono de força na assembleia de 'ēlim [...] minha glória é [incomparável], e diferentemente de mim ninguém é exaltado. Sou reconhecido com os 'ēlim e habito a santa assembleia [...] Sou estimado perante os 'ēlim, e a minha glória está com os filhos do Rei" [...].[23]

Dois textos cristãos antigos nos mostram como esse nascimento no templo era recordado. O Evangelho da Infância apresenta a caverna da natividade como o santo dos santos e o momento do nascimento como a chegada de uma nuvem de grande intensidade luminosa, da mesma forma que ocorria quando a glória preenchia o tabernáculo e o templo (Êxodo 40,34-35; 1 Reis 8,10-11).

> [José e a parteira] estavam perto da gruta e havia uma nuvem ofuscante [...] De repente, a nuvem saiu da gruta e lançou uma luz a cujo brilho intenso os olhos não puderam resistir. Gradualmente, começou a diminuir e deu para ver a jovem criança.[24]

O Evangelho de Filipe, um dos textos de Nag Hammadi, descreve o santo dos santos como "câmara nupcial", o lugar da luz

---

[23] 4Q491 fr. 11.
[24] *Evangelho de Tiago* 19.

divina, um grande fogo que surge no nascimento. A linguagem é enigmática, e a pontuação incerta, mas o sentido está claro.

O Pai de todas as coisas uniu-se com a virgem que desceu. Naquele dia, o fogo brilhou para ele. Ele apareceu na grande câmara nupcial e seu corpo passou a existir. Deixou a câmara como alguém que veio à existência por meio do noivo e da noiva [...]

Os mistérios desse casamento são aperfeiçoados de dia e sob a luz. Nem esse dia nem a sua luz jamais se põem. Se alguém se tornar um filho da câmara nupcial, receberá a luz.[25]

O rei renascido era "sacerdote para sempre segundo a ordem de Melquisedec" (Salmos 110,4). "Segundo a ordem" apresenta um problema, como veremos,[26] mas Melqui-Zedec era comumente escrito com duas palavras, o que sugere um título em vez de um nome: rei da justiça ou rei justo. A única outra referência a Melquisedec nas escrituras hebraicas se passa quando este traz pão e vinho a Abraão, abençoando-o. Tratava-se, obviamente, de um sacerdote do Deus Altíssimo, mas quem de fato seria Melquisedec e quem era o seu Deus? É somente o texto hebreu pós-cristão do Gênesis, e outros textos a ele associados,[27] que chama o Deus de Melquisedec como "*Senhor* Deus Altíssimo", isto é, nomeia-o como Yahweh (Gênesis 14,18-24). Textos e versões mais antigos dizem simplesmente "Deus Altíssimo", revelando

---

[25] *Evangelho de Filipe* 71,86.
[26] Ver abaixo, p. 201.
[27] Tais como os Targumim.

que Melqui-Zedec era tido como o Senhor, e que seu encontro com Abraão caracterizou uma teofania.

Um desses textos antigos recebe o nome de *Apocalipse de Abraão*, em que há uma narrativa do que teria ocorrido depois que Abraão conheceu Melqui-Zedec. Gênesis nos diz que o Senhor apareceu a Abraão numa visão (Gênesis 15,1-21); o *Apocalipse* diz que Abraão conheceu o anjo Yahweh-el em trajes sacerdotais.[28] Provavelmente, esse anjo era Melqui-Zedec, sacerdote do Deus Altíssimo, o que indica que *Melqui-Zedec era o nome atribuído ao Senhor em forma humana, como sumo sacerdote real.* É isso que sugere o Salmo 110, como também o texto de Qumran sobre Melquisedec, no qual as passagens referentes ao Senhor são aplicadas a Melquisedec.[29] Em Hebreus, Jesus é identificado como Melqui--Zedec, e o seu sacerdócio é contrastado com o de Aarão. Os filhos de Aarão se tornavam sacerdotes por linhagem sanguínea – o sacerdócio era hereditário e se encerrava na morte do sacerdote – ao passo que um sacerdote de Melquisedec era espiritualmente elevado ao sacerdócio, ele era "levantado" – o termo para ressurreição – e não morria. Melquisedec era sacerdote "não segundo [...] a descendência da carne, mas pelo poder de uma vida indestrutível" (Hebreus 7,11.15.16). Aqui, então, temos a figura ressuscitada do Salmo 110, o humano que se tornou Yahweh com o seu povo, e vemos aqui o motivo pelo qual os escribas editores mudaram o nome do Deus de Melquisedec. Como sacerdote de Yahweh Deus-Altíssimo, Melquisedec não poderia ser Yahweh na forma humana, mas era exatamente isso que os cristãos alegavam sobre a condição de Jesus, o Melquisedec deles.

---

[28] Apocalipse de Abraão 10,1-11.6.
[29] 11QMelchizedek.

Isaías comunicou uma série de oráculos sobre o nascimento celestial do rei davídico, uma imagem de Melquisedec, e os cristãos identificaram esses oráculos como profecias a respeito de Jesus. Originalmente, elas se referiam ao verdadeiro herdeiro do trono, ou seja, eram profecias que garantiam a sobrevivência da dinastia em meio às crises da época, dizendo que haveria outro rei davídico. A virgem que daria à luz Emanuel (Isaías 7,14) era a Senhora do templo e, como em Ugarit, considerada mãe celestial da criança real, por sua vez, esta se tornaria o Senhor, o rei. O grande pergaminho de Isaías de Qumran comporta uma carta mais detalhada sobre esse oráculo, revelando quem seria exatamente essa "Virgem". As palavras para Ahaz, segundo o Texto Massorético, indicariam "Pedir um sinal ao Senhor, seu Deus", mas, segundo o texto mais antigo de Qumran, essas palavras de fato significariam "Pedir um sinal à *Mãe* do Senhor, seu Deus". O Senhor seria o Filho do Deus Altíssimo, e a Virgem seria a sua mãe.

Um dos títulos atribuídos à Senhora era o de "Sabedoria", de modo que seu Filho se tornava emissário/anjo da sabedoria, como comprovam as profecias do Segundo-Isaías. Os anjos cantam no santo dos santos: "Porque um menino nasceu para nós, um filho nos foi dado [...]" e conferem a essa criança real os nomes associados ao trono (Isaías 9,5). O texto hebreu apresenta quatro designações – Conselheiro Maravilhoso, Deus Forte, Pai Eterno, Príncipe da Paz – mas o texto grego os resumiu como "o Anjo do Grande Conselho. Os quatro se tornaram um, como acontecia aos arcanjos".[30] A terceira profecia de Isaías descreve a

---

[30] Ver acima, p. 124. Jesus falou dos filhos da Sabedoria (Lucas 7,35) e da Sabedoria que envia os profetas (Lucas 11,49), os quais também seriam descritos como filhos da Sabedoria.

unção, quando o rei humano recebe o Espírito multifacetado do Senhor, que transformaria o seu pensamento e discernimento. Esse era um sinal claro da mística do templo.

> Sobre ele repousará o espírito do Senhor,
> Espírito de sabedoria e inteligência,
> Espírito de conselho e de fortaleza,
> Espírito de conhecimento e de temor do Senhor.
>
> (Isaías 11,2)

O resultado era uma pessoa que não mais formava julgamentos com base em suas próprias referências, mas que preencheria a terra com o conhecimento do Senhor (Isaías 11,3.9). "No temor do Senhor estará o seu deleite" ficaria, literalmente, "o seu perfume será o temor do Senhor", mostrando que o Espírito era comunicado por meio do óleo de unção perfumado (Isaías 11,3).

Essa consagração do rei foi transferida para a forma como os cristãos descreviam Jesus. João contempla o Cordeiro (o que significa uma figura humana), ereto (o que significa ressuscitado), *muito embora* tivesse sido morto. Dessa forma, ele interpreta a ressurreição e a morte de Jesus nos termos do mistério do templo. O Cordeiro estava no meio do trono (isto é, fora entronizado), ostentava sete espíritos e sete olhos (o que significa que possuía a totalidade do Espírito divino). O resto da consagração real prosseguia segundo essas bases. Era-lhe dado o pergaminho fechado para que o abrisse (ele recebia o conhecimento secreto). Uma cerimônia semelhante foi descrita em relação a um menino, filho do rei: "Cingiram-no como o diadema, recebeu o testemunho [seja lá o que isso significasse], proclamaram-no rei e deram-lhe a unção. Bateram palmas e gritaram: 'Viva o rei!'". (2 Reis 11,12).

O ritual no santo dos santos significava que o rei havia "ressuscitado" e que nascera como Filho divino, isso se dava no início do reinado. O mesmo também passou a valer para Jesus, que foi "ressuscitado" em seu batismo ao ser proclamado Filho. É curioso que o Novo Testamento nunca use os textos de ressurreição *post-mortem* de Jesus, textos como Isaías 26,19: "Os teus mortos voltarão a viver, os teus cadáveres ressurgirão", ou os ossos secos em Ezequiel 37, ou mesmo Daniel 12,2: "E muitos dos que dormem no solo poeirento acordarão". Em vez disso, os cristãos proclamam que Jesus realizara os textos da "ascensão" real, indicando que eles compreendiam a ressurreição de Jesus no sentido dado pela tradição do templo. Citavam o cântico do Servo Sofredor, que fora levantado e recebera o conhecimento (Isaías 52,13; 53,12); citavam a promessa de um novo rei, "Hoje, Eu te gerei" (Salmos 2,7, citado no batismo de Jesus na versão mais antiga de Lucas 3,22); e se referiam aos textos de Melquisedec.

Se o batismo de Jesus foi de fato o momento de sua experiência do trono, isso explicaria algumas pistas relacionadas à tradição mais antiga de que o fenômeno se associava a uma experiência da *merkavah*.[31] O Novo Testamento afirma que Jesus viu os céus se abrirem e sentiu o Espírito pousar sobre ele – sua unção. Orígenes, o maior erudito bíblico da Igreja primitiva, disse que Jesus vira o mesmo que Ezequiel: o trono em forma de carro.[32] Os dias que se seguiram compreenderam sua experiência *merkavah*: Jesus habitou entre criaturas viventes e os anjos o serviam, em outras palavras, como se fora entronizado como "Senhor", o Filho.

---

[31] O fogo nas águas do Jordão, o ensinamento origenista de que Jesus viu o que vira Ezequiel.

[32] Orígenes, *Sobre Ezequiel*, Homilia, 1,4-7

O diabo o tentou para que não acreditasse que era o Filho,[33] mas o Jesus de João sabe que foi consagrado e enviado ao mundo como o Filho (João 10,36). A ressurreição de Jesus em seu batismo explica a prática batismal cristã mais primitiva. No antigo rito sírio, o cristão recém-batizado emergia da água como um "filho de Deus" e "um filho da Luz", e o manancial de água era chamado de ventre.[34] A ressurreição se principiava no batismo, e a questão seria: esse rito foi retirado da própria experiência de filiação e ressurreição de Jesus em seu batismo? O Evangelho de Filipe tem algo a nos dizer sobre o assunto, que faz todo o sentido neste contexto:

> Aqueles que dizem que o Senhor primeiro morreu e depois se levantou estão equivocados, pois primeiro ele se levantou e só depois morreu. Não é preciso obter primeiro a ressurreição para não morrer? Como Deus vive, ele já estaria [morto].[35]

A ressurreição no batismo também explica o credo primitivo, citado por Paulo: "[O Filho] nascido da estirpe de Davi segundo a carne, estabelecido Filho de Deus com poder segundo o Espírito Santo em sua ressurreição dos mortos" (Romanos 1,3-4). Deixando o grego esquisito para trás e dirigindo-se ao original semítico, este credo declara que Jesus recebeu o poder como Filho de Deus pelo Espírito Santo quando se levantou dos mortos. Agora, a única vez que o Espírito falou com Jesus, designando-o

---

[33] Ver acima, p. 173-74.
[34] Ver o meu livro, *The Risen Lord*, Edinburgh, T&T Clark, 1996, p. 27-55, para mais detalhes e referências.
[35] *Evangelho de Filipe*, CG II,3,56. O termo "morto" não está claro no texto.

como filho dele/dela, foi durante o batismo, e era exatamente assim que os cristãos hebreus contavam a história do batismo de Jesus.[36] "Você é meu filho amado, com você me regozijo" eram, segundo eles, as palavras de sua mãe, o Espírito Santo. Quando o Espírito vem até Jesus, ele é, então, ressuscitado no sentido atribuído pelos místicos do templo.

O trono desempenhava um papel central nos ritos reais de "nascimento" do Egito faraônico, e pode ser que Jerusalém praticasse algo semelhante. O trono representava Ísis, a grande deusa; ela ostentava um trono em seu penteado, e o trono compreendia o hieróglifo do seu nome. "Existem evidências muito fortes de que a grande deusa Ísis era, originalmente, o trono deificado [...] O príncipe que toma o seu assento se torna rei. Logo, o trono é chamado de 'a mãe' do rei",[37] e o faraó era seu filho. Quando o rei se sentava no trono, ele abancava-se no colo da deusa, uma imagem familiar em representações posteriores de Maria a segurar o seu Filho. Contudo, não é possível afirmar que a Senhora do Templo de Jerusalém fosse vista como a personificação do trono, ou mesmo que o trono fosse o seu símbolo. No entanto, não restam dúvidas de que ao descrever o trono em forma de carro deixando Jerusalém, Ezequiel descreve a partida de uma *figura feminina*, o trono da glória do Senhor.

Para encontrar a Senhora como "o trono", temos de analisar detalhadamente o texto hebraico de Ezequiel, pois nele há palavras raras e muitas outras passíveis de interpretações variadas. A figura da Senhora não fica óbvia nas traduções para o inglês,

---

[36] Jerônimo, comentando Isaías 11,2, cita esse trecho do (hoje perdido) *Evangelho dos Hebreus*.
[37] H. Frankfort, *Before Philosophy*. London, Pelican, 1949, p. 26.

muito porque os tradutores não esperavam encontrá-la e, quando tinham de escolher uma entre várias possibilidades para termos difíceis, faziam-no segundo pressuposições consagradas. Nos relatos das visões de Ezequiel (Ezequiel 1; 10), há uma confusão curiosa entre formas no singular e plural e entre o masculino e feminino. Na versão da AV em que se tem, em geral, a tradução mais literal, lê-se: "Então os querubins [masculino] foram levantados nas alturas, eis o ser vivente [feminino] que observei junto ao Rio Quebar". "Ora, esse ser vivente é o mesmo que vi debaixo do Deus de Israel, e compreendi que eram querubins." (Ezequiel 10,15.20). Quando os querubins se movem, o mesmo ocorre à Criatura Vivente, "pois o espírito da criatura vivente estava neles" (Ezequiel 10,17). "Criatura vivente" se escreve *ḥayyah*, um substantivo feminino que significa um ser vivente ou um animal, mas também significa (re)avivamento, vida nova, como em "recuperaste o *vigor* (vida nova) [...]" (Isaías 57,10). Traduzir *ḥayyah* por "Ser Vivente" ou mesmo por "Geradora da Vida" torna a visão de Ezequiel de fato muito interessante. O nome dela aparece tanto no singular quanto no plural: o singular é encontrado em Ezequiel 1,20.21.22 e em 10,15.17.20. A versão AV da Bíblia faz a distinção entre o singular e o plural, outras versões não o fazem.[38] Geradora da Vida parece designar o trono, e o seu nome, ao aparecer tanto no singular quanto no plural, sugere que se tratava de uma divindade.

---

[38] As versões modernas, por exemplo a RSV e NEB, não distinguem entre o singular e o plural, e a Bíblia de Jerusalém é inconsistente, nomeando-a de "animal/animais" no capítulo I e de "criatura" no capítulo X. O termo "sabedoria" também aparece como um termo no singular ou no plural; "ela" está no plural em Provérbios 1.20; 9.1; 24.7.

Ezequiel descreve o trono que conheceu como um "ser vivente". Boa parte de seu relato é de compreensão difícil, mesmo quando nos atemos ao texto em hebraico, e toda uma outra parte ficou perdida nas traduções. Por exemplo, há dois termos para "roda": um, *'ōphan*, significa apenas uma "roda", mas há outro, *galgal*, que pode significar coisas circulares em geral, incluindo um rodopio ou um vento rodopiante. Todas as rodas, em Ezequiel 1, são "rodas", mas no capítulo 10 temos também "rodopios [redemoinhos]" nos versículos 2, 6 e 13: "Vai por entre os redemoinhos [rodas girantes], por baixo do *cherub* [singular], enche tuas mãos de brasas acesas no meio dos *cherubim* [plural] [...]" (Ezequiel 10,2). De modo que complemente as rodas do trono em forma de carro, Ezequiel descreve uma roda girante em sua base. Cada uma das rodas regulares faiscava amarelo, cada uma compreendia "uma roda dentro de outra roda", caso seja esse o sentido dessas palavras (Ezequiel 10,9-10). Temos sugestões engenhosas que mostram rodas se cruzando em ângulos retos (como na versão da GNB), mas a frase poderia se referir, de fato, à existência de círculos concêntricos de luz amarela. Inúmeras vezes, Ezequiel descreve o movimento curioso do trono que se move diretamente para a frente, sem fazer curvas (Ezequiel 1,9.12), embora pudesse se mover dessa forma em qualquer uma das quatro direções (Ezequiel 1,17; 10,11).

Em Ezequiel 10,12, há problemas em quase todos os termos. Essa é uma passagem em que se nota uma descrição substantiva do trono. Uma sugestão: "*E todo o seu corpo, suas costas, mãos, asas* e rodas estavam cheias de olhos, mesmo nas rodas" (Ezequiel 10,12, AV). Muitas traduções são oferecidas para os termos em itálico: "O seu corpo, dorso, mãos e as asas" (Bíblia de Jerusalém) está bem próximo, e as versões da NEB e da GNB são semelhantes, "as suas bordas, degraus" (RSV) é bem diferente. Esse pedaço de texto pode estar perdido para nós. No entanto, o termo "olho" pode também significar "ponto de luz"; e as palavras em cuja tradução se escreve "todo o seu corpo" significam, normalmente, "toda carne", como em "Toda carne verá [...]" (Ezequiel 20,48; 21,4.5); ou, como na história de Noé, "Destruirei [...] toda carne que respira" (Gênesis 6,17.19). Caso estejamos diante de uma visão do Ser Vivente, então não nos causaria surpresa encontrar, dentro/em volta dela, pontos de luz que "se manifestam" como coisas vivas. Um texto *merkavah* posterior descreve os espíritos dos justos juntos ao trono da glória, tanto os que foram criados e retornaram quanto os que ainda aguardam a criação. Havia um armazém de almas junto ao trono, todas criadas conjuntamente, aguardando o ingresso no mundo material.[39] Temporalmente mais próxima a Ezequiel, temos a visão mosaica no Sinai narrada em Jubileus, em que há a descrição de todos os anjos criados no Dia Um, juntamente com "todos os espíritos no céu e na terra";[40] e o dizer de Ben Sira, "Aquele que vive na eternidade criou todas as coisas ao mesmo tempo",[41] implicando que, em certo sentido, a totalidade das coisas teria sido criada no santo dos santos, antes de assumir forma material.

Parece que Ezequiel conheceu o trono como A(s) Vivente(s), que estava ou estavam no(s) *cherub*(*im*) quádruplo(s). Havia um trono de safira acima Dela e um redemoinho flamejante abaixo. Em sua volta, estavam as almas de todas as coisas viventes, que para Ezequiel apareciam como pontos de luz, e ela/eles se movia(m) em linha reta, ainda que em qualquer direção. Não há nada que se assemelhe a isso no restante das escrituras hebraicas,

---

[39] 3 Enoque 43.
[40] Jubileus 2,2.
[41] Ben Sira 18,1: "ao mesmo tempo" ficou *koine* na LXX e *simul* na Vulgata.

muito embora exista algo notavelmente semelhante nos ensinamentos atribuídos a Pitágoras e aos seus seguidores Filolau de Crotona e Timeu, que viveram no fim do século V AEC, por volta de dois séculos depois de Ezequiel. Filolau associava as divindades femininas ao quadrado, ideia curiosa mas que os acadêmicos consideram profundamente enraizada no ensinamento pitagórico, e as fontes mais antigas revelam que Pitágoras esteve associado aos mistérios da Grande Mãe.[42] Os seus seguidores invocavam a *tetraktys* (a quadridade) como a mais sagrada das invocações, representada pela relação 4:3:2:1, arranjada como triângulo, associada à harmonia e descrita como "a *tetraktys* que contém a fonte e as raízes da natureza eterna".[43] Quem teria sido ela, essa fonte quádrupla da vida?

Uma figura semelhante é descrita por Timeu em seu relato da criação, no qual o mundo como o conhecemos é descrito, conforme nos explica, como cópia da Criatura Vivente, pois Deus a criou como modelo máximo:

> A Criatura Vivente abarca e contém dentro de si todas as Criaturas Viventes inteligíveis [...] uma Criatura Vivente, una e visível, que contém em si todas as criaturas viventes, que são por natureza aparentadas a ela.
>
> O modelo é a Criatura Vivente eterna, e [o Pai] principiou a construção desse universo [...] em semelhança.[44]

---

[42] W. Burkert, *Lore and Science in Ancient Pythagoreanism*, trad. E. L. Minar. Cambridge, MA, Harvard University Press, 1972, p. 468, 165.
[43] Isso é encontrado em muitos textos, por exemplo, *Aetius* 1,3,8.
[44] Platão, *Timeu* 30CD, 37D.

As formas de vida emanariam de possibilidades insondáveis da Criatura Vivente: deuses, seres alados, criaturas da água e aqueles que andam em solo firme.⁴⁵ Seres que corresponderiam aos elementos fogo, ar, água e terra, respectivamente. Os deuses, visíveis como estrelas, eram constituídos majoritariamente de fogo, e tinham duas formas de locomoção: por rotação e em linha reta – exatamente como o Ser Vivente que Ezequiel contemplou. As outras três classes foram criadas pelos anjos e não pelo Criador, pois este criou apenas deuses como ele próprio. Em Gênesis, recordemo-nos, não há menção à criação de anjos, mas, por outro lado, o texto confere a criação do mundo material ao(s) *'elohim*, uma designação que pode significar anjos.

Os pitagóricos veneravam a *tetraktys*, "fonte e raiz da natureza eterna"; Timeu descreve a Criatura Vivente, na qual toda a vida se insere. A não ser que os pitagóricos dispusessem de duas fontes geradoras da vida em seu sistema conceitual, o que é muito improvável, a Criatura Vivente que Timeu descreve precisa ter quatro aspectos, o que tornaria o Ser Vivente de Ezequiel um antecedente provável.

A figura quádrupla pode ser encontrada em vários textos gnósticos. Por exemplo, Barbelo, um nome conhecido somente nas formas grega e copta, e que deriva muito provavelmente de um original semítico tal como *bᵉ'arba' 'eloah*, a divindade feminina quádrupla. O retrato mais completo de Barbelo está no *Livro Secreto de João*, um texto de Nag Hammadi. Irineu, escrevendo por volta de 185 EC, conhecia o contexto desse livro, de modo que este representa um exemplo relativamente próximo do contexto original de Jesus ensinando os mistérios a

---

⁴⁵ Platão, *Timeu* 40A.

seu discípulo João. Barbelo, nos é dito, foi a primeira a emanar do Pai, a imagem que refletia Sua luz, e ela era o ventre [a matriz] de tudo. Barbelo seria o Pai-e-a-Mãe, o *aeon* eterno entre os seres invisíveis.[46] Barbelo era "o *aeon* dotado com os padrões e as formas daqueles que verdadeiramente existem, a imagem Daquele que está escondido [...]".[47] Um hino se dirige a Barbelo nos seguintes termos:

> Abençoamos a ti pois tu unificaste a inteireza da totalidade. Tu permaneceste em guarda, tu permaneceste em guarda no princípio, foste dividida em toda parte, mas permaneceste um.
>
> Abençoamos a ti, geradora [feminino] da perfeição, geradora d(a) *aeon* [feminino] [...] e tu és um [feminino] do um [masculino].
>
> Contemplamos aquilo que realmente veio primeiro [...] Pois a tua luz brilha sobre nós [...].[48]

Ela também era a mãe de Sabaoth, um dos muitos nomes de Yahweh nesses textos.[49] Muito do que é dito a respeito de Barbelo foi retirado dos textos de Sabedoria do Antigo Testamento, de modo que os que a descreviam deviam tomá-la como Sabedoria. Não podemos saber se outras coisas ditas sobre Barbelo foram adições sobrepostas à figura da Sabedoria, ou se, de fato, compreendiam o retrato mais original que simplesmente não

---

[46] *O Livro Secreto de João*, CG II,1,4-5.
[47] *Allogenes*, CG XI,3,51.
[48] *As Três Estelas de Seth*, CG VII,5,121-5.
[49] Logo, *Panarion* de Epifânio, 25,2.

sobreviveu nos textos bíblicos. O "ventre de tudo" assemelha-se à leitura aqui proposta da visão de Ezequiel. A fonte das "Formas" e dos padrões seria o trono, como veremos. Outras características também ecoam nos textos de Sabedoria do Antigo Testamento. Por exemplo, Barbelo como "a primeira a emanar do Pai, a imagem que refletiu a Sua luz" assemelha-se com "Foi estabelecida [...] o primeiro de seus trabalhos" (Provérbios 8,22.25) e "reflexo da luz eterna [...] uma imagem da bondade [de Deus]".[50] Barbelo, ao ser descrita como "foste dividida em toda a parte, mas permaneceste um", assemelha-se com "Embora seja única, pode realizar todas as coisas, permanecendo inteira, ela tudo renova".[51] Aqueles que veneravam Barbelo conheciam-na como Sabedoria, e suas raízes culturais se apoiavam na tradição do templo.

O trono, como Mãe do Senhor, manifesta-se na cultura cristã de Oriente a Ocidente; nunca se tratou de um fenômeno isolado e local, o que sugere que já era conhecido e foi disseminado juntamente com a fé, desde o início.

Exemplos

- Jacó de Serugue, escritor sírio do início do século VI EC, compôs uma homilia sobre "o carro que Ezequiel viu", revelando que era versado no misticismo do templo. Ele escreveu sobre o mistério, o Deus Oculto, os anjos e os filhos da luz. Ele rezava para que uma nova boca entoasse o cântico celestial e sabia que a forma humana no trono era o Filho. O trono, por sua vez, era Maria: "O trono e o assento sobre o carro [...] uma imagem da Virgem Mãe

---

[50] Sabedoria de Salomão 7,26.
[51] Sabedoria de Salomão 7,27.

[...]".⁵² Portanto, Jacó pode muito bem ter tido contato com os místicos judeus de sua época, porém a fonte de seu imaginário não se confunde com os textos *merkavah*, mas sim com a tradição mais antiga do templo, e ele é prova adicional de que esse conhecimento foi passado à Igreja.

• O grande hino bizantino Akathistos, dedicado a Maria, retrata-a como o trono em forma de carro de Ezequiel, além de usar outras imagens provenientes da tradição do templo. Ninguém sabe quando esse hino foi composto, mas Jacó talvez o conhecesse. Ela é saudada como "trono para o rei"; "seu santíssimo carro a passar sobre os querubins"; "recipiente da Sabedoria de Deus, o armazém de sua providência"; "a câmara nupcial de um casamento sem semente"; como "o maior santo dos santos".

• Na Igreja ocidental, a Senhora *é* o trono da Sabedoria, e não, como por vezes se subentende, a Senhora que se senta no trono da sabedoria. Talvez ela seja mais conhecida no selo de Walsingham, no estilo *sedes sapientiae*, o assento da Sabedoria com o Filho entronizado; e na Litania de Loreto, em que é saudada como Assento da Sabedoria.

No templo, o trono fora formado por *querubins*, nome para o qual Fílon atribuía o conhecimento e a ciência em plenitude, e representavam "conhecimento despejado em abundância".⁵³ Não há nada no universo hebraico que sugira tal significado, mas a associação entre o trono, a Senhora e a Sabedoria nos mostra o motivo pelo qual Fílon pôde pensar

---

⁵² A. Golitsin, "The Image and Glory of God in Jacob of Serug's Homily", *St. Vladimir's Theological Quarterly* 47 (2003), p. 323-64.
⁵³ Ver acima p. 168-69.

dessa forma. O Filho da Sabedoria nasce ao ser entronizado e, ao ser ungido, as dádivas da Sabedoria são sobre ele despejadas. Dionísio, cujos escritos estão cheios de alusões ao misticismo do templo, relacionava o mistério do batismo a esse ritual do templo: "[O óleo de unção] confere um doce odor ao iniciado, o perfeito nascimento divino ingressa os iniciados junto ao Espírito da Deidade".[54]

AS FORMAS

Quando teve a visão do trono em forma de carro e descreveu o que viu, Ezequiel fez uso de duas palavras que deviam designar termos técnicos: *d^emut* e *mar'eh*. A maior parte das versões em inglês obscurece o sentido, mas a versão da AV os traduz de modo mais consistente: *d^emut* como "semelhança" e *mar'eh* como "aspecto". No hebraico bíblico, o termo *d^emut* é usado ao se fazer uma comparação ("semelhante a uma grande multidão", Isaías 13,4) e o seu verbo relacionado significa "planejar" ("semelhante ao que planejei, que assim seja", Isaías 14,24), de modo que o sentido geral associa-se menos a uma semelhança e mais a um pensamento ou um conceito que precede uma ação. O termo *mar'eh* significa tanto "aspecto" quanto "visão sobrenatural". É preciso ler a descrição que faz Ezequiel do trono tendo essas definições em mente, uma vez que ele descreveu algo que emergiu da invisibilidade do santo dos santos. Dionísio, ao se referir às visões de Ezequiel, ensinava que isso seria apenas uma forma de tentar expressar o que estava além das palavras:

---

[54] Dionísio, *The Ecclesiastical Hierarchy* 404C, em *Pseudo-Dionysius: The Complete Works*, trad. C. Luibheid. New York, Paulist Press, 1987.

Não podemos, à maneira dos loucos, visualizar profanamente essas inteligências celestiais e divinas como se realmente tivessem numerosos pés e rostos [...] A Palavra de Deus faz uso do imaginário poético ao discutir essas inteligências sem forma, mas [...] não o faz assim em nome da arte, mas como [...] concessão à natureza de nossa mente.[55]

Ezequiel teve essas visões no verão de 593 AEC, e importa saber as datas relativas do material que estamos comparando. Platão, que morreu em 348 AEC, registrou os ensinamentos de seu mestre, Sócrates, que morrera em 399 AEC. Timeu, como vimos, foi um pitagórico, e diz-se que Pitágoras morou um tempo na "Síria" em meados do século VI AEC, ou seja, pouco depois de Ezequiel ter recebido essas visões.

Em *Timeu*, como em outros diálogos, Platão atribui a Sócrates e a Timeu a teoria das Formas. Mesmo sabendo que Platão escreve em grego e Ezequiel em hebraico, os significados são muito próximos aos termos técnicos em Ezequiel. As Formas não materiais são, ambos o dizem, a única realidade verdadeira, e cada objeto ou qualidade no mundo material é uma cópia da Forma eterna que é, de fato, sua essência. As Formas existem para além do espaço e do tempo; e temos uma curiosa descrição em *Fedro* desse estado além das palavras, na superfície externa do céu: "'A realidade sem forma, sem cor e impalpável só pode ser contemplada pela inteligência [...]".[56] Timeu sintetiza uma longa exposição quando diz:

---

[55] Dionísio, *The Celestial Hierarchy* 137AB, em *Pseudo-Dionysius: The Complete Works*, trad. C. Luibheid. New York, Paulist Press, 1987.
[56] Platão, *Fedro* 247c.

Sendo assim, convenhamos há uma primeira Forma [espécie] que é imutável, não está sujeita ao devir nem à destruição, e que não recebe em si nada vindo de parte alguma e não se combina, seja o que for; não é visível nem de outro modo sensível, e cabe ao pensamento examiná-la. Há uma segunda, que tem um nome igual à Forma e a ela se assemelha, mas é sensível, é deveniente [participa da existência], está sempre em movimento, é gerada por um determinado local, para, de seguida, se dissolver de novo, além de que é apreendida pela opinião e pelos sentidos. Há um terceiro gênero que é sempre: o do lugar; não admite destruição, e providencia uma localização a tudo quanto pertence ao devir [...].[57]

Quando Deus criava o mundo, ele diz, os elementos estavam todos sem "proporção ou medida" e, assim, "Seu primeiro passo foi configurá-los a partir de formas e números [...]".[58]

A realidade da qual as Formas Platônicas participam soa muito próximo da realidade do santo dos santos: além do espaço e do tempo, num estado de conhecimento total e verdadeiro e na parte exterior do céu, que corresponde, na linguagem do templo, ao interior do véu. O mistério do santo dos santos não era acessível aos sentidos humanos comuns, da mesma forma que o estado das Formas seria visível somente à mente. O sistema de Ezequiel assemelha-se ao sistema platônico das Formas, mas a tradição sacerdotal que moldou o pensamento de Ezequiel sobre as "Formas" precedia Sócrates em pelo menos dois séculos.

---

[57] Platão, *Timeu* 52a.
[58] Platão, *Timeu* 53b.

Pitágoras pode ter tomado conhecimento disso quando esteve na "Síria". Mais tarde, seu discípulo Timeu faria uma exposição desse conhecimento em seu diálogo com Sócrates.

Aqui temos as passagens referentes à semelhança-aspecto em Ezequiel, tiradas da Bíblia AV:

- "Algo semelhante a quatro seres viventes deslocava-se do meio da nuvem [de fogo]. E assim era seu aspecto; tinham semelhança humana [ou possivelmente, como em 1,10, e 10,16, tinham uma só semelhança]." (Ezequiel 1,5)
- "No tocante à semelhança dessas criaturas viventes, seu aspecto era de carvão ardente, como se fossem tochas flamejantes [...]." (Ezequiel 1,13)
- "Este, pois, era o aspecto das rodas e de sua estrutura: eis que brilhavam intensamente como o berilo: e as quatro tinham uma só semelhança. Seu aspecto e funcionamento era como se estivessem encaixadas uma na outra." (Ezequiel 1,16)
- "[...] acima de suas cabeças havia a semelhança de um trono, com o aspecto de uma pedra de safira e, bem no alto, sobre o trono havia a semelhança com aspecto de homem." (Ezequiel 1,26.)
- "Como o aspecto do arco-íris, assim era o aspecto do fulgor ao seu redor. Esse era o aspecto da semelhança da glória de *Yahweh*, o Senhor." (Ezequiel 1,28)
- "[...] uma semelhança com o aspecto de fogo: da cintura para baixo tinha aspecto de material incandescente; e dali para cima sua figura tinha aspecto resplandecente, como a cor do âmbar." (Ezequiel 8,2)
- "Apareceu acima [dos querubins] algo semelhante a um trono todo feito em safira sobre a abóbada." (Ezequiel 10,1)

- "E a semelhança de suas faces era a mesma das faces que vi próximas ao Rio Quebar, e se movimentavam sempre para frente." (Ezequiel 10,22)

Se Ezequiel compreendesse *dᵉmut* como a realidade invisível no santo dos santos e *mar'eh* como o seu aspecto (ou sua aparência), durante essas visões, a descrição se tornaria, então, consistente. A realidade invisível das quatro criaturas viventes apareceram-lhe em forma humana (Ezequiel 1,5), como tocha (Ezequiel 1,13). Enoque registrou o mesmo fenômeno: em sua primeira jornada celestial ele vê aqueles que "eram como tochas flamejantes, e quando desejavam tinham aspecto de homens".[59] Ezequiel também vê a *dᵉmut* do trono se manifestar como pedra de safira (Ezequiel 1,26; 10,1), e a *dᵉmut* da glória de Deus aparece-lhe como arco-íris resplandecente a cercar uma figura humana flamejante. Presumivelmente, a figura celestial podia se manifestar de várias formas, e na visão de Ezequiel tratava-se de uma figura humana flamejante. Enoque vê os filhos sagrados de Deus caminhando sobre chamas[60] e Ezequiel descreve um guardião, um *cherub*, que é expulso do meio das pedras (filhos?) de fogo (Ezequiel 28,16).[61] Enoque também contempla anjos caídos cujos espíritos, "assumindo muitas formas diferentes, corrompem a humanidade".[62]

O *mar'eh* da *dᵉmut* do Senhor pode muito bem dar conta do misterioso "Verbo", *logos*, do Senhor, que Fílon usava no sentido de "Deus tornado visível", de modo que "verbo", no sentido em

---

[59] 1 Enoque 17.1
[60] 1 Enoque 71.1
[61] Ver abaixo, p. 226.
[62] 1 Enoque, 19.1.

que usamos, não seria a melhor tradução. Por exemplo, Fílon diz que os anciãos que ascenderam ao Sinai junto a Moisés "*viram* o Logos".[63] É amplamente aceito que subjacente ao Logos de Fílon está uma frase dos Targumim, "o *memra* do Senhor", geralmente traduzido como "Verbo do Senhor", mas poderia a crença mais antiga do aspecto visionário, *mar'eh*, do Senhor ser a origem de "o *memra* do Senhor"? Os acadêmicos admitem que o significado de *memra* não é mais conhecido. "Em algum momento na tradição, o conteúdo exato do termo *memra* foi perdido; como e por que não sabemos com clareza."[64] Talvez, "ver o Senhor" fosse um assunto controverso e os textos que sugeriam essa capacidade começaram a ser lidos de formas distintas. A visão do Senhor se tornou o Verbo do Senhor.

Numa visão, a *d^emut* poderia aparecer como *mar'eh*, mas também como realidade física. O exemplo mais antigo disso se inscreve na história da criação em Gênesis, em que Adão é "nossa imagem, *tselem*, segundo a nossa *d^emut*" (Gênesis 1,26, traduzindo literalmente). Adão é descrito como realidade física, e não como visão. Quando o macho e a fêmea foram criados como realidades físicas (Gênesis 1,27), a *d^emut* não foi mencionada, uma vez que a distinção entre o macho e a fêmea é um fenômeno físico, *tselem*, e não está presente na *d^emut* de Deus. O relato do nascimento de Seth deve ser lido da mesma forma: ele era a *d^emut* de Adão e sua imagem física. Ambos os textos são provenientes de um escritor sacerdotal, alguém que viveu próximo à época de Ezequiel e que, presumivelmente, usava a mesma

---

[63] Fílon, *Confusão das Línguas* 96.
[64] C. T. R. Hayward, "The Memra of YHWH and the Development of its Use in Targum Neofiti", *Journal of Jewish Studies XXV* (1974), p. 412-18, p. 418.

terminologia.⁶⁵ A *dᵉmut* do divino nem sempre se manifestava em forma humana. No templo havia o pão da presença que "era" a presença divina, e que se comunicava com os sacerdotes que o ingerissem: "o seu alimento mais santo" (Levítico 24,5-9). Temos, então, o divino manifestando-se fisicamente, embora não em forma humana. Dionísio sabia que o divino poderia estar presente tanto no pão quanto no humano: "[o bispo] descortina as dádivas cobertas [...] Ele mostra como Cristo emergiu do mistério de sua divindade para assumir forma humana".⁶⁶

Os primeiros cristãos tinham conhecimento das "Formas" ocultas no santo dos santos, e o misticismo do templo que esses cristãos herdaram significa que esse conhecimento não fora emprestado do platonismo. São poucos os exemplos que nos restaram dos primeiros hinos, no entanto os temas associados à tradição do templo predominam: a entronização, a harmonização da "Forma" e sua manifestação: "Cristo Jesus [...] na forma de Deus [...] nasceu à imagem do homem [...]" (Filipenses 2,5-7); e "Ele é a imagem do Deus invisível" (Colossenses 1,15). Houve também, na fase inicial, textos enigmáticos como o Evangelho de Filipe, e nesse contexto o seu significado se esclarece. Os cristãos oravam para se unir às imagens dos anjos, presumivelmente à sua própria *dᵉmut* e, assim, tornarem-se aquilo que Deus intencionou para eles: "Ele disse naquele dia, no dia de Ação de Graças, *eucaristia*, 'Você que se juntou ao perfeito, à luz, com o Espírito

---

⁶⁵ Outro contemporâneo foi Segundo-Isaías, que usa esses termos técnicos para ridicularizar os fazedores de ídolos. "A quem irás *dᵉmut* de Deus? E qual é a *dᵉmut* que tu arranjarás para ele?" (Is 40,18, tradução literal). O máximo que um idólatra pode fazer é construir uma imagem, *pesel*, que não pode sequer se mover.

⁶⁶ Dionísio, *Hierarquia Eclesiástica* 444C.

Santo, una os anjos conosco, as imagens [...]'"; e "Se você se tornar luz, essa será a luz que você compartilhará. Se você se tornar um dos que pertencem ao alto, são esses que pertencem ao alto que residirão em você". E temos outras passagens como essa, em que a câmara nupcial está no lugar das "Formas", pelas quais a criação é ordenada.

> No tempo presente, temos as coisas manifestas da criação [...] Em contraste com as manifestações da verdade, elas são fracas e desprezíveis, ao passo que as coisas ocultas são fortes e estimadas. Os mistérios da verdade são revelados, embora em tipo e imagem. A câmara nupcial, todavia, permanece oculta. Ela está no santo dos santos. O véu ocultou, primeiramente, como Deus controlou a criação [...].[67]

A *dᵉmut* e sua manifestação física podem indicar como era compreendido o Salmos 110,4: "Tu és sacerdote para sempre, *segundo* a ordem de Melquisedec". Tratava-se, para os cristãos, de um texto de confirmação importante. As palavras originais em hebraico '*al dibrāthi* não têm esse significado em outros lugares, e a tradução siríaca[68] escolheu *badmutah*, dizendo que o rei seria a *dᵉmut* de Melquisedec. Isso explica Hebreus 7,15: "outro sacerdote surge, à *semelhança* de Melquisedec", sugerindo que Melqui-Zedec era uma "Forma" celestial com várias manifestações físicas. Teodoto, gnóstico egípcio do século II EC, cujas ideias são muito parecidas

---

[67] *Evangelho de Filipe* CG II,3,58.79.84.
[68] Conhecida por Peshitta, a versão "simplificada". O Antigo Testamento foi traduzido do hebraico talvez no século II da Era Comum.

às encontradas no Evangelho de Filipe, disse algo similar: o Filho foi "esboçado no Início".⁶⁹

Os *Cânticos do Sacrifício Sabático* de Qumran mostram mais desse universo flamejante que compõe o santo dos santos, além de introduzir outros termos técnicos, embora os textos estejam fragmentados e corrompidos. Cada *dᵉmut* estava entalhada no interior do santo dos santos. "A assombrosa *dᵉmut* do mais santo espírito entalhado [...] a *[dᵉm]ut* do 'elohim vivo, que está entalhada no vestíbulo onde entra o rei, imagens dos espíritos de luz [...]".⁷⁰ Outra palavra cujo significado era semelhante ao termo *dᵉmut* era *tsūr* (plural *tsūrot*): "os espíritos do conhecimento da verdade e da justiça, no santo dos santos, os *tsūrot* de 'elohim vivos, imagens dos *tsūrot* de 'elohim entalhadas por toda a volta [...]".⁷¹ Nos textos judaicos posteriores, *tsūrot* são os anjos, mas nas escrituras hebraicas o termo *tsūr* tem sido frequentemente obscurecido porque as mesmas letras formam o termo "rocha". Em cada um dos exemplos seguintes, o termo "rocha" não aparece na LXX, o que nos indica que o tradutor não pensava que o texto se referisse a uma rocha. Por outro lado, essas passagens se tornam muito esclarecedoras quando *tsūr* é traduzido como "O Invisível": "O Deus de Israel falou, a *Rocha* de Israel disse-me [...]" (2 Samuel 23,3); "A *Rocha*, sua obra é perfeita; pois todos os seus meios são justos [...]" (Deuteronômio 32,4); "Ele abandonou o Deus que o criara, desprezou a sua *Rocha* salvadora [...]" (Deuteronômio 32,15); "Porventura existe

---

⁶⁹ Clemente de Alexandria, *Excertos de Teodoto* 19.
⁷⁰ *Sabbath Songs*, 4Q405,14-15.
⁷¹ 4Q405,19.

um Deus, *'eloah*, fora de mim? Não existe outra *Rocha*, eu não conheço nenhuma" (Isaías 44,8).[72] Nos *Cânticos do Sacrifício Sabático*, os *tsūrot* estavam "entalhados" no santo dos santos, presumivelmente a maneira que tinham para descrever uma entidade distinta, num estado fora do tempo e da matéria. Outro hino declara: "Tudo está entalhado diante de ti, um registro inscrito das estações perpétuas, o registro dos ciclos dos anos eternos e suas estações eternas".[73] Nas escrituras hebraicas, são muitas as "coisas entalhadas" e incluem não apenas objetos mas também as leis que balizam a conduta humana, do mesmo modo que as Formas Platônicas incluíam tanto objetos quanto qualidades. As traduções para o inglês usam uma variedade de termos, de modo que obscurecem o padrão, mas caso adotemos uma tradução literal, fica claro que esses entalhes precediam a criação física, de modo que deviam existir no estado anterior ao mundo físico do santo dos santos. Jeremias, contemporâneo de Ezequiel, sabia que o padrão da criação fora entalhado [gravado] de antemão: os limites do mar haviam sido fixados por um "um entalhe da eternidade" (Jeremias 5,22, tradução da autora); "os entalhes da lua e das estrelas [...] se essas coisas entalhadas abandonarem a minha presença, diz o Senhor [...]" apenas então Israel deixaria de ser (Jeremias 31,35-36, tradução da autora). O livro de Provérbios não pode ser datado com precisão, mas o capítulo sobre a Sabedoria, em seu papel durante a criação, revela que ela estava lá quando os entalhes foram feitos, antes de o mundo material ser criado. Traduzindo literalmente: "Quando ele preparou os céus,

---

[72] Há muitos exemplos.
[73] *Thansksgiving Hymns*, 1QH IX,25b-26.

eu estava lá, quando entalhou um círculo na face do abismo [...] quando estabeleceu o mar em seu entalhe [...] quando entalhou as fundações do mundo [...]" (Provérbios 8,27-29, tradução da autora). A vida humana fora entalhada: "Tu fizeste esse entalhe [tu o fixaste] e ele não pode ultrapassá-lo" (Jó 14,5, tradução da autora). Todas as leis da vida foram assim entalhadas: a lei de Moisés compreendia "coisas entalhadas", o que é frequentemente traduzido por "estatutos" (como em Levítico 10,11; Números 30,16; Deuteronômio 4,6; Salmos 119,5).

Em textos posteriores, os entalhes estavam no trono. Quando os anjos foram convocados para que vissem Jacó a dormir em Betel, o Senhor diz: "Venham, vejam Jacó, o piedoso, cuja imagem está no trono da Glória".[74] Em 3 Enoque, observamos o papel dos entalhes no processo da criação. R. Ishmael, o sumo sacerdote, ascendeu ao céu onde os mistérios lhe foram revelados por Metatron, o grande anjo que fora anteriormente Enoque. Primeiro, foi-lhe mostrado os anjos em volta do trono, que eram as estrelas matutinas a cantar, filhos de Deus louvando em regozijo (Jó 38,7). Temos aí o primeiro estágio da criação. Então, à medida que os anjos proclamavam o Sanctus, todos os santos nomes entalhados [gravados] no trono saíam voando e compunham a falange celestial, alguns vinham de debaixo do trono. Em outras palavras, conforme os grandes anjos entoavam "Santo, santo, santo é o Senhor das Hostes; toda a terra é preenchida por sua glória" (Isaías 6,3), os nomes gravados no trono se tornavam os anjos que preencheriam em glória a criação. Então, R. Ishmael vê "letras entalhadas com

---

[74] Targum *Pseudo-Jônatas* Gênesis 28,12. Também aparece no *Gênesis Rabbah* LXVIII,12.

um estilete flamejante sobre o trono da glória", letras por meio das quais o céu e a terra foram criados.[75] Essa é a cena em Apocalipse 4; 5, na qual os seres celestiais cantam hinos para Aquele que está no trono. A chave para compreender essa visão é forma não usual atribuída ao Nome divino.

> Santo, santo, santo é o Senhor Deus Todo Poderoso,
> Que foi e é e que será [...]
> Pois tu criaste todas as coisas
> Por tua vontade elas existiram e foram criadas.
> (Apocalipse 4,8.11, tradução da autora)

A forma é a mesma dos Targumim. Quando o Senhor revelou seu nome na sarça ardente, o texto original diz o seguinte: "Deus disse a Moisés "SOU QUEM SOU" (Êxodo 3,14), mas, nesse caso, ninguém tem certeza de como se traduz o hebraico: *'ehyeh 'asher 'ehyeh*. O Nome, em outras passagens, fica *Yahweh*, uma forma na terceira pessoa. Na passagem da sarça ardente, temos a forma única na primeira pessoa, a revelação pessoal do Nome por seu portador. O Targum indica que o Nome não quis dizer EU SOU, mas, em vez disso, EU QUE CAUSO SER.[76] "Aquele que disse ao mundo, desde o começo, "Esteja lá" e esteve, e diz a ele "Esteja lá" e estará lá".[77] O estilo do Targum solicitou que ambas as ocorrências de "EU SOU" em Êxodo 3,14 fossem representadas, de modo que a primeira se referia à criação

---

[75] Resumindo 3 Enoque 38-41.
[76] O verbo hebraico em forma causativa, *hiphʻil*, em vez de na forma simples, *qal*.
[77] Logo, o Targum Fragmentado de Êxodo 3,14. Neofiti e o *Pseudo-Jônatas* são semelhantes.

no passado e a segunda no futuro. Assim, a forma do Nome na visão de João era apropriada para um hino dedicado ao Criador.

> Aquele-que-era, Aquele-que-é e Aquele-que-vem [...]
> Pois tu criaste todas as coisas
> Por tua vontade elas existiram e foram criadas.
> (Apocalipse 4,8.11).

O Senhor entronizado no coração da criação recebia o nome de Aquele que causa ser. Isaías viu o Rei, o Senhor das Hostes, e caso Senhor significasse "ele que causa ser", então, Senhor das Hostes significava "aquele que causa ser às hostes".[78] João provavelmente sabia que as hostes originaram-se como entalhes no trono, tornando-se seres distintos (destacando-se) à medida que ouviram o Sanctus.

Gênesis 1 alude a esse significado do Nome. A criação se concretiza no comando de *'elohim*: "Que se faça [...]", *y'hiy*, que é do mesmo verbo de "Yahweh"; e o relato dos seis dias da criação termina assim: "O céu e a terra assim foram concluídos, com toda a sua hoste" (Gênesis 2,1). No caso, "hoste" quer dizer tudo no céu e na terra, em vez de somente "os seres celestiais", e isso explica o motivo pelo qual na LXX temos "o céu e a terra e todo o seu *kosmos*, ordem". Sabemos, no entanto, que Pitágoras foi o primeiro grego a usar o termo *kosmos* para designar o universo,[79] e alguém pode imaginar o motivo, especialmente ao se saber que

---

[78] Parte do que se segue vem de W. H. Brownlee, "The Ineffable Name of God", *Bulletin of the American Schools of Oriental Research*, 226 (1977), p. 39-46.

[79] Aetius 2,1,1, em G. S. Kirk e J. E. Raven, *The Presocratic Philosophers*. Cambridge, Cambridge University Press, 1957, p. 229.

os pitagóricos, com seus nomes simbólicos para os números, diziam que seis era o *kosmos*.[80] Duas passagens na *Regra da Comunidade* de Qumran também indicam que Yahweh significava "Aquele que causa ser". Um dos títulos antigos do Senhor era o de "Deus do conhecimento" (1 Samuel 2,3), e parte da instrução para os "filhos da luz" se alicerça nesse título e no significado do Nome:

> Do Deus do conhecimento vem *tudo o que é e o que será*. *Antes de as coisas existirem*, Ele as estabelecera em sua forma, e quando, por vontade Dele, *passaram a existir*, fizeram-no segundo sua forma gloriosa, para que realizem a sua tarefa. As leis de todas as coisas estão nas mãos Dele e Ele as auxilia em todas as suas necessidades [...]
>
> *Todas as coisas passarão* por seu conhecimento;
> Ele estabelece todas as coisas em sua forma.
> E, sem ele, nada é feito.[81]

O Deus do conhecimento dá existência às coisas, o significado do *raz nihyeh*, o mistério do vir a ser. O termo *nihyeh* vem da mesma raiz de *Yahweh*. "Ordenados antes de vir a ser" refere-se aos "espíritos das criaturas no céu e na terra" que Moisés viu no Dia Um, juntamente com os outros anjos.[82] O cantor da segunda passagem de *A Regra da Comunidade* entoa os mistérios maravilhosos e canta, em contemplação, a sabedoria eterna, que

---

[80] Iamblichus, *Theologoumena Arithmeticae* 37, ed. V. de Falco, Lepzig, Teubneri, 1922.
[81] *Community Rule*, 1QS III 15-17; XI,11.
[82] Jubileus 2,2.

está escondida dos outros homens, exortando a presença da assembleia que se junta aos Filhos do Céu.

Conforme disposto nos *Cânticos do Sacrifício Sabático*, seguindo o mesmo raciocínio, as "Formas" foram entalhadas (gravadas); e segundo 3 Enoque as coisas entalhadas tornavam-se anjos. Fílon explica como os anjos se relacionavam com as "Formas". Ele é muito claro quando diz que aquilo que outros chamavam de "Formas", o seu povo chamava de anjos. Quando Moisés solicitou ao Senhor para que Este lhe revelasse a Sua glória, Fílon nos explica que "por tua glória compreendo os poderes que fazem guarda em volta de ti". E o Senhor respondeu:

> Os poderes que buscas conhecer não se discernem pela visão, mas pela mente [...] Mas, ainda que em essência estejam além de tua apreensão, não obstante apresentam para tua visão uma espécie de impressão e cópia de sua real estatura [...] É assim que tu deves conceber os meus poderes: aquilo que dá qualidade e forma às coisas que carecem de ambas e, ainda assim, sem alterar ou diminuir em nada de sua natureza eterna. Dentre vós, alguns os chamam, e não erroneamente, de "formas" ou "ideias", uma vez que dão forma a tudo o que existe, conferindo ordem à desordem, limite ao caos, fronteira aos desgovernados, forma ao que não tem forma e, em geral, transformando o pior em algo melhor.[83]

Portanto, para a tradição do templo foram os anjos que deram forma à criação visível; consequentemente, os místicos que

---

[83] Fílon, *Leis Especiais* I,47-8.

se viam diante do trono vivo e resplandecente aprendiam sobre a criação à medida que aprendiam sobre os anjos.

O CONHECIMENTO

Enoque ficou diante do trono e, então, registrou o que viu. Ele chamou sua experiência de visão da Sabedoria, e a temos na forma de três parábolas, embora não sejam parábolas como as de Jesus, mas sim no sentido de visões, outro sentido possível da palavra. As *Parábolas de Enoque*,[84] uma das seções de 1 Enoque, descreve o que ocorreu no santo dos santos. As *Parábolas* compreendem a mais detalhada fonte de informação sobre "conhecimento místico" associado ao templo; isto é, sobre as "coisas ocultas" que foram proibidas pelos deuteronomistas. Os deuteronomistas contrastavam a Lei, que também fora revelada, com as coisas no céu (Deuteronômio 29,29; 30,11-14).[85] O texto de *Parábolas* se encontra por vezes desordenado, e nele há óbvias inserções de conteúdo que quebraram a sequência original, e nenhuma parte desta foi encontrada nos textos de Qumran. Todavia, existe apenas um único contexto em que esses textos podem fazer sentido: o misticismo do templo. A substância de *Parábolas* é tão antiga quanto o material de Enoque, mesmo que sua forma presente não possa ser datada com precisão. Temos vários outros textos, tais como 2 Enoque, 3 Enoque e *Merkavah Rabbah*,[86] nos quais se têm as mesmas ideias de *Parábolas*, mas com mais detalhes. O que não podemos saber é se esses detalhes

---

[84] As *Parábolas de Enoque* são, por vezes, denominadas de *Similitudes de Enoque*.
[85] Ver acima, p. 92.
[86] E que significa "O Grande Trono em forma de Carro".

eram conhecidos pelo autor de *Parábolas* ou se foi o caso de desenvolvimentos posteriores, ainda que inseridos na mesma tradição cultural. No mínimo, esses outros textos indicam como *Parábolas* era compreendido.

Em sua visão, Enoque se vê diante do trono, ouve os Sanctus e se sente transformado. Ele vê e ouve a "multidão incontável" e as quatro presenças.[87] Então, "o anjo da paz" mostrou-lhe todas as coisas ocultas.[88] Esse anjo se manifesta várias vezes em *Parábolas* como o revelador das coisas ocultas, tanto na criação quanto na futura punição dos maus,[89] mas os anjos da paz aparecem primeiro em Isaías: "Os anjos da paz choram amargamente [...] a aliança foi rompida [...] a terra, coberta de luto, fenece [...]" (Isaías 33,7.8.9). Em outra passagem, Isaías mostra que era essa a aliança eterna, também conhecida como a aliança da paz.[90] Porém, "paz", *shalōm*, significa mais do que simplesmente "paz", no sentido hoje atribuído ao termo, pois significa completo e perfeito – tudo o que a criação traçou. No rompimento da aliança, a criação principiou o seu colapso. As mesmas letras também designam "retribuição", *shillem*, de modo que o anjo da paz em Enoque também presidia os processos de punição. Na verdade, o anjo da paz era o anjo da aliança da paz, e quando este mostra a Enoque o conhecimento da criação, a forma como o reino era dividido e, não obstante, ligado entre si, ele, de fato, revela a si mesmo. A estreita associação entre paz e punição era conhecida da Igreja primitiva: João viu o reino

---

[87] Ver acima, p. 123-24.
[88] 1 Enoque 40,2.
[89] 1 Enoque 52,5; 53,4; 54,4.
[90] Isaías 24,4 usa o mesmo vocabulário.

do Messias proclamado na terra com recompensa aos servos e punição aos destruidores (Apocalipse 11,18). O texto de Apocalipse está em grego, mas, ainda assim, encontramos o jogo de palavras do antigo templo: *shalōm* e *shillem*, e também temos "serve" = '*ābad*, e "destrói" = '*ibbad*.

Depois de ser transformado, Enoque contempla "todos os segredos do céu, vendo como o reino é dividido e como as ações dos homens são pesadas na balança". Essa é uma síntese do que se segue em *Parábolas*.[91] O reino, como vimos, era o santo dos santos, de modo que Enoque contempla como a Unidade original estava dividida entre os muitos da criação visível e, logo em seguida, como os pecadores eram punidos. Primeiramente, ele contempla os segredos do trovão, do relâmpago e dos ventos; então ele vê os segredos do sol, da lua e das estrelas, e como os astros se associam às órbitas por meio de um grande juramento, e como o Senhor dos Espíritos os chama, a todos, por seus nomes. Três palavras-chave aparecem pela primeira vez: os relâmpagos e as estrelas eram *pesados* na balança da *justiça* segundo sua proporção de *luz*. A base da aliança da paz, isto é, a ordem da criação, constituía o grande juramento que incluía os pesos, medidas e proporções corretos e "justiça", que significava tudo em seu devido lugar.[92]

Em sua segunda *Parábola*, Enoque viu o Escolhido em forma humana, entronizado em glória. Esse Homem "tinha" justiça, o que em outras palavras significa ter o poder de restaurar e elevar a justiça, como também o poder de julgar os

---

[91] 1 Enoque 41,1. D. W. Sutter, *Tradition and Composition in the Parables of Enoch*. Missoula, Scholar Press, 1979, p. 40-141.
[92] 1 Enoque 41; 43; 44.

injustos. Enoque viu a realidade celestial que foi replicada no dia da expiação no templo – a oferenda da vida/sangue Daquele que é Justo a fim de que se restaurasse a eterna aliança que fora rompida – e então ele viu, ao lado do trono, a fonte de justiça e as fontes de sabedoria. Uma vez que Sabedoria era a percepção de manter a ordem certa das coisas, neste caso Justiça e Sabedoria se tornam sinônimos. O Escolhido foi nomeado, isto é, recebeu o Nome. Sabendo-se que a visão ocorreu no santo dos santos, o Escolhido recebeu o nome "antes que o sol e os sinais fossem criados, antes que as estrelas do céu fossem feitas".[93] Então, todos os seres da terra o adoraram – uma cena agora familiar. O Escolhido sentou-se para o julgamento e todos os metais da terra se derreteram aos seus pés como se fossem de cera e, assim, perderam o seu poder: não há mais ferro, bronze ou latão para o fabrico de armas, não há mais chumbo, prata e ouro.[94]

Estamos diante do triunfo sobre os anjos caídos que haviam se rebelado, que haviam quebrado a harmonia original e corrompido a terra com seu conhecimento. O material mais antigo em 1 Enoque diz que Azazel, o líder dos caídos, iniciara a corrupção da terra ao ensinar aos homens a manufatura dos metais: como fabricar armas e joias, conduzindo a humanidade à guerra e à fornicação.[95] Isaías também sabia disso: as suas profecias – e dessa forma supõe-se a religião do Primeiro Templo – não dão notícia sobre os Dez Mandamentos, mas, por outro lado, condenam uma terra repleta de prata, ouro, carros de guerra e armas, e de

---

[93] 1 Enoque 48,3.
[94] 1 Enoque 52,1-9.
[95] 1 Enoque 8,1-2.

mulheres ricamente adornadas com joias (Isaías 2,6-8; 4,18-23). Azazel aparece nas escrituras hebraicas (Levítico 16,7-10), quando é representado pelo bode expiatório ritualmente banido e aprisionado todo ano no dia do ritual da expiação, no dia em que o sangue do Justo era levado para o céu.[96] Os acadêmicos ficam intrigados e confusos diante desse ritual com Azazel – outras evidências, caso solicitadas, mostram como a tradição do templo foi negligenciada.

Em sua terceira *Parábola*, Enoque viu bênçãos futuras aos justos e escolhidos na luz da vida eterna. Segue-se, então, um relato mais longo sobre as coisas ocultas, suas divisões e medidas – como os ventos são pesados e como as estrelas são divididas – logo em seguida, temos a descrição dos anjos responsáveis pelos fenômenos naturais: anjos das geadas e chuvas de granizo, anjos responsáveis pela condução do espírito da chuva, e daí por diante.[97] Esses anjos também são descritos em Jubileus: "os anjos do espírito de fogo [...] dos ventos [...] das nuvens e da escuridão, da neve, do granizo e da geada [...] do trovão e do relâmpago [...] do frio e do calor, do inverno e da primavera, da colheita e do verão [...]".[98] Na terceira Parábola, há outro relato de anjos caídos e ensinamentos que destruíram a criação, e como tentaram, embora em vão, saber do arcanjo Miguel o Nome oculto que assegurava a ordem da criação. Nesse caso, estão presentes os fragmentos de um poema que descrevem como o grande juramento assegurava a existência dos céus e da

---

[96] Eles interpretavam Levítico 16,8 no sentido de dizer que o bode era "como Azazel", e não "para Azazel".
[97] 1 Enoque 58; 60.
[98] Jubileus 2,2.

terra, os limites do mar, as órbitas do sol, da lua e das estrelas.[99] Esses eram os laços da aliança eterna que Isaías sabia que haviam sido quebrados no momento em que a criação começou a definhar, o que levou os anjos da paz às lágrimas. Os laços eram restaurados no dia da expiação, quando o sumo sacerdote aspergia a vida/sangue e colocava os pecados de Israel sobre o bode expiatório para, então, proclamar o Nome, a consagração audível da criação renovada.[100] Esse é o contexto provável da penitencial *Oração de Manasseh*,[101] que se dirige ao Senhor nos seguintes termos:

> Tu que fizeste o céu e a terra em toda a sua ordem;
> Tu que contiveste o mar com a voz do teu comando,
> que confinaste o abismo
> E que ocultaste com o selo o teu terrível e glorioso Nome [...]
>
> (Oração, 3)

O retrato enóquico da criação, que era assegurada pelos laços da aliança e selada com o Nome, implicava a visão de mundo do Primeiro Templo. Isaías descreveu os laços rompidos da criação e Ezequiel descreveu o selo. O texto é difícil porque não conhecemos, ao certo, as suas referências, mas Ezequiel descreve um *cherub* ungido que era "o selo da proporção, *toknit*" ou "selo do padrão, *tabnit*",[102] repleto de

---

[99] 1 Enoque 69.
[100] Mishná *Yoma* 6,2.
[101] Um texto, escrito no final do segundo período do templo, foi incluído numa coleção de odes anexadas ao saltério no Códice Alexandrino do século V EC.
[102] Ambos os termos se assemelham em hebraico.

sabedoria e trajado como um sumo sacerdote. O *cherub* fora expulso do céu porque ele/ela[103] abusara de seu saber e se tornara injusto (Ezequiel 28,12-19), em outras palavras, esse anjo fracassou na manutenção da aliança, papel a ser executado por um *cherub* ungido e trajado como sumo sacerdote. Sabemos que o sumo sacerdote ostentava o Nome em sua fronte com o selo de ouro, mas a prescrição disso em Êxodo deve ser lida "Grave nele os entalhes de um selo santo que pertencem ao Senhor" (Êxodo 28,36). Em outras palavras, o selo portava apenas o Nome, e desde ao menos a época de Ezequiel o Nome era representado por uma cruz diagonal.[104]

Não obstante isso é encontrado em *Timeu*, e Justino, escrevendo em meados do século II EC, sabia que Platão retirara esse conteúdo de "Moisés". Justino estudou filosofia antes de se tornar cristão e estava certo que não somente os laços mas também o selo em formato de "X" descrito por Platão tinham origem nas escrituras hebraicas. Platão escreveu:

> [Deus] então, cortou toda essa composição em duas partes no sentido do comprimento e, sobrepondo-as, ao fazer coincidir o centro de uma com o centro da outra (semelhante a um X) dobrou-as em círculo, juntando uma à outra pelo ponto oposto àquele pelo qual tinham sido ligadas em cruz.[105]

---

[103] Essa é outra passagem em que temos uma combinação entre formas no masculino e no feminino, como nas visões de Ezequiel do trono em forma de carro.

[104] Os anjos foram ordenados para colocar uma "marca" sobre os fiéis, literalmente a letra *tau*, que na época era escrita com um "X" (Ezequiel 9,4-6).

[105] Platão, *Timeu* 36, e Justino, *Apologia* I,60.

Platão descreveu esses laços como a "alma", que tanto envelopava o mundo quanto estava trançada por ele, "a alma invisível que está dotada de razão e harmonia".[106] Reconhecemos essa alma como a "Sabedoria" que mantinha todas as coisas juntas em harmonia (LXX Provérbios 8,30), e que "permeia e penetra todas as coisas" (Sabedoria 7,24).

Os outros textos de Enoque nos dão mais detalhes: 2 Enoque diz que o profeta foi ungido e transformado num anjo para ser instruído em todas as coisas do céu e da terra.[107] Finalmente, ele ensinou os seus filhos: "Agora, portanto, meus filhos, sei de tudo; algumas coisas dos lábios do Senhor, outras meus olhos viram desde o começo [da criação] até o fim".[108] Ele, então, forneceu as listas das medidas e dos números da criação. Ensinamentos desse tipo provavelmente estiveram disponíveis aos primeiros cristãos. O que mais João poderia ter em mente ao escrever "Vós tendes recebido a unção e todos possuís a ciência" e "a Sua unção ensina tudo" (1 João 2,20.27)?

Em 3 Enoque, temos uma quantidade maior de elementos relativos aos nomes e papéis dos anjos, e, como vimos, dos nomes entalhados (gravados) no trono. Fica claro que os anjos "eram" vistos como fenômenos naturais, e aprender sobre eles significava instruir-se no conhecimento da criação. O saber referente aos anjos compreendia a ciência natural da época, uma vez que eram vistos como os princípios invisíveis que a ciência moderna chamaria de "leis da natureza".[109] Dionísio, como vimos, expressava a mesma ideia:

---

[106] Platão, *Timeu* 37.
[107] 2 Enoque 22,8; 23,4.
[108] 2 Enoque 40,1.
[109] A diferença entre "anjos" e "leis da natureza" é que os anjos são seres viventes e, dessa forma, efetuam mudanças na criação, ao passo que as leis da natureza são meramente descritivas.

Por meio dos esforços dos mediadores [dos anjos], ele que é a Causa e, de fato, o autor de toda a purificação trouxe do domínio do oculto as obras de sua própria providência, até o ponto em que se tornaram visíveis para nós.[110]

A mais antiga lista de nomes de anjos que conhecemos foi encontrada em Qumran, num fragmento de Enoque. Todos os nomes são formados de *'el, Deus,* como também o nome de alguns fenômenos naturais: *Ramt'el,* que significa calor abrasador de Deus; *Kokab'el,* estrela de 'Deus; *Ra'm'el,* trovão de Deus; *Matar'el,* chuva de Deus, e assim por diante.[111]

Um texto semelhante a 3 Enoque é *Merkavah Rabbah*,[112] e embora mostre a tradição do templo então usada na execução de práticas mágicas, uma prática posterior que "usava o mistério", o texto, não obstante, ainda preserva elementos antigos valiosos. Um aspecto central do grande mistério era a *Shema'*, a afirmação de que o Senhor, nosso *'elohim,* é Um. Uma vez apreendido esse mistério da unidade, o místico seria capaz de ver o mundo de uma forma nova.

> Ishma'el/ele disse: Quando os meus ouvidos ouviram esse grande mistério,
> O mundo mudou ao meu redor, tornando-se um lugar resplandecente,

---

[110] Dionísio, *Hierarquia Celestial* 308A.
[111] Reconstruído por J. T. Milik, em *The Books of Enoch. Aramaic Fragments of Cave 4*. Oxford, Clarendon Press, 1976, p. 152. Os nomes são as formas mais antigas dessas denominações em 1 Enoque 8,3.
[112] Como ocorre em todos esses textos, a data precisa de sua composição é desconhecida, mas o material tem características consistentes e reconhecíveis.

> E meu coração palpitou a participar de um novo mundo,
> E a cada dia, assim parecia à minh'alma,
> Como se eu estivesse diante do trono da glória.[113]

No *Merkavah Rabbah*, o mistério era por vezes denominado de *middoth*, literalmente "as medidas", uma vez que medida e proporção compreendiam, por completo, o sistema gravado [entalhado]. O *cherub*, o sumo sacerdote, era o selo da proporção/plano, e o Evangelho de Filipe nos diz que Messias poderia significar tanto ungido quanto medido (ou, talvez, medidor?).[114] Um texto judaico do início do século II EC diz que, quando esteve no Sinai, Moisés recebeu as medidas: as do fogo, das profundidades dos abismos, o peso dos ventos, o número das gotas de chuva, a altura do ar [...] Ele também viu a raiz da sabedoria e a fonte do conhecimento, os anjos, os arcanjos, e assim por diante.[115]

As medidas dispostas no grande entalhe da criação eram conhecidas de Ezequiel, embora ele as expressasse de forma diferente. O templo representava a criação, assim, as medidas do templo simbolizavam a ordem correta do mundo natural e da sociedade humana. Um "homem" flamejante com uma cana de medir aparece a Ezequiel, informando-lhe as medidas corretas para o novo templo (Ezequiel 40,1-4). Ezequiel teve de repassar as informações ao seu povo: "Descreva o templo à casa de Israel para que eles se envergonhem de suas transgressões/iniquidades e meçam o plano/proporções" (Ezequiel 43,10, tradução literal). "Transgredir", *'āwāh*, significava tanto deformar quanto pecar, de modo que o profeta conclui a lista das medidas do templo

---

[113] *Merkavah Rabbah* 680.
[114] *Evangelho de Filipe*, CG II,3,62.
[115] 2 *Baruc* 59,5-12.

condenando os príncipes de Israel e exortando-os ao que é direito e à justiça, retificando as coisas. Isso incluía pesar e medir com honestidade no mercado e nas feiras! (Ezequiel 45,9-12).

* * *

Os místicos do templo viam o trono e eram instruídos nos segredos do santo dos santos. Os textos de Qumran nos falam de um *raz nihyeh*, o mistério de como as coisas vieram a ser ou, nas palavras de 1 Enoque, como o reino se dividia.[116] Os místicos do templo sabiam que os entalhes gravados no trono se descolavam durante o delineamento do mundo material. Eles também sabiam que a obediência dos anjos, descrita como adoração incessante e louvor musical, mantinha os muitos na unidade. O serviço sacerdotal no templo e a música dos levitas replicavam a realidade celestial, não como "criação" mas como "(re)criação", isto é, como reparação.

Ezequiel viu o trono e, sobre ele, a *d'mut* da glória do Senhor que apareceu, em sua visão, como um Adão flamejante. O Senhor – "Aquele que causa ser", o Criador – foi visto em forma humana. A história dizia que Adão perdera a visão e não mais conhecia a *d'mut*: "Por causa do pecado, não foi dado ao homem conhecer a *d'mut* que está no alto; não fosse por isso, todas as chaves seriam dadas a ele, e ele saberia como os céus e a terra foram criados".[117] Ao perder a visão, Adão também perdeu a Sabedoria, o conhecimento que lhe permitia assegurar a aliança e, portanto, preservar a criação. A comunidade de Qumran esperava

---

[116] 1 Enoque 41,1.
[117] Atribuído a R. Nathan, que viveu na metade do século II EC, em *Abot de R. Nathan* 39.

reconquistar o antigo e almejado estado adâmico e os seus membros se descreviam como um povo que "Deus escolheu para uma aliança eterna". Eles esperavam recuperar "toda a glória de Adão" e assim apreender "o conhecimento proveniente do Altíssimo [...] a Sabedoria dos filhos do céu".[118] Olharemos, agora, para a figura humana que reocuparia o trono, que recuperaria a glória perdida, o conhecimento celestial e a sabedoria angelical, que restauraria a aliança eterna. Essa figura era chamada de Servo.

---

[118] *Community Rule*, 1QS IV.

Capítulo V

O SERVO

Os Servos do Senhor eram os místicos do templo. Nas escrituras hebraicas, o termo servo designava geralmente um escravo ou um súdito, mas existem várias passagens em que "Servo" parece indicar um título especial. Um servo poderia ser um sujeito piedoso. O "Serviço" era um ato de adoração, e "servir o serviço" era o termo técnico que descrevia o trabalho dos levitas: "ministrar no tabernáculo" (Números 3,8) significava literalmente "servir o serviço do tabernáculo". Os cantores levitas eram servos do Senhor no templo (Salmos 134,1; 135,1), e os profetas também eram servos do Senhor (Jeremias 7,25; Ezequiel 18,17; Amós 3,7; Zacarias 1,6). Grandes homens foram chamados de servos: "Meu servo Abraão" (Gênesis 26,24); "Meu servo Moisés" (Números 12,7; Malaquias 4,4), "Meu servo Davi" (Salmos 89,20; Ezequiel 34,23.24). Esses homens viram o Senhor: Abraão viu o Senhor em Mambré (Gênesis 18,1); Moisés falou com o Senhor face a face e contemplou a sua forma, *t^emunah* (Números 12,7-8); Davi viu o homem ascendendo (1 Crônicas 17,17, caso seja esse o significado desse texto difuso). "Meu servo o Ramo", por outro lado, indica uma figura messiânica (Zacarias 3,8). O Servo do Senhor descrito por Isaías (Isaías 42,1; 52,13) era o Messias, segundo o Targum e os primeiros cristãos, embora não segundo o Texto Massorético.[1] O Servo atraiu a atenção dos escribas corretores.

"Servo" era o título preferido para se referir à figura de Jesus no período da Igreja primitiva em Jerusalém. Pedro falou do Servo de Deus, *pais*, Jesus, que também era o Santo e o Justo, o Autor da Vida e o Messias (Atos dos Apóstolos 3,13-18). Os cristãos de Jerusalém reconheciam que Jesus "teu santo Servo", *pais*, fora ungido e cumprira o Salmo 2 – "o Senhor e seu ungido" – e esses sinais e maravilhas tinham ocorrido "por meio de teu santo servo, *pais*, Jesus" (Atos dos Apóstolos 4,27,30). Um hino primitivo exaltava Cristo Jesus que tomara a forma de servo, *doulos*, ao encarnar (Filipenses 2,7). Excetuando-se o Novo Testamento, o relato mais antigo que temos da Eucaristia está na Didaquê, em que lemos "teu Servo Jesus": a oração com o pão era "Damos graças a ti, nosso Pai, pela vida e pelo conhecimento que nos deste por meio de Jesus, teu Servo"; e a ação de graças após o recebimento do vinho e do pão era celebrada: "Graças sejam dadas a ti, Pai santo, em teu sagrado Nome que fizeste morada em nossos corações, e pelo conhecimento, fé e imortalidade que tu nos revelaste por meio de Jesus, teu Servo [...]". "A nós deste comida e bebida espirituais para a vida eterna por Jesus, teu Servo [...]".[2]

Nesses exemplos, os termos em grego usados para "Servo" eram traduções subjacentes do hebraico ou aramaico, de modo que *pais* e *doulos* revelam a existência de tradutores diferentes. O termo *pais* também pode significar uma criança, o que explica "a tua santa criança Jesus", em algumas versões do inglês.

---

[1] Ver abaixo, p. 254-55.
[2] Didaquê 9; 10.

A menos óbvia das traduções era o "Cordeiro de Deus" de João, um título que envolve não apenas um jogo de palavras, mas também o código do antigo templo ao descrever seres humanos como "animais" e seres celestiais como "humanos". O jogo de palavras está no fato de o termo aramaico para servo ser *talyā'*, literalmente "jovem", e que também significava um cordeiro. No livro do Apocalipse, o Cordeiro é o Servo em seu aspecto celestial. Ao usar "animais" e "humanos", o código do templo assinalava que o Cordeiro entronizado no céu era a figura humana que Isaías e Ezequiel viram entronizada. Um cordeiro com sete olhos e sete chifres assemelha-se a uma criatura de ficção científica, um alerta para não lermos o Apocalipse de forma demasiadamente literal. O que João viu foi o Cordeiro/Servo entronizado, repleto de luz (em seus sete aspectos) e de Espírito (em seus sete aspectos), e que estava de pé, isto é, ressuscitado, ainda que o tivessem matado (Apocalipse 5,6-7).

HOMENS E ANJOS

O código "animais e homens" é importante para que se entenda uma crença central dos místicos do templo, e que pode ser demonstrada com base em 1 Enoque. Em uma de suas seções, *As Visões*, há um relato sobre a história de Israel e Jerusalém. Os personagens humanos do bem são representados como animais ritualmente puros, ao passo que seus inimigos o são como animais impuros. Assim, Adão era um touro branco, e os doze filhos de Jacó ovelhas brancas; por outro lado os egípcios eram lobos,[3] filhos de anjos caídos, e suas esposas eram elefantes,

---

[3] 1 Enoque 85,3; 89,2.14.

camelos e asnos.[4] A narrativa bíblica diz que era uma descendência de anjos caídos, *nephilim*, e heróis, *gibborim*, dos tempos antigos (Gênesis 6,4). A versão em Enoque é mais completa e nos diz que a descendência não era composta somente de gigantes e de *nephilim*, mas também de *elioud*, possivelmente uma corruptela do hebreu *yeled* = criança.[5] Esses nomes mostram a sofisticação do jogo de palavras nas histórias com os animais: elefantes, camelos e asnos são todos trocadilhos e anagramas para os *nephilim*, *gibborim* e *elioud*.[6] Assim sendo, o Servo, em seu estado humano, era caracteristicamente chamado de Cordeiro; o nome era o mesmo.

Anjos eram "homens". Enoque foi alçado ao alto por três "homens" de branco,[7] e um "homem" registrava todos os pecados de anjos pastores infiéis.[8] Isso também está na Bíblia: o "homem" Gabriel vem a Daniel (Daniel 9,21); um anjo media a cidade celestial "pela medida de um homem, ou seja, de um anjo" (Apocalipse 21,17); e na manhã de Páscoa a mulher que vai ao túmulo e vê dois homens em trajes resplandecentes, que se apresentam como anjos (Lucas 24,4.23). Sabendo-se que "filho do homem" é uma expressão que indica um ser humano,[9] "*Filho do Homem*", *usada como título, significava o Homem, ou seja, um ser celestial em forma humana*. Daniel viu um deles "como um filho do homem"[10] vindo com as nuvens (Daniel 7,13), e que, no

---

[4] 1 Enoque 86,4.
[5] 1 Enoque 7,2.
[6] Sugerido por J. T. Milik, *The Books of Enoch. Aramaic Fragments of Qumran Cave 4*. Oxford, Clarendon Press, 1976, p. 240.
[7] 1 Enoque 87,2-3.
[8] 1 Enoque 90,14.17.
[9] Existe grande controvérsia sobre essa expressão quando remetida a Jesus.
[10] "Como", nesse caso, é apenas a preposição, e não o termo "semelhança".

caso, assinalava um humano entronizado e transformado num ser divino. Para João, isso significava o Cordeiro se aproximando do trono (Apocalipse 5,1-14). Jesus conta uma parábola sobre ovelhas e bodes, isto é, sobre seres humanos, quando o Filho do Homem vem com seus anjos para o julgamento (Mateus 25,31-46). "Animais" que tornam-se "homens" era o código enóquico da manifestação da *theosis*: Noé nascera touro e tornara-se homem, Moisés fora uma ovelha e tornara-se homem.[11]

O Evangelho de Filipe revela a diferença entre "animais" e "homens", indicando o que ocorria na transformação. Um texto em fragmentos foi reconstruído: "Há duas árvores que crescem no Paraíso. Uma carregada [de animais?] a outra de homens. Adão [comeu?] da árvore carregada de animais e se tornou um animal [...] [Se ele?] comesse o [ ] fruto que [...] carregada de homens [...]".[12] A mensagem é clara: comer da árvore proibida fez de Adão um animal, mas caso ele tivesse comido da árvore da vida, ele teria sido feito homem. O texto fica ainda mais fragmentado, mas parece dizer que se Adão tivesse permanecido no estado pretendido, os "deuses" o louvariam.[13] A diferença entre um animal e um homem passava pela Sabedoria, já que "[Sabedoria] designava a árvore da vida para os que a cultivam [...]" (Provérbios 3,18). Jesus promete aos seus fiéis seguidores que eles seriam novamente capazes de comer da árvore da vida (Apocalipse 2,7; 22,14), ou seja, que seriam restaurados ao estado "humano", pretendido para Adão.

A fim de estabelecer o (Filho do) Homem em seu contexto, temos de olhar brevemente o que os primeiros cristãos poderiam

---

[11] 1 Enoque 89,1.36.
[12] *Evangelho de Filipe*, CG II,3.71.
[13] Essa é uma referência à história não bíblica de Adão entronizado.

saber da figura de Adão, e que ultrapassava em muito o material de Gênesis. Adão perdeu a sua condição de "Homem", e o Servo a reconquistou. Jesus era chamado de "O Servo", mas foi também chamado de "Segundo Adão" (1 Crônicas 15,45-50), aquele que revertera a queda adâmica no Éden.

Em primeiro lugar, temos a versão de Ezequiel da história de Adão e Eva. Ezequiel nos descreve um *cherub* ricamente adornado de joias que é expulso do Éden (Ezequiel 28,12-19). Esse *cherub* se veste como um sumo sacerdote, assim está no texto da LXX, ainda que o Texto Massorético atenue os adereços (Ezequiel 28,13) e não estabeleça ligação com o sumo sacerdócio. O *cherub* foi criado como selo do plano/proporção, presumivelmente aquele que selou a aliança eterna, e estava repleto de sabedoria e perfeito em beleza (Ezequiel 28,12), caminhando entre as pedras/filhos de fogo. Em razão de seu orgulho, corrupção, iniquidade e injustiça, o que tornou seus santuários impuros, o *cherub* foi lançado à terra e feito mortal. De fato, temos o relato de uma figura mais exótica que o Adão de Gênesis, mas pode muito bem ser o caso de ser a forma como Ezequiel conhecia a história. Do mesmo modo que a figura em Gênesis que, inicialmente, é masculina e feminina, o/a *cherub* é descrito(a) como uma mistura de formas masculinas e femininas, e há forte suspeita de que não se tratava, originalmente, do rei de Tiro. "Tiro", *tsōr*, é escrito da mesma forma que *tsūr*, o arquétipo entalhado no santo dos santos,[14] e o versículo quase opaco que descreve as joias do sumo sacerdote também menciona o que poderiam ser "entalhes" – mas não se pode ter certeza. Nunca poderemos saber exatamente o que Ezequiel escreveu, mas o tradutor da LXX avaliou que o

---

[14] Ver acima, p. 202.

cherub expulso do Éden era um sumo sacerdote. Os *Cânticos do Sacrifício Sabático* de Qumran descreviam os anjos sacerdotes como "entalhes" preciosos. Talvez, o ungido e sábio *cherub* fosse, originalmente, o arquétipo celestial do sumo sacerdote. De fato, a tradição judaica se lembrava de Adão como o sumo sacerdote original. Ao analisar os seis estágios originais para a edificação do tabernáculo, comparando-os aos seis dias da criação,[15] nota-se que a purificação do sumo sacerdote correspondia à criação de Adão (Êxodo 40,30-32; Gênesis 1,26-31). O texto em Gênesis também indica que Adão era sumo sacerdote no Éden. As palavras tão conhecidas de que fora colocado no jardim para que "o cultivasse e o guardasse" (Gênesis 2,15) são termos técnicos associados ao serviço do templo: "cultivar", *ābad*, significava ministrar o serviço do templo, ser o Servo; e "guardar", *shāmar*, significava preservar a tradição e o ensinamento. Nenhuma discussão no mundo antigo considerava Adão um jardineiro; ele era o sumo sacerdote.[16] Ele vestia os trajes da glória, e uma versão mais antiga de Gênesis dizia que Deus fizera, para o par humano, trajes de luz, '*ōr*, em vez de trajes de pele, '*ōr*.[17] Ben Sira descreve a Sabedoria como uma indumentária da glória (Ben Sira 6,30-31), e outro texto, o *Apocalipse de Moisés*, diz que Adão vestia-se em trajes de glória e justiça.[18] Os cristãos também sabiam disso: Efrém, escrevendo na Síria do século IV EC, disse

---

[15] Ver acima, p. 42.

[16] *Gênesis Rabbah* XVI,5.

[17] As vestes do sumo sacerdote retratavam a glória e a beleza (Êxodo 28,2); eram denominadas de "trajes de luz" no pergaminho de R. Meir, ver *Gênesis Rabbah* XX,12, o pergaminho levado pelos romanos durante a pilhagem do templo em 70 EC.

[18] *Apocalipse de Moisés* 20,1-2.

que Deus vestira Adão em glória,[19] e um texto de Sabedoria de Nag Hammadi descreve um discurso da Sabedoria, falando com seus filhos nos seguintes termos: "Estou dando a vocês um traje sumo-sacerdotal tecido de toda a sabedoria [...] vistam-se com sabedoria como se fosse uma túnica [...] sentem-se num trono de percepção [...] retornem a suas naturezas divinas".[20] Esse traje não é mencionado em Gênesis, embora esteja implícito: quando o par (casal) humano deu ouvidos à serpente, tentado por sua sabedoria e pela oportunidade de ser como o(s) *elohim*, "eles sabiam que estavam nus" (Gênesis 3,7).

Outra história diz que, quando Adão foi criado como imagem do Senhor, Miguel ordenou que todos os anjos o adorassem. Satanás se recusou, dizendo que havia sido criado antes de Adão, portanto, seria a ele, Satanás, que deviam adorar. Então, é expulso do céu e promete mover vingança contra Adão descrito em Gênesis.[21] Embora essa história não esteja na Bíblia, ela comporta, não obstante, o pano de fundo do Salmo 2: "O Senhor colocou o seu rei no Sião, chamou-o de seu filho, e depois ordenou aos reis e governantes que o louvassem" (Salmos 2,12). O rei no Sião indica Adão, imagem do Senhor lá entronizada, e o que Ezequiel vê no "aspecto da semelhança da glória do Senhor" era "a semelhança do aspecto de Adão" entronizado (Ezequiel 1,28; 26 AV). Adão era visto como sumo sacerdote e rei. Essa história é base do contexto das tentações de Jesus no deserto; o diabo quer que o segundo Adão o adore (Lucas 4,5-7), a fim de reverter essa antiquíssima humilhação, mas Jesus se recusa, é entronizado e

---

[19] Efrém, *Comentário sobre o Gênesis* 2.
[20] O *Ensinamento de Silvano*, CG VII,4,89.91
[21] *A Vida de Adão e Eva* 12-16.

"as feras e os anjos o serviram" (Marcos 1,13). Isso também compunha o contexto de Deuteronômio 32,43, citado como evidência textual em Hebreus: "Quando ele traz o primogênito ao mundo, ele diz, 'Que todos os anjos de Deus o adorem'". "Primogênito" era um título real ("Eu o tornarei meu Primogênito [...]", Salmos 89,27), e também um título adâmico; foi usado como referência a Jesus nos primeiros hinos: "Ele é a imagem do Deus invisível, o primogênito de toda a criação [...]" (Colossenses 1,15).

Adão recebe o comando para que "sede fecundos e multiplicai-vos, e enchei a terra [...]" (Gênesis 1,28), mas essas palavras comportam outros significados possíveis: "sede fecundos", *pārāh*, é semelhante a "sede belo/glorificado", *pā'ar*, e "multiplicai-vos", *rābāh*, também pode ser "sede grande". A tradição judaica registrou esses outros significados. O Adão original era belo, glorioso e preenchia a terra, e tudo o que ele perdeu seria restituído na vinda do Messias: "seu lustre, sua imortalidade, sua estatura, o fruto da terra e das árvores e as luminárias".[22] Adão também recebe ordem para subjugar, *kābash*, a terra e ter domínio, *rādāh*, sobre as criaturas viventes (Gênesis 1,28). Essas palavras, ao ser traduzidas dessa forma, causaram grandes problemas: Adão teria mandato para explorar a terra? Embora *kābash* signifique geralmente "subjugar", o termo parece ter outro significado em Miqueias 7,18-19. Nesse caso, o contexto é de expiação: "Manifestará novamente a misericórdia por nós, e ele *kābash* nossas iniquidades"; uma vez que a imagem usada para a expiação era a restauração dos laços rompidos da aliança, *kābash* parece significar, nesse contexto, "unir". Um Adão que une a terra se torna consistente com o fato de o *cherub* adâmico de Ezequiel ser o

---

[22] Atribuído a um rabino do fim do século III EC, em *Gênesis Rabbah* XII,6.

selo, e também é consistente com outros textos, como veremos. Seu outro papel, ter domínio, *rādāh*, era como um domínio de Salomão: ele governava, tinha domínio e a paz reinava ao seu redor (1 Reis 4,21.24). Essa compreensão sobre Adão também foi usada para falar de Jesus; o hino em Colossenses prossegue: "Ele é antes de tudo, e tudo nele subsiste [...]" (Colossenses 1,17).

Adão era o Homem, o significado de seu nome. Ele era o sumo sacerdote original, o Filho de Deus (Lucas 3,38), que fora destinado a se sentar no trono do Senhor como rei, vestido em trajes de glória e repleto de sabedoria. Foi colocado no Éden como Servo, uma figura celestial radiante, o selo da aliança eterna. Destinado a governar para que a paz reinasse em todo lugar, em outras palavras, para manter a aliança no estado que era chamado de "justiça".

Com esse retrato de Adão em mente, o Homem, voltamo-nos para as *Parábolas de Enoque* que fazem uso frequente do título "Filho do Homem" e descrevem esse Homem e sua relação com Enoque. O Filho do Homem em Enoque se assemelha a um anjo, uma vez que ele "tinha justiça", revelava as coisas ocultas e presidia o julgamento dos poderosos.[23] Era O Justo, cujo sangue fora oferecido no céu e que, então, recebeu o Nome.[24] Parte da descrição de Enoque sobre o Filho do Homem assinala a presença do Adão não caído: radiante, detentor do conhecimento e entronizado. Outros detalhes sugerem o Servo de Isaías: oferecedor de seu sangue, luz aos gentios, "O Escolhido" que recebe o Espírito de sabedoria, discernimento, percepção e poder[25]. O Filho do Homem enóquico é, em parte, o Adão não

---

[23] 1 Enoque 46,1-8.
[24] 1 Enoque 47,1; 48,2.
[25] 1 Enoque 49,2, sugerindo que, para Enoque, o Servo era o Messias de Isaías 9.

caído e, em parte, o Servo, o que indica que o Adão não caído e o Servo compunham, ambos, dois elementos da mesma figura. O Filho do Homem também é Enoque. Numa das surpreendentes e, portanto, debatidas seções de *Parábolas*, "Enoque" descreve a sua própria transformação no Filho do Homem celestial, ou seja, relata a sua própria *theosis*.[26]

Um conteúdo semelhante é encontrado em 2 Enoque, em que ele se vê diante do trono no momento que o Senhor instrui Miguel: "Dispa Enoque de suas vestes terrestres, unge-o com meu óleo de deleite e o vista com os trajes de minha glória". São os trajes de luz (Salmos 104) que Adão vestira. Quando Enoque é ungido com o doce óleo resplandecente, o orvalho perfumado da mirra, e, então, trajado em vestes de glória, ele sabe que se tornou "um dos gloriosos".[27] Enoque retorna ao estado do Adão não caído, sua face é radiante e seu traje é de glória e sabedoria.

Em 3 Enoque, sua transformação está implícita: R. Ishmael, o sumo sacerdote,[28] foi conduzido ao céu por um anjo glorioso que, em outros tempos, fora Enoque.[29] O nome desse anjo é Metatron, e ele estava entronizado no céu. Como acontecera a Adão, todos os anjos tinham de adorá-lo.[30] Metatron era frequentemente chamado de "jovem", *naʿar*, que também significava "servo".[31] Muitos nomes foram propostos para o nome/título Metatron. Eusébio utilizou os textos do Antigo

---

[26] 1 Enoque 70,1-2; 71,14.
[27] 2 Enoque 22,8-10.
[28] 3 Enoque 1,1; 2,3. Muitos outros textos dizem que R. Ishmael era um sacerdote, como o Talmude Babilônico *Hullin* 49a.
[29] 3 Enoque 4,1-3.
[30] 3 Enoque 10; 14.
[31] 3 Enoque 2,2; 3,2; 4,1.10.

Testamento – o Salmo 110 e especialmente o Salmo 45 – e escreveu sobre o Messias: "Aquele que é chamado de o amado do Pai, de seu filho e sacerdote eterno, e que partilha o trono com o Pai".[32]

Essa *theosis* era conhecida dos primeiros cristãos. Seguem dois exemplos, dentre muitos, expressos nas *Odes de Salomão*, tidas como antigos hinos batismais cristãos, embora o imaginário fosse o dos ritos do nascimento real no santo dos santos.

> Ele iluminou meus olhos e minha face recebeu o orvalho; minhas narinas desfrutaram do perfume do Senhor [...].[33]

> Ela me colocou diante da face do Senhor,
> E ainda que eu fosse um filho de homem,
> Fui nomeado de o iluminado, filho de Deus,
> Enquanto eu louvava entre louvores,
> Glorioso percebia-me entre os poderosos.
> Pois segundo a grandeza do Altíssimo, ela[34] me fez;
> Em sua força renovadora, ele me renovou;
> Ungiu-me de sua própria perfeição
> E me tornei como os que ficam ao seu lado.[35]

Uma vez que o perfumado óleo de unção era uma imitação do óleo verdadeiro da Sabedoria, extraído da árvore da vida, a unção do templo conferia uma forma distinta de conhecimento. Existem

---

[32] Eusébio, *Demonstratio Evangelica* IV,15.
[33] *Odes de Salomão* 11,14-15, em J. H. Bernard, *The Odes of Solomon*. Cambridge, Cambridge University Press, 1912.
[34] "Espírito" é substantivo feminino em siríaco.
[35] *Odes de Salomão* 36,3-6.

amplas evidências desse fato nos primeiros escritos cristãos.³⁶ Em *Reconhecimentos de Clemente*, Pedro explicou a Clemente:

> Embora ele realmente fosse o Filho de Deus, princípio de todas as coisas, ele se tornou humano. Primeiro, Deus ungiu-o com o óleo retirado da seiva da árvore da vida e dessa unção ele recebeu o nome de Cristo. Ele [...] unge de forma semelhante todos os piedosos que chegam ao seu Reino [...] para que a luz brilhe sobre eles, para que se façam repletos do Espírito Santo, dotados de imortalidade [...]
>
> Na vida presente, Aarão, o primeiro sumo sacerdote, foi ungido com uma composição de crisma, imitação do unguento espiritual [...] Se essa graça temporal, fabricada por homens, foi tão eficiente, quão mais potente é aquela extraída por Deus de um ramo da árvore da vida.³⁷

Sabedoria como o óleo de unção é mencionada em Ben Sira, embora sem maiores explicações. A Sabedoria servia no templo – indicando que era uma sacerdotisa ou sumo sacerdotisa – e ela "era" o óleo perfumado.

> Como o toco da cássia e da camélia, exalei o aroma das especiarias,
> E como a mirra escolhida espalho agradável perfume,
> Como o gálbano, a onicha e a estoraque [...]
> (Ben Sira 24,15)

---

³⁶ Ver meu livro *The Great High Priest*. London, T&T Clark, 2003, p. 129-36.
³⁷ *Clementine Recognitions* I,45-46.

Esses eram os ingredientes do óleo santo, produzidos para que imitassem o que havia sido mostrado a Moisés no Sinai (Êxodo 30,22-25; cf. Êxodo 25,9). Dionísio preservou a antiga tradição do templo quando escreveu um capítulo sobre o significado do óleo perfumado em *Hierarquia Eclesiástica*: "Espalha sua doce fragrância na recepção mental dos homens [...] a fragrância transcendente do divino Jesus distribui seu dons conceituais sobre os nossos poderes intelectuais".[38] Ele sabia que se tratava do sacramento do nascimento divino: "Ser iniciado no sacramento secreto do nascimento divino, a unção aperfeiçoadora do unguento nos abre para a visitação do Espírito Santo". [39]

Eram muitos os títulos atribuídos a quem fora ungido com o óleo santo e transformado num "Homem", ainda que nem todos esses títulos fossem usados ao mesmo tempo. Por exemplo, Metatron é provavelmente um título posterior para designar (Filho do) Homem. No Novo Testamento, o Servo também se apresenta como o Santo e o Justo; o Autor da Vida e o Messias; Aquele que realiza o Salmo 2; Aquele cujo Nome faz milagres; Aquele que despeja sua vida e é exaltado; Aquele que recebe o Nome e para o qual o pergaminho lacrado é presenteado para, então, ser adorado por toda a criação. Isso indica que o Servo tinha um papel central no misticismo do templo, e os outros elementos – o despejar (o oferecimento) de sua vida – indicam o contexto da celebração mística principal: o dia da expiação.

Antes de olhar para o significado original desse rito, devemos retornar a Enoque, para sua experiência e transformação.

---

[38] Dionísio, *Hierarquia Eclesiástica* 476B, 477C, em *Pseudo-Dionysius. The Complete Works*, trad. C. Luibheid. New York, Paulist Press, 1987.
[39] Dionísio, *Hierarquia Eclesiástica* 484C.

No final da terceira *Parábola*, ele é identificado como o Filho do Homem. Os acadêmicos rejeitaram por muito tempo essa tradução, presumivelmente porque não desejavam encontrar aquilo que está dito, mas outros manuscritos antigos recentemente descobertos de 1 Enoque confirmam que Enoque foi, de fato, identificado como Filho do Homem.[40] Ele foi conduzido ao céu, viu os anjos de poder e contemplou o trono, para, então, ser declarado Homem. Ele nascera "para a justiça [retidão]", e talvez isso signifique "nascido como O Justo [O Reto]", para trazer a paz ao mundo vindouro. Ele teria "muitos dias" e os justos jamais o deixariam.[41] Esse deve ter sido o papel de Melqui-Zedec, rei de Salém, do qual um cristão dos primeiros tempos poderia escrever em Hebreus: "E seu nome significa, em primeiro lugar, 'Rei de justiça'; e, depois, 'rei de Salém', o que quer dizer 'Rei da Paz'" (Hebreus 7,2). No entanto, um literalismo radical tem obscurecido muitas dessas conexões, como também ocorre quando se assume, num fragmentarismo radical, que uma mesma figura não poderia ostentar diferentes títulos.[42]

As evidências do Novo Testamento mostram, por si só, que Jesus, o Filho do Homem, era o Servo, Santo e Justo, Autor da Vida e Messias (Atos dos Apóstolos 3,13-18); era o ungido do Salmo 2 (Atos dos Apóstolos 4,27); Aquele que se esvaziara, morrera e, então, fora exaltado para ser adorado por toda a criação (Filipenses 2,7-11); e que segundo João fora batizado com

---

[40] Ver D. Olson, *Enoch. A New Translation*. North Richard Hills, Bibal Press, 2004, p. 134.

[41] 1 Enoque 71,1-17.

[42] O anjo maligno, no *Testament of Amram* de Qumran 4Q544, tem três nomes.

o Espírito como Filho de Deus, e que, portanto, era o Messias, o Rei de Israel e o Cordeiro que retirava o pecado do mundo (João 1,32-51). Na Didaquê, o Servo revelava a vida e o saber, fé e imortalidade. Os títulos de Messias, Filho de Deus e Rei de Israel mostram que o Servo era uma figura real; o Santo podia significar um anjo; o Justo significa aquele que faz justiça e age com retidão, o restabelecedor, a aliança; Autor da Vida sugere a presença do misticismo do templo, assim como também a sugerem a vida, o conhecimento e a fé em Didaquê. Exaltado no trono celeste, depois da morte e ressurreição (depois de se esvaziar), sugere que a figura do Servo é originária do culto mais antigo do templo, anterior às mudanças forjadas pelos deuteronomistas, e que os cristãos – e sem dúvida outros também – lembravam-se quem ele era. O contexto da renovação da aliança da criação na entronização do Messias envolvia a sequência dos festivais de outono no templo, o ano novo no calendário antigo. Desses festivais, o dia da expiação é o mais difícil de ser reconstruído.

O DIA DA EXPIAÇÃO

O ritual para o dia da expiação está descrito em Levítico 16, um texto complicado cujas várias inserções e repetições impossibilitam uma reconstituição exata do original. Levítico 16 estabelece o que o sumo sacerdote tinha de fazer no dia da expiação, o dia do ano em que se autorizava a entrada do sumo sacerdote no santo dos santos. Dois bodes eram escolhidos por sorteio: um era sacrificado e seu sangue usado no ritual; o outro – o "bode expiatório" – recebia os pecados de Israel e era expulso para o deserto. O sumo sacerdote entrava no santo dos santos do tabernáculo/templo e aspergia sangue/vida sobre o assento/trono da misericórdia. Ele agia sozinho. Em seguida, ele retornava à parte externa do tabernáculo/templo e aspergia sangue/vida em diversos lugares para limpar e consagrar o templo/criação. Finalmente, o sumo sacerdote conduzia o bode portador-dos-pecados para o deserto (Levítico 16,1-22).

Chegou a estar na moda dizer, no mundo acadêmico cristão do Antigo Testamento, que o dia da expiação foi um acréscimo ritual tardio no templo de Israel, um sinal de infelizes influências estrangeiras durante o período do Segundo Templo.[43] Isso representava um problema aos cristãos, para os quais a expiação é central na compreensão do papel de Jesus, o que levou professores cristãos a afirmar, com certa confiança, que a ideia de uma expiação cósmica provavelmente se infiltrara no cristianismo a partir de sistemas pagãos.[44] Os acadêmicos judeus pensavam diferente, uma vez que a antiga *Enciclopédia Judaica* dizia que o dia da expiação era "a pedra angular do sistema sacrificial do judaísmo pós-exílico".[45] Hoje em dia, todavia, em grande parte graças aos trabalhos de Jacob Milgrom,[46] esse ritual é considerado uma prática de fato muito antiga. Alguns acadêmicos não judeus já suspeitavam disso antes de os trabalhos de Milgrom serem publicados. Por exemplo, W. R. Smith escreveu o seguinte na década de 1920: "A adoração do Segundo Templo foi um ressurgimento antiquário de formas que tinham perdido sua conexão íntima

---

[43] Por exemplo, T. K. Cheyne, *Jewish Religious Life after the Exile*. New York, Putnam, 1898, p. 75-6.
[44] Notoriamente, no caso de F. W. Dillistone em *The Christian Understanding of Atonement*. Philadelphia, Westminster Press, 1968, p. 47.
[45] "Dia da Expiação" em *The Jewish Encyclopedia*. New York, Funk and Wagnalls, 1901-06.
[46] Por exemplo, J. Milgrom, *Leviticus 1-16*. New York, Doubleday, 1991.

com a vida nacional e, portanto, tinham perdido grande parte de seu significado original".[47] Parece que o ritual do dia da expiação era realmente antigo e central, muito embora o seu significado original tivesse sido parcialmente perdido no período do Segundo Templo. Ao saber que o Deuteronômio omite o dia da expiação em seu calendário (Deuteronômio 16), e uma mentalidade semelhante negava que uma pessoa pudesse expiar as faltas de outra (Êxodo 23,30-34), temos um contexto sólido para um dia da expiação originário e uma razão para a perda de seu significado. Esse ritual era parte do culto real que supunha a história mais antiga da criação; mas foi perdido depois dos expurgos da época de Josias.

Na *Mishná* há mais detalhes sobre o ritual de expiação no período do Segundo Templo, mas, como ocorre com a *Mishná*, não há uma teologia. Simplesmente não temos as explicações do motivo de certas coisas serem feitas daquela forma, embora o texto mostre em detalhe como o Levítico era compreendido. O sumo sacerdote era preparado com imersões rituais no nascer do dia para, em seguida, vestir-se com trajes dourados para os sacrifícios matutinos e para a queima dos incensos. Isso não é mencionado em Levítico. Então, ele se submetia a novas imersões e se vestia com linho branco antes de entrar no santo dos santos (como em Levítico 16,4). Os dois bodes do ritual tinham de ser idênticos nos detalhes,[48] informação que não encontramos em Levítico. O sumo sacerdote tinha de sortear e determinar o papel de cada bode: um destinado "para Azazel" e o outro

---

[47] W. R. Smith, *Lectures on the Religion of the Semites*, 3. ed. London, A&C Black, 1927, p. 216.
[48] Mishná *Yoma* 6.1.

"para o Senhor" (como em Levítico 16,8). Então, ele sacrificava um touro como oferenda para si mesmo e para sua casa (como em Levítico 16,11), e colocava parte do sangue num vasilhame. Em seguida, ele acendia incenso no santo dos santos para que a fumaça cobrisse o propiciatório [o assento da misericórdia, presumivelmente o trono]. Esse seria o lugar onde o Senhor se manifestava, "na nuvem sobre o trono da misericórdia" (Levítico 16,2). A *Mishná* diz que o incenso tinha de ser colocado onde a arca estivera em outros tempos. Depois disso, ele levava o sangue do touro para o santo dos santos e o aspergia por sete vezes diante do propiciatório. Ao emergir, o sumo sacerdote colocava o vasilhame de sangue num pedestal, detalhe que não aparece em Levítico.[49] Então, ele sacrificava o bode "para o Senhor", levava o sangue do animal para o santo dos santos e o aspergia da mesma forma. Ao sair, ele aspergia o sangue sobre o véu, embora separadamente, do touro e do bode, antes de despejar o restante do sangue do touro no sangue do bode para daí verter os sangues misturados de volta no vasilhame original.[50] Esses detalhes relativos à aspersão sobre o véu e mistura dos sangues não aparecem em Levítico. Ele apanhava os sangues misturados e os aspergia sobre o altar de ouro no templo e sobre o altar externo, antes de derramar o restante na base do altar do lado de fora, de modo que o sangue era drenado.

Finalmente, o sumo sacerdote colocava as suas duas mãos sobre a cabeça do bode vivo transferindo para ele todos os pecados de Israel. Esses eram os pecados que o bode carregaria para o deserto. Segundo a *Mishná*, nesse momento o sumo sacerdote

---

[49] Mishná *Yoma* 5,3.
[50] Mishná *Yoma* 5,5.

proclamava o Nome, e não usava nenhum substituto reverente como "Adonai", mas de fato pronunciava o Nome.

O que tudo isso significava? Temos apenas algumas pistas em Levítico: em primeiro lugar, o sangue era a vida (Levítico 17,11), e esse sangue "expiava [reparava]", isto é, ele limpava e restaurava o lugar santo e a tenda da reunião. O sangue purificava os efeitos dos pecados do povo, mas somente os sacerdotes podiam entrar nos lugares santos, de modo que esses lugares santos não haviam sido literalmente poluídos pela presença de pecadores. Baseando-nos também em outras fontes, podemos concluir que, uma vez que o templo/tabernáculo representava o céu e a terra, o sumo sacerdote levava o sangue para o céu e, então, o retornava para a terra a fim de remover o efeito dos pecados humanos. Assim se dava a renovação da criação no ano novo. Isaías descreve a destruição da criação como um rompimento dos laços da aliança eterna (Isaías 24,4-5), e o dia da expiação ritualizava a vida a partir do céu, reparando os laços rompidos da aliança eterna. O cântico dos levitas – talvez um cântico de renovação – compreendia parte do processo.[51]

Restaurar a aliança pelo rito da expiação era o dever do sumo sacerdote, cuja presença mesma reparava a fissura e assegurava a manutenção da ordem criada, quando esta era ameaçada com ira. Dois exemplos mostram como esse processo era imaginado: depois da rebelião de Corá, a ira foi liberada em forma de praga, e muitos morreram. Aarão teve de pegar incenso, o sinal do sacerdócio, e fazer a reparação: "Posicionou o incenso e fez o rito de expiação pelo povo. E permaneceu ele entre os mortos e os vivos; e cessou a Praga" (Números 17,13). A história foi posteriormente

---

[51] Ver acima p. 152-53.

recontada em maior riqueza de detalhes: Aarão interveio e sobrepujou a ira porque trajava a majestade divina em seu diadema – o Nome – e seu ministério atestava que ele era servo do Senhor (Sabedoria 18,20-24). Em outras palavras, o sumo sacerdote revela ser Servo do Senhor ao restaurar a aliança com a sua presença. O neto de Aarão, Fineias, também sumo sacerdote, interrompeu a ira liberada por ocasião de um homem israelita ter quebrado a lei da aliança, e, assim, ter posto todo o povo em perigo. Fineias o matou juntamente com sua esposa proibida, e desse ponto em diante lhe foi dada a "aliança da paz [...] porque ele [...] realizou a expiação para o povo de Israel" (Números 25,10-13). A expiação envolvia tanto a reparação dos laços rompidos quanto o enfrentamento do pecado que causara o rompimento. Eram esses os dois papéis do anjo da paz: *shalōm*, paz, e *shillem*, punição.

Existe um antigo hino acrescentado ao Deuteronômio que descreve o Senhor vindo para julgar os pecadores e para expiar a terra de seu povo (Deuteronômio 32,43), e era exatamente isso que fazia o sumo sacerdote. Ele "era" o Senhor, aquele que trajava o Nome. O versículo, todavia, recebeu a atenção dos escribas corretores. No Texto Massorético não há clareza, e a versão mais antiga encontrada em Qumran, semelhante à da LXX, é duas vezes mais longa que a do Texto Massorético pós-cristão. Logo, temos outra questão: por que um texto sobre o Senhor vindo para trazer julgamento e expiação para a terra teria sido uma questão "sensível"? O motivo é o fato de esse versículo ter sido usado, em sua forma original mais longa, como prova da natureza de Jesus pela Igreja primitiva: ele era o Senhor, o grande sumo sacerdote que veio para julgar e expiar, e uma das linhas, que não aparece no Texto Massorético, "Que todos os anjos de Deus o adorem", é citada em Hebreus 1,6.

O sumo sacerdote e o sangue do bode deviam representar, em conjunto, a vinda do Senhor para curar a terra e seu povo. O sumo sacerdote, como vimos, representava o Senhor, e o mesmo ocorria com um dos bodes. Um deles era "para Azazel", aparentemente, e o outro era "para o Senhor". Um bode sacrificado para o Senhor não representa grandes problemas, mas um bode para Azazel, líder dos anjos caídos, é um problema considerável. Orígenes nos oferece uma resposta. Ao se mudar de Alexandria, Orígenes se estabeleceu em Cesareia, um importante centro de aprendizado hebraico. Lá ele teve contato com mestres judeus. Assim, Orígenes diz que o bode enviado ao deserto não era *para* Azazel, mas "como Azazel".[52] A preposição hebraica l^e pode significar tanto "para" quanto "como", de modo que *la$^{'a}$zā'zēl* pode significar "como Azazel", da mesma forma que Salomão foi ungido "como rei", *l^{e}melek* (1 Reis 1,35). Se um bode representava Azazel, o outro bode representava o Senhor. O sangue/vida do bode sacrificado representava a "vida" do Senhor, e esse sangue era usado para limpar e renovar a criação. Uma vez que o sumo sacerdote também representava o Senhor, ele, na verdade, renovava a criação com a sua própria vida/sangue. Assim sendo, o autor de Hebreus explica: "Mas quando Cristo apareceu como sumo sacerdote [...] ele entrou de uma vez por todas no Santuário [santo dos santos], não com o sangue de bodes e de novilhos, mas com o *próprio sangue*, assegurando uma redenção eterna". (Hebreus 9,11-12).

Por conseguinte, os títulos no sermão do templo (de Pedro), que ocorreram algum tempo depois de Pentecostes, e o tema

---

[52] Orígenes, *Contra Celso* 6,43. Ambas as versões dessa obra, em grego e latim, são claras nesse ponto.

sugerem que foi ministrado por volta do dia da expiação: "Arrependei-vos [...] a fim de que sejam apagados os vossos pecados [...]" (Atos dos Apóstolos 3,19). Ele denominava Jesus como o Servo Glorificado, o Santo e o Justo, o Autor da Vida. São todos títulos apropriados ao sumo sacerdote no dia da expiação: justiça [retidão] era o estado manifesto da aliança restaurada, como veremos,[53] de modo que o Justo teria sido aquele que efetuava essa operação; o Autor da Vida era o Senhor que dera o seu sangue/vida para renovar a criação. Pedro prossegue, então, com o imaginário referente ao dia da expiação: "e deste modo venham da face do Senhor os tempos de refrigério" (o que significava o sumo sacerdote trazendo a renovação da vida do santo dos santos); "Então enviará ele o Cristo que vos foi destinado" (o que significava que o sumo sacerdote, ao retornar do santo dos santos, levava à esperança de um segundo advento).

O significado do sangue misturado foi perdido. A lógica, caso possa haver uma abordagem lógica quando se lida com rituais, é a de que a vida mortal do sumo sacerdote, representada pelo sangue do touro, era misturada à vida celestial do Senhor, representada no sangue do bode, e as duas em conjunto eram aspergidas na parte externa do templo a fim de reparar os laços da aliança e de renovar a criação. *É exatamente assim que a criação foi descrita por Timeu*, muito provavelmente reproduzindo um ensinamento de Pitágoras. "Entre o ser indivisível e imutável e o ser divisível que é gerado nos corpos, ele misturou uma terceira forma de ser feita com base em outras duas [...]." Formadas para constituir a alma, o Criador as distribuiu segundo os intervalos da escala musical, e também – o texto não está claro – dividiu o todo em

---

[53] Ver abaixo, p. 268.

duas faixas, das quais ele fez dois círculos, um dentro do outro, que foram juntados formando um "X". O mundo material foi formado dentro dessa estrutura, mas a alma também a permeava, "trançada desde o centro até a parte mais externa do céu".[54] Isso soa muito próximo da "roda dentro da roda" (Ezequiel 1,16) em torno do Ser Vivente. A alma era "invisível e dotada de razão e harmonia". Todo esse relato um tanto confuso se parece demais com o ritual do templo da (re)criação: a vida divina (o sangue do bode) era misturada à vida humana (o sangue do touro), e a mistura era distribuída de modo a criar/restaurar a harmonia da criação. O relato de Pitágoras/Timeu da criação, caso tenha realmente vindo da tradição do Primeiro Templo, teria ciência do papel da Sabedoria e, portanto, a "alma" teria esta função: manter todas as coisas juntas em harmonia (cf. LXX Provérbios 8,30), permeando toda a criação (cf. Sabedoria 7,27; 8,1). A similaridade é notável. No entanto esses últimos – Provérbios na LXX e a Sabedoria de Salomão – podem ter sido escritos com base em *Timeu*, mas, se assim foi, a questão se torna, então, a seguinte: Por que os autores de Provérbios da LXX e da Sabedoria de Salomão descreveram a Sabedoria e os laços da criação como a alma do mundo de Timeu?

O sumo sacerdote transferia os pecados de Israel para a cabeça do segundo bode, e isso indica que, caso haja "lógica" no rito, era o sumo sacerdote que carregava, na época, os pecados. Ao aspergir o seu "próprio" sangue ele absorvia, em si mesmo, o efeito do pecado e renovava os laços da aliança. Essa ideia está expressa em Levítico: Moisés se enfureceu com dois sumos sacerdotes quando estes queimaram as ofertas para a remissão dos

---

[54] Platão, *Timeu* 35-37.

pecados sem as ingerir. Eles deveriam ter ingerido as oferendas de modo que "carregassem", *nāśā'*, a iniquidade do povo. Esse verbo significa tanto carregar quanto perdoar: aqueles que carregavam a iniquidade a perdoavam. Os sacerdotes carregavam o pecado assim como o Senhor, mas o mesmo verbo é geralmente traduzido por "perdoar" toda vez que o Senhor é o sujeito: "Quem és como tu? Carregando/perdoando os pecados?" (Malaquias 7,18). Vestir o Nome protegia o sumo sacerdote em sua perigosa função: permitia a Aarão "portar, *nāśā'*, a culpa", a sujeira, nas oferendas que eram trazidas (Êxodo 28,38). O mesmo também ocorria com o mandamento, originalmente destinado ao sumo sacerdote: "Não portará, *nāśā'*, em vão o Nome do Senhor, porque o Senhor não deixará impune aquele que toma/veste seu Nome em vão" (Êxodo 20,7). O sumo sacerdote, ao vestir o Nome e aspergir o sangue/vida do Senhor, era capaz de restaurar os laços da aliança. Quando isso era feito, ele, então, pronunciava o Nome, o selo dos laços.

Levítico e *Mishná* mostram como o ritual de expiação era desempenhado, e reconstruímos parte do seu significado, mas, até agora, sem um contexto. Temos vários outros textos em que uma ou outra parte do ritual de reparação está descrita ou é suposta, e ao combinarmos esses elementos podemos captar algo de seu contexto teológico e litúrgico original. O problema de usar outros textos é o seguinte: os escritores desses textos conheciam e estenderam o contexto ritual dos quais retiraram o que precisavam? Ou será que esses escritores construíram os seus textos a partir de uma variedade de materiais mais antigos *previamente desconexos*? O último caso é geralmente aceito, embora tal suposição não seja reconhecida. Vou supor, no entanto, o primeiro caso. Também suponho que se tratava de uma tradição viva e com formas de expressão estabelecidas, e que os textos posteriores não eram simples compilações de fontes escritas mais antigas, como creem algumas investigações modernas.

Por duas vezes, no Novo Testamento, há "derramar" de sangue: o "Servo" esvazia-se e, então, recebe o Nome e é exaltado e homenageado por toda a criação (Filipenses 2,6-11). A Igreja primitiva sabia que o ritual de sangue precedia a entronização, e o hino implicava uma conexão conhecida entre o derramamento e a exaltação: "*por isso*, Deus o sobre-exaltou grandemente [...]" (Filipenses 2,9). E o relato de Mateus da última ceia, ao distinguir entre as várias alianças nas escrituras hebraicas, pois foi escrito para cristãos hebreus, deixa claro que Jesus renovara a aliança eterna: "pois isto é o meu sangue, o Sangue da Aliança, que é derramado para muitos para a remissão dos pecados" (Mateus 26,28).[55] Das alianças descritas no Antigo Testamento, somente aquela renovada no dia da expiação lidava com a questão da remissão dos pecados. Na última ceia, Jesus, o grande sumo sacerdote, inaugurou o ritual sumo-sacerdotal da expiação ao derramar seu próprio sangue.

Um hino em Filipenses ligava o derramamento do Servo com sua entronização, ou seja, aquele "semelhante a um filho do homem" que Daniel vira entronizado seria também o Servo, embora o ritual de sangue esteja obscurecido pelas traduções modernas. Aquele "semelhante a um filho do homem" foi "apresentado" ao Ancião dos Dias (Daniel 7,13), mas o verbo aqui, *qᵉrēb*, é o termo técnico quando se faz uma oferenda no templo,

---

[55] Não há uma "nova" aliança em 𝔓³⁷ e 𝔓⁴⁵, que são papiros do século III, nem no códice do Sinai e do Vaticano, que são textos do século IV. Essas são as evidências mais antigas dessa parte de Mateus.

de modo que o Homem foi "oferecido" para o Ancião dos Dias. Tratava-se de oferenda de sangue. No hino de filipenses, o Servo recebe o nome, o momento da *theosis*, e isso também aconteceu com o "Homem" de Daniel, e a tradução também está confusa. Comparando-se as duas traduções gregas, notamos que a *theosis* desaparece da tradução pós-cristã, muito embora as duas versões para o grego tenham sido feitas por judeus. Na versão mais antiga, a da LXX, lê-se "ele veio como, *hōs*, o Ancião dos Dias", em outras palavras, o Homem era o Ancião dos Dias, mas na versão pós-cristã, tradução de Teodócio, há "ele veio para, *heōs*, o Ancião dos Dias". A tradução judaica pós-cristã não incluiu a *theosis* do Homem, justamente o significado da cena de entronização em Apocalipse 5. O Servo/Cordeiro foi sacrificado e ressuscitado e, então, entronizado. Nessa altura dos acontecimentos, o Cordeiro e o Um no trono se tornam uma única figura, como vimos,[56] da mesma forma que o Homem de Daniel veio "como o Ancião dos Dias".

O relato mais completo sobre o ritual do dia da expiação se encontra na segunda *Parábola* de Enoque, em que temos o relato da história invisível: o que ocorria no céu quando o sangue era levado ao santo dos santos. Enoque vê a Cabeça dos Dias (o "Ancião dos Dias" de Daniel) e ele vê o Filho do Homem que se assemelhava a um dos anjos. Esse Homem era o Justo, aquele que revelaria as coisas ocultas e julgaria os poderosos. A ação principal se dá depois que as orações dos justos chegam ao céu, juntamente com o sangue do Justo.[57] Então, os santos celestiais oferecem oração e louvor em uníssono, "em nome do sangue

---

[56] Ver acima, p. 177.
[57] 1 Enoque 47,1.4.

dos justos", o Filho do Homem recebe o Nome e todos na terra o adoram. Essa *Parábola* associa diretamente a oferenda celestial de sangue à *theosis* e à entronização do Justo, em outras palavras, o texto mostra que a aspersão do sangue no propiciatório (Levítico 16,5) remetia à entronização. Enquanto o Homem recebia o Nome, Enoque escolheu esse momento para descrever as fontes de justiça e sabedoria, nas quais os sedentos podiam se fartar.[58]

Essa *Parábola* tem seu imaginário da tradição dos reis davídicos e dos cânticos do servo de Isaías. O Filho do Homem de Enoque é o Escolhido que se senta no trono do Senhor dos Espíritos (isto é, o Senhor das Hostes),[59] da mesma forma que Salomão sentou-se como rei no trono do Senhor (1 Crônicas 29,23). O Servo de Isaías era o Escolhido (Isaías 42,1), ainda que Isaías não mencione uma entronização. O Filho do Homem de Enoque era também o Justo, cujo sangue era oferecido,[60] uma luz para os gentios[61] que fora ocultada: "Desde o princípio o Filho do Homem foi ocultado [...] e o Altíssimo o revelou ao Escolhido [...]".[62] Em Isaías, o Servo é descrito exatamente da mesma forma, como veremos, e, embora as *Parábolas de Enoque* não usem o título Servo, a figura do Homem que oferece o seu sangue para ser entronizado no santo dos santos é a do Servo. A identidade do Filho do Homem de Enoque é revelada pelo anjo da paz como parte "das coisas ocultas",[63] e João Batista também se via como revelador. Depois de declarar que Jesus era o

---

[58] 1 Enoque 48,1-2.
[59] 1 Enoque 51,3.
[60] Também em 1 Enoque 53,6, e 38,2, na abertura da primeira Parábola.
[61] 1 Enoque 48,4-6.
[62] 1 Enoque 62,7.
[63] 1 Enoque 46,1-2.

Cordeiro de Deus, o Servo que retira os pecados do mundo, ele diz: "Eu não o conhecia; mas para que ele fosse manifestado a Israel, vim batizar com água" (João 1,31).

Finalmente, havia a expiação que Melquisedec traria. O texto de Melquisedec de Qumran,[64] ainda que fragmentado, faz referências textuais a Melquisedec, e que, nas escrituras hebraicas, é tratado em alusão ao Senhor ou a *'elohim*. Já vimos como os escribas corretores obscureceram a indicação de Melquisedec como o Senhor,[65] e esse texto de Qumran confirma que ele era, de fato, visto como o Senhor. Melquisedec retornaria no início do décimo jubileu,[66] e o dia da expiação, no final do décimo jubileu, seria o ano do favor de Melquisedec (cf. Isaías 61,2, o ano do favor do Senhor). Embora o texto esteja fragmentado, fica claro que Melquisedec era o ungido com o Espírito para trazer as boas novas (Isaías 61,2-3), proclamar seu reino (Isaías 52,7) e presidir o julgamento.

Dessa coleção de textos, podemos concluir que o Servo seria a figura humana que reverteria a queda de Adão. Ele era o rei da casa de Davi, o Escolhido (assim, Salmos 89,19), transformado e entronizado como a imagem humana do Senhor, o Filho, Melquisedec. Ele era o Justo cujo sangue/vida restaurava a criação. No festival de outono, a oferenda de sangue para a reparação da criação era feita no dia da expiação, e a entronização do rei era celebrada seis dias mais tarde em Tabernáculos.

---

[64] 11Qmelchizedek.
[65] Ver acima, p. 180.
[66] Ou seja, exatamente na época do batismo de Jesus; para mais esclarecimentos consultar meu livro *The Great High Priest*. London, T & T Clark, 2003, p. 33-41.

O SERVO EM ISAÍAS

Jesus se identificava como o Servo em Isaías. Ele falou muitas vezes do sofrimento profetizado e da rejeição do Filho do Homem, uma das formas que usava para descrever o Servo (Marcos 8,31; 9,12.31; 10,33). Nessas passagens, apenas em 9,12 não se menciona a ressurreição, o que sugere que Jesus compreendia a exaltação do Servo como ressurreição, ou seja, ele entendia a coisa no sentido dado pela teologia do templo. Na estrada de Emaús, segundo as fontes de Lucas, Jesus explica aos dois discípulos que ele cumprira a profecia: "Não era preciso que o Ungido sofresse tudo isso e entrasse em sua glória?" (Lucas 24,26). Não encontraremos essa profecia no Texto Massorético, mas a encontramos no texto de Qumran de Isaías 53, em que há diferenças significativas em relação ao Texto Massorético. Esse texto atraiu, com certeza, a atenção dos escribas corretores. Uma vez que são muitas as fontes antigas que auxiliam na reconstrução do texto original e seu significado – os pergaminhos de Qumran e o TM, mas também a LXX, partes das traduções gregas pós-cristãs e o Targum –, a investigação será aqui mais detalhada que qualquer outra deste livro, *em razão da importância do texto no estabelecimento da antiguidade do misticismo do templo, e também para esclarecer como Jesus foi compreendido pelos primeiros seguidores.* O que se segue não será um estudo exaustivo do quarto Cântico do Servo Sofredor, mas somente a análise dos pontos principais mais relevantes diante do misticismo do templo, e o uso cristão primitivo desse texto.

Temos quatro passagens em Isaías, geralmente denominadas de *Cânticos do Servo Sofredor* (Isaías 42,1-4; 49,1-6; 50,4-9; 52,13-53,12), que foram agrupadas pela primeira vez por

Bernhard Duhm, em seu comentário de 1892. *Cânticos do Servo Sofredor* não é uma designação antiga, mas esse agrupamento de textos descreve uma figura notável que os primeiros cristãos reconheceram como uma profecia sobre Jesus. Não há consenso entre os acadêmicos sobre a origem dos "cânticos": alguns dizem que correspondem a uma adição muito posterior ao pergaminho de Isaías; outros dizem que eram profecias do Primeiro-Isaías, reutilizadas por um discípulo 150 anos depois, durante as convulsões da segunda metade do século V AEC, e possivelmente no exílio da Babilônia. Os cânticos teriam recebido, então, um novo contexto, em que o Servo representaria todo o povo que sofria no exílio: "Israel meu Servo, [...] Escolhi a ti e não te rejeitei [...]" (Isaías 41,8-9). Tampouco há consenso em relação à extensão do material do Servo; o segundo e terceiro cânticos podem incluir linhas adicionais no final ou podem ser comentários posteriores.

O quarto cântico (Isaías 52,13-53,12) é o mais longo e, para os nossos propósitos, a melhor fonte de informação sobre o Servo. Ele interpreta um evento particular à luz de expectativas existentes a respeito do Servo, ainda que seja um texto enigmático em muitos trechos, que deve ser lido à luz dos outros três cânticos. Num primeiro momento, as pessoas rejeitam um sofredor visto como pecador que recebe uma devida punição: a explicação deuteronomista para os sofrimentos. Então, elas mudam de opinião e percebem que ele era o Servo, o portador dos pecados do povo. Esse cântico assume, portanto, uma posição diametralmente oposta àquela implicada em Êxodo 32,30-33, segundo a qual uma pessoa não poderia expiar o pecado de outras, e isso significa que deve ter uma origem anterior ou, pelo menos, distinta à influência deuteronomista do final do século VII AEC.

Dessa forma, "teologicamente" a canção do Servo pertence ao período do Primeiro-Isaías.

Ele realmente carregou sobre si, *nāśāʾ*, nossas enfermidades/sofrimentos e carregou nossas dores/pesares;
Mas, o tínhamos como vítima do castigo, ferido por Deus e humilhado.

(Isaías 53,4)

Foram muitas as sugestões que procuram saber quem seria esse sofredor exaltado no quarto cântico; o personagem mais provável é o rei Ezequias.[67] Durante o seu reinado, o ameaçador exército assírio foi dizimado por uma peste bubônica próximo a Jerusalém. O povo dizia que o anjo do Senhor os matara (Isaías 37,36), já que a praga era vista como sinal da ira divina. Sabendo-se que Ezequias aplicou cataplasma de figos em uma úlcera, um tratamento antigo contra ulcerações (Isaías 39,21), tudo indica que ele também contraiu a doença e estava prestes a morrer quando Isaías o visitou.

São três os relatos sobreviventes desse incidente que se deu no verão do ano 700 AEC (Isaías 37; 38; 2 Reis 19; 20; 2 Crônicas 32), e os textos estão bastante desordenados. Ezequias orou pela liberação de sua cidade ameaçada (Isaías 37,14-20), e a primeira resposta de Isaías foi o alerta de que o rei morreria (Isaías 38,1). Então, o profeta recebe uma segunda revelação e retorna ao rei (Isaías 38,4; 2 Reis 20,4) para lhe dizer que ele sobreviveria e que a cidade seria salva (Isaías 37,21-35; 38,6). Nesse momento, o exército assírio é dizimado pela praga. A ordem presente do

---

[67] Ver meu artigo "Hezekiah's Boil", *Journal for the Study of the Old Testment* 95 (2001), p. 31-42.

texto (a destruição do exército assírio, em Isaías 38, e a doença de Ezequias, em Isaías 39) sugere que Ezequias ficou doente *depois* da destruição dos assírios, ao passo que a ordem original retrata o rei doente enquanto os assírios ainda ameaçam a cidade. Num primeiro momento, Isaías supõe que a praga sobre o rei manifestava a ira divina, uma punição pela destruição dos santuários rurais. Os embaixadores assírios tinham até mesmo ridicularizado o povo da cidade: "Dizeis, 'É no Senhor, nosso Deus, em que pomos nossa confiança'", mas não foi dele que Ezequias destruiu os lugares altos e os altares, dizendo ao povo de Judá e de Jerusalém, "Só diante deste altar, em Jerusalém, é que deveis vos prostrar?" (2 Reis 18,22). Logo depois, Isaías percebe que a praga que atacara o rei revelara que ele era o Servo e, portanto, aquele que carregava os pecados de sua cidade. À medida que se recuperasse, a cidade seria salva. O quarto Cântico do Servo foi escrito para celebrar essa libertação, e o sofrimento do rei foi interpretado à luz do que Isaías acreditava a respeito do Servo. O cântico é a evidência mais antiga da função do Servo.

> Eis que o meu servo há de prosperar
> Ele se elevará, será exaltado, será posto nas alturas.
>
> (Isaías 52,13)

O Senhor falou (por meio de seu profeta?) e assim o Servo foi introduzido como "meu Servo". Na LXX, ele é o *pais*, como em Atos dos Apóstolos e na Didaquê, mas nas traduções pós-cristãs de Áquila e de Símaco (daqui em diante A e S) ele passou a ser descrito como *doulos*, como no hino filipense. No Targum de Isaías ele está como "meu Servo, o Messias". "[Ele] prosperará" (RSV) ou "será prudente" (AV) deveria ser traduzido por "ele terá percepção/discernimento", outro significado para o verbo hebraico *śākal*, e como era realmente compreendido pelos tradutores gregos: a LXX escolheu "compreenderá", *sunēsei*, e A escolheu "terá conhecimento", *epistēmonisthēsetai*. Da mesma forma que o escritor dos *Hinos de Ação de Graças* de Qumran:

> Ó Senhor, que deste o conhecimento
> Ao coração de [teu] Servo
> Para que pudesse compreender todas as coisas [...].[68]

O Servo seria sábio e "exaltado e elevado", os mesmos verbos usados para descrever o Senhor na visão de Isaías (Isaías 6,1). Nesse caso, reconhecemos um místico do templo.

> Muitos ficaram assombrados com ele –
> Com sua aparência tão desfigurada, além da forma humana,
> E a sua forma para além da dos filhos dos homens –
>
> (Isaías 52,14)

Esse versículo tem formas significativamente distintas nas versões antigas. O Texto Massorético e o Targum, que se baseia no TM, dizem que ele ficou desfigurado para além do semblante humano, de tal modo que as pessoas ficaram assombradas (assim, RSV). Por outro lado, o Isaías dos pergaminhos de Qumran[69] descreve a coisa da seguinte forma: "ele foi *ungido* para além do semblante humano", de modo que os reis e o povo ficaram assombrados. A diferença é de uma letra: *mšḥt* no TM e *mšḥty* no pergaminho de Qumran. O Servo "ungido para além do semblante humano" significa que ele foi transfigurado e que,

---

[68] *Thanksgiving Hymns*, 1QH VI.
[69] 1QISaª.

portanto, como ocorreu a Enoque, tornou-se um dos Gloriosos. O Targum menciona esse último aspecto: o Servo teria uma aparência distinta do homem comum, teria um brilho santo, *ziyw*[70].

Numerosas serão as nações estupefatas;
Os reis se calarão por causa dele;
Pois aquilo que não lhes foi contado eles verão com os próprios olhos
E aquilo que não ouviram eles compreenderão.

(Isaías 52,15)

O Servo "estupefaz" muitas nações, e é assim que encontramos a descrição nas versões da AV e da RSV, mas no TM temos "asperge", *yazzeh*, a ação do sumo sacerdote no dia da expiação (Levítico 16,14 apresenta o mesmo termo).[71] A tradução grega de Áquila também coloca "asperge", *rhantisei*. Então, os reis ficaram estupefatos e o reconheceram, da mesma forma que reconhecem o Escolhido em 1 Enoque 48 a 62.

As frases de abertura do cântico revelam uma figura que nos é agora familiar: o ungido e transfigurado, elevado e repleto de conhecimento. Então, semelhante ao sumo sacerdote no dia da expiação, ele asperge muitas nações. Talvez essa fosse sua função fundamental: trazer expiação e renovação para muitos outros, e não somente ao povo de Jerusalém e de Judá. Em seguida, Isaías fala do Servo que foi inesperadamente revelado, em outras palavras, aquele sobre o qual já se falou como "o ocultado [misterioso]" em 1 Enoque.

---

[70] Targum, em referência a Isaías 53,2.
[71] Isso aparece também na tradução de Áquila na versão grega e pós-cristã de Teodócio, como também na Vulgata latina.

Quem acreditou no que ouvimos?
E a quem se revelou o braço do Senhor?
Ele cresce diante dele como um broto de planta,
E como raiz que brota de terra seca;
Não tinha forma ou esplendor que pudesse atrair o nosso olhar
Nem formosura capaz de nos deleitar.
Ele foi desprezado e rejeitado pelos homens;
Um homem de sofrimentos, familiarizado com a dor;
Como uma pessoa de quem todos escondem o rosto;
Ele foi desprezado, e não fazíamos nenhum caso dele.

(Isaías 53,1-3)

"A quem se revelou o braço do Senhor?" é mais bem descrito como "a quem se revelou a semente/filho do Senhor?", uma vez que a palavra hebraica *zeraʿ* significa ambas as coisas, e "filho" se encaixa melhor com o que vem depois, em que temos: "ele cresceu diante dele como uma criança de peito"; em vez de "broto de planta". Na LXX, temos "criancinha", *paidion*. A raiz que brota de terra seca seria, então, referência ao título real usado por Jesus "a raiz e a descendência de Davi, a reluzente Estrela Matutina" (Apocalipse 22,16).[72] Portanto, também as letras em 53,10, "ele verá a sua descendência" podem ser lidas como "ele será revelado como o filho", da mesma forma que o Escolhido é revelado nas *Parábolas de Enoque*.[73] Os termos "forma", *to'ar*, e "beleza", *hādār*, podem ser jogos de palavras, porque *to'ar* significa, literalmente, "uma forma delineada", portanto, semelhante ao termo *dᵉmut*; de fato, *hādār* seria mais

---

[72] Ver acima, p. 175.
[73] 1 Enoque 48,7; 62,7; 69,26.

bem traduzido como "majestade" ou "esplendor". Essas coisas faltavam ao Servo, muito embora o Targum enfatize o oposto: "O seu semblante não será o de um homem comum, nem o seu temor; seu brilho será de uma resplandecência santa [...]". O Servo é afligido por pesares e sofrimentos, os quais a LXX traduziu como "um homem com chagas", presumivelmente recordando Ezequias.

Então, povo e profeta mudaram de opinião. Agora, o Servo parece equiparar-se ao *cherub* de Ezequiel, a figura celestial adâmica expulsa do Éden. O *cherub* ungido de Ezequiel andara pelo Éden e fora criado como Selo do plano. Ele/ela foi um ser de beleza e sabedoria, até ficar tomado de violência. O *cherub* foi rebaixado (literalmente tornado impuro/profano, *ḥll*) em razão de sua violência e iniquidade; os reis ficaram perplexos e os povos assombrados como o destino do *cherub* (Ezequiel 28,12-19).

> Eram as nossas enfermidades que ele levava sobre si,
> As nossas dores que ele carregava;
> Mas nós o tínhamos como castigado e golpeado do Deus, em aflição.
> *Mas ele foi trespassado por causa de nossas transgressões,*
> *Esmagado em virtude de nossas iniquidades;*
> *Sobre ele estava o castigo que nos unia,*
> *E por suas ataduras fomos curados.*
> Todos nós como ovelhas errantes;
> Seguindo cada um o seu próprio caminho;
> E o Senhor fez cair sobre ele
> A iniquidade de todos nós.
>   (Isaías 53,4-6).

O Servo leva sobre si os sofrimentos/dores do povo e carrega os seus pesares/enfermidades; em cada caso, o termo hebraico assume uma gama de significados.[74] O Servo é descrito como que "ferido"; mas temos aí o verbo *ḥll*, usado para falar do *cherub* caído, de modo que poderia significar que o Servo foi tornado "impuro/profanado" – embora, no caso, não por sua própria iniquidade. "Ele foi profanado por *nossas* transgressões, golpeado por nossas iniquidades." Mais para a frente, lemos, no versículo 9, que, diferentemente do *cherub*, o Servo não cometera nenhuma violência e, como veremos, ele também era o Selo. O cântico inicia dizendo que os reis e os povos estavam assombrados com o que viram. São muitas as semelhanças temáticas e de linguagem entre as lamentações de Ezequiel pelo *cherub* caído e o cântico de Isaías sobre o Servo para que sejam meras coincidências. O Adão que motivou a profecia de Ezequiel também está por trás do poema de Isaías.

Isaías percebe que o sofredor era o portador dos pecados, e a parte central do poema mostra o significado dessa intuição: "Sobre ele estava o castigo que nos unia, e por suas ataduras fomos curados" (Isaías 53,5b). Nesse caso, Isaías usa, com um efeito vívido, os significados duplos que caracterizavam a tradição do templo. Essas mesmas palavras podem significar: "o laço da aliança de nossa paz estava sobre ele, ao nos reunir ele nos curou". Segue o jogo de palavras:
- Na primeira tradução, "castigo" está como *mwsr*, que se pronuncia *musār*; na segunda tradução "o laço da aliança" está escrito como *mwsr*, as mesmas letras, embora pronunciadas como *mōsēr*, da mesma forma que em Ezequiel 20,37.

---

[74] Mateus (8,17) vê essa realização no ministério milagroso de Jesus.

- Nas primeiras traduções "ataduras" está como *ḥbrt*, que se pronuncia *ḥabburōt*, o sentido menos comum do termo; na segunda tradução, "atando-nos" está como *ḥbrt*, as mesmas letras, mas agora pronunciadas como *ḥoberet*, significa o mecanismo usado para unir as cortina do tabernáculo (Êxodo 26,10, "roldanas"). Essa palavra é formada pelo sentido primário da raiz *ḥbr*, que significa "juntar".

A responsabilidade do Servo era restaurar a aliança da paz e, assim, promover a cura ao restabelecer a unidade da criação. No dia da expiação, essa operação era realizada ao se limpar e consagrar o templo poluído, que foi recordado como o contexto por trás do cântico do Servo. Aqui, o Targum retrata o Servo como sumo sacerdote no dia da expiação.

> Então, ele rezará em nome de nossas transgressões, e nossas iniquidades serão perdoadas em seu nome, embora fôssemos responsáveis pelos castigos e estivéssemos aflitos diante do Senhor.
>
> Mas ele reconstruirá o santuário que foi poluído e abandonado em razão de nossas transgressões e iniquidades; e por meio de seu ensinamento que a sua paz seja multiplicada sobre nós, e que pela devoção às suas palavras nossas transgressões possam ser perdoadas.[75]

"O laço da aliança de nossa paz" e "juntar reunindo" significam, igual ao caso do *cherub* de Ezequiel, que o Servo era o Selo.[76] Nas linhas seguintes ao primeiro cântico, o papel

---

[75] Targum, em referência a Isaías 53,4-5.
[76] Também em Zerubabel, "meu servo [...] farei de ti um selo, pois foste escolhido por mim [...]" (Hag 2,23, tradução da autora).

do Servo como o Selo é descrito como o de "uma aliança para o povo" (Isaías 42,6). Também é descrito como "luz" das nações que ilumina os olhos escurecidos pela cegueira e que liberta os prisioneiros. A mesma sequência ocorre durante o segundo cântico: ele se manifestaria como a restauração da aliança e teria de libertar os prisioneiros (Isaías 49,8-9). Abrir os olhos dos cegos (com sua luz) e libertar os prisioneiros (na restauração da aliança que ele desencadearia) também seguem a dinâmica de autoproclamação do Ungido em Isaías 61, muito embora, nesse caso, o termo "Servo" não apareça. Era exatamente essa a profecia que Jesus alegava realizar (Lucas 4,16-21), e também era essa a profecia central do texto melquisédico de Qumran, em que Melquisedec liberta o povo do maligno, *Belial*, ao promover a grande expiação. Essas são todas referências, na verdade trilhas, que nos conduzem de volta ao binômio Servo/Melquisedec, ligando-o à pessoa de Jesus.

A restauração da aliança e a purificação eram feitas por meio do sofrimento do Servo, uma vez que o Senhor pusera sobre ele a iniquidade, *'awōn*, dos outros. O Senhor "colocou sobre ele" é um verbo que aparece em Isaías 53,12, e significa, literalmente, "interceptar" ou "interpor", da mesma forma que Aarão se colocara entre o povo pecador e a ira (Levítico 16,47-48). Ao interceptar a iniquidade que polui o templo e danifica a aliança, o Servo assume o papel de bode expiatório, ou melhor, o bode expiatório assume o papel do Servo. No cântico, o Servo carrega a iniquidade até se oferecer como *'āshām*, o sacrifício especial para a restauração da aliança (Isaías 53,10).

Aqui, o mistério se torna impenetrável, embora os primeiros cristãos o compreendessem ou, no mínimo, soubessem muito a seu respeito. O Servo assumia o papel dos *dois* bodes no dia da expiação: ele se esvaziava, como o bode cujo sangue era levado ao santo dos santos, e também carregava os pecados, como o segundo bode que era expulso. A *Mishná* enfatiza que ambos os bodes tinham de ser absolutamente idênticos; talvez, esse seja o motivo pelo qual ambos representassem uma única figura. Na época do Primeiro-Isaías, as pessoas conheciam o que os acadêmicos modernos chamam de "geminação", a crença de que grandes figuras compunham duplas. O príncipe coroado em Ugarit (algum tempo antes de Isaías!) era chamado de Estrela Matutina e Vespertina, dois aspectos ou funções de Vênus.[77] O rei da Assíria, cujos exércitos cercaram Jerusalém na época do primeiro Isaías, foi retratado com duas figuras idênticas em cada um dos lados da árvore da vida.[78] O compositor dos Cânticos do Servo conhecia a geminação, embora não por esse nome.

A *Epístola de Barnabé* é um texto cristão primitivo atribuído ao levita Barnabé, companheiro de São Paulo (Atos dos Apóstolos 4,36; 13,1). Presumivelmente, ele também tinha ciência da geminação, uma vez que comparou Jesus a ambos os bodes. No final do segundo período do templo, segundo a *Mishná*, os hebreus costumavam amarrar lã vermelha nos cornos do bode expiatório e puxavam os seus pelos, enquanto ele era expulso.[79] Barnabé nos dá mais detalhes dizendo que o animal era espicaçado e escarrado enquanto era expulso. O bode

---

[77] Para eles, uma deidade masculina.

[78] Há exemplos dessa imagética na Nineveh Gallery do British Museum: figuras duplicadas, como imagens-espelho, que retratam o rei.

[79] Mishná *Yoma* 6,4.6.

expiatório era identificado com o Servo; no terceiro cântico, o Servo proclama o seu sofrimento:

> Ofereci o dorso aos que me castigavam,
> e as faces aos que arrancavam os fios da barba;
> Não ocultei o rosto às injúrias e aos escarros.
>
> (Isaías 50,6)

Barnabé via Jesus como o bode sacrificial: "Quando o virem chegando no Dia, todos ficarão assombrados com a manifesta semelhança entre ele e o bode". O bode sacrificado prefigurava, para Barnabé, o retorno do Senhor no Dia do Julgamento, da mesma forma que o sumo sacerdote emergia todos os anos do santuário, carregando o sangue do bode para renovar a criação.[80]

Justino também sabia disso. Em seu *Diálogo com Trifão*, ele escreve:

> Os dois bodes destinados e oferecidos durante o jejum, dos quais um era expulso como bode expiatório e o outro sacrificado, são, ambos, semelhantemente emblemáticos diante do que aconteceu ao Cristo: em primeiro lugar, porque os anciãos do povo e os sacerdotes colocaram as mãos sobre ele e o mandaram matar, expulsando-o como um bode expiatório; e, em segundo lugar, a forma como no mesmo lugar, em Jerusalém, é possível reconhecer aquele a quem vocês desonravam e que servia de oferenda para todos os pecadores dispostos a se arrepender [...].[81]

---

[80] *Epístola a Barnabé* 7.
[81] Justino, *Diálogos com Trifão* 40.

Isso não foi esquecido. Cirilo de Alexandria escreve o seguinte no início do século V EC: "Temos de perceber Emanuel no bode abatido [...] os dois bodes ilustram o mistério",[82] era esse o mistério do Servo.

Foi maltratado, foi castigado,
Ainda assim, não abriu sua boca;
Como um cordeiro que é levado ao abatedouro,
E como uma ovelha que permanece muda na presença de seus tosquiadores,
Ele não abriu a boca.
Em opressão e julgamento, ele foi levado;
E para a sua geração, que o teve como cortado da terra dos vivos,
Golpeado pela transgressão do meu povo?
Deram-lhe sepultura com os malvados
O seu túmulo está com os ricos,
Se bem que não tivesse praticado violência,
E não havia engano em sua boca.
(Isaías 53,7-9, ênfase da autora)

Embora o detalhe do hebraico original esteja perdido, motivos do dia da expiação foram, nesse caso, preservados pelo Targum. O sofrimento do Servo foi estendido para incluir o sofrimento do povo no exílio, e isso se deu quando o Segundo-Isaías retrabalhou o tema dos Cânticos do Servo em novo contexto. O Servo traz os exilados de volta para casa. Isso pode ser encontrado no trecho após o segundo cântico: "para restaurares as tribos de Jacó e reconduzires os sobreviventes de Israel [...]"

---

[82] Cirilo de Alexandria, *Epístola* 41.

(Isaías 49,6).⁸³ O retorno do povo disperso integrava o Jubileu proclamado no dia da expiação (Levíticos 25,8-10).

> Por ele, livres do castigo e livres da punição, ele reunirá os exilados, e maravilhas serão vistas por nós em seus dias, quem será capaz de recontar? Ele retirará o domínio dos povos da terra de Israel, e os pecados de meu povo ele os transferirá para eles.⁸⁴

"Sepultura com os malvados" e a sua morte com os ricos são passagens opacas, na forma atual, embora a referência "ao homem rico" fosse reconhecida como uma profecia que indicava a presença de José de Arimateia, que cedeu o seu túmulo a Jesus (Marcos 15,42-47). Os termos em hebraico para "malvado" *ršʿ*, pronunciado *rāshā*, e "rico", *ʿšyr*, pronunciado *ʿāshiyr*, são escritos com as mesmas letras, e essas também são as letras para bode, *śʿyr*, que se pronuncia *sāʿiyr*.⁸⁵ Sabendo-se que o reordenamento das letras compreendeu um dos métodos utilizados pelos escribas corretores, e uma vez que o contexto do Cântico do Servo é o dia da expiação, é possível conjecturar se os termos não seriam, originalmente, "bodes" e "bode", respectivamente. As letras para "túmulo", *qbr*, com um reordenamento semelhante tornam-se *qrb*, uma oferenda do templo.⁸⁶ O original pode ter sido "Ele deu os bodes como sua oferenda e o bode para sua morte".⁸⁷

---

⁸³ Nesse caso, na LXX, lê-se "causar o retorno da diáspora [...]".
⁸⁴ Targum, em referência a Isaías 53,8.
⁸⁵ As letras š e ś seriam idênticas num texto sem pontuação.
⁸⁶ O equivalente em hebraico do aramaico usado para o auto-oferecimento do Homem, na visão de Daniel (Daniel 7,13).
⁸⁷ Traduzindo *bʿ*, como em Êxodo 6,3, "Eu apareci *como* El Shaddai [...]".

Mas o Senhor quis feri-lo, submetê-lo ao sofrimento;
Quando oferece sua vida como sacrifício pelo pecado,
Ele verá a sua descendência, ele prolongará os seus dias;
E por meio dele o desígnio do Senhor há de triunfar;
Ele verá o fruto do trabalho de sua alma e ficará satisfeito;
Por seu conhecimento, o Justo, meu Servo, justificará a
muitos e levará sobre si as suas transgressões.
Eis que lhe darei um quinhão entre os grandes,
E ele repartirá os despojos com os fortes;
Visto que entregou a sua alma à morte,
E foi contado entre os transgressores,
Mas na verdade levou sobre si o pecado de muitos
E pelos sofredores fez intercessão.

(Isaías 53,10-12, ênfase da autora)

Aqui também temos problemas na última seção: "Mas o Senhor quis feri-lo", está na LXX como "O Senhor quis purificá-lo de sua chaga", porque o termo em hebraico para chaga [machucado], *dk'*, é semelhante à palavra "purificar" em aramaico, e os tradutores liam o texto dessa forma. O Texto Massorético não é claro: no versículo 10 temos literalmente "O Senhor ficou satisfeito em esmagá-lo com enfermidade, quando tu fizeste da alma dele oferenda para o pecado" e, então, possivelmente, "ele será revelado como o filho e verá muitos dias", como no caso do Homem em Enoque.[88]

Nesse caso, temos uma palavra adicional no pergaminho de Qumran – "luz" – o que altera a frase para: "Depois do sofrimento de sua alma, ele verá a luz e ficará satisfeito/repleto de conhecimento". A LXX apresenta "mostrar-lhe a luz e dar-lhe

---

[88] 1 Enoque 71,12.

conhecimento/discernimento [...]", revelando que o termo "luz" se inseria no texto hebraico pré-cristão. Com uma divisão diferente das frases, o texto fica da seguinte forma:

> A vontade/prazer do Senhor prosperará em sua mão,
> Após o sofrimento de sua alma ele verá a luz e ficará satisfeito\repleto [de luz?],
>
> E por meio de seu conhecimento, o Justo, meu Servo, justificará a muitos e carregará sobre si as transgressões deles.

O termo adicional "luz", '*wr*, e a letra adicional, em 52,14, faz desse trecho do Cântico do Servo a profecia da estrada de Emaús. "Não era preciso que o Ungido [o Cristo] sofresse tudo isso e entrasse em sua glória?" É provável que essas quatro letras não sejam acréscimos ao cântico, mas foram removidas para cortar a ligação entre o Servo de Isaías e Jesus.[89] O texto de Qumran de Isaías revela o Servo como um místico do templo capaz de ver a luz e que está repleto de conhecimento. João o descreve como o Servo/Cordeiro que fora morto e levantado para a vida eterna, que recebeu os sete raios de luz e as sete manifestações do Espírito e também o pergaminho com o selo, ao ser entronizado.

O Servo, o Justo, é capaz de multiplicar a sua justiça sobre os outros. Ele faz isso de duas formas: retira o efeito do pecado e provê o ensinamento correto. Essa operação restaura os laços

---

[89] O salmista cantou seus sofrimentos e, então, exortou: "Quanto a mim, observarei [numa visão] a tua face em retidão, e ao despertar ficarei satisfeito [o mesmo verbo *śbʻ*] com tua forma" (Salmos 17,15). Na LXX, temos, "satisfar-me-ei vendo a tua glória".

da aliança e recupera as pessoas. A obrigação dos sumos sacerdotes era manter e restaurar a aliança, e também, como Malaquias recordou a seus contemporâneos, oferecer o ensinamento correto (Malaquias 2,4-9). O conhecimento dado ao místico do templo, enquanto ele ficava diante do trono, centrava-se no conhecimento sobre a criação, de modo que o Servo era capaz de manter o povo unido aos laços da aliança eterna. Pedro descreveu Jesus como o Servo, o Justo e o Autor da Vida, ao tratar do tema relacionado ao dia da expiação (Atos dos Apóstolos 3,13-15). No Cântico, o Servo esvazia a sua alma até a morte, uma referência ao derramamento do sangue durante o ritual de expiação, quando foi colocado entre os transgressores. Ele levou consigo os pecados de muitos e, considerando as nuances do verbo usado em 53,6, o sentido da última frase seria "ele interceptou as transgressões deles".

A fim de completar o retrato de Isaías sobre o Servo, consideremos os outros cânticos. Vimos, do segundo cântico, que ele fora ocultado (Isaías 49,2) e, do terceiro, que fora atormentado (Isaías 50,6). O primeiro cântico (Isaías 42,1-4 ou, possivelmente, Isaías 1-7) acrescenta dois detalhes ao quadro e liga o Servo de volta à figura real das profecias do Primeiro Isaías, avançando até o batismo de Jesus, que ouviu as palavras desse cântico em seu batismo (Marcos 1,11 e paralelos).

> Eis o meu servo que eu sustento,
> O meu eleito, em quem tenho prazer;
> Pus sobre ele o meu Espírito,
> *Ele trará justiça entre as nações.*
> Ele não clamará e não levantará a sua voz,
> Não fará ouvir a sua voz nas ruas;

Não quebrará a cana rachada,
E não apagará a chama bruxuleante;
Ele trará fielmente a justiça.
Ele não vacilará nem desencorajará
Até que estabeleça a justiça na terra.
(Isaías 42,1-4, ênfase da autora)

Em primeiro lugar, o Servo recebeu o Espírito, e o seu papel era o de promover justiça, *mishpat*. Ele era o legislador e, portanto, presumivelmente, o rei. "Promover" a justiça implicava descrever o Servo emergindo do santo dos santos, depois da oferenda do sangue e da entronização, quando ele aparecia como Senhor, vindo para julgar os pecadores e expiar a terra (Deuteronômio 32,43). Aquele que fora ungido com o Espírito multifacetado do Senhor portava um tipo distinto de conhecimento, uma vez que recebera o Espírito da sabedoria e do discernimento, do conselho e poder, conhecimento e temor do Senhor (Isaías 11,2). Isaías emparelhou os dois termos "justiça e retidão" para descrever a paz, *shalōm*, da aliança restabelecida (Isaías 32, especialmente os versículos 15-17), pois o Ungido julgava com retidão. Em outras palavras, ele era o Justo que restaurava a harmonia da criação: "o lobo habitará com o cordeiro [...] pois a terra estará repleta de conhecimento do Senhor [...]" (Isaías 11,6.9). O rei considerado Justo [e reto] era Melqui-Zedec, "o rei da justiça".

Em segundo lugar, o Servo é comparado a uma luminária cujos braços foram quebrados. Um dos símbolos dos reis davídicos era uma luminária. Roboão, o neto de Davi, perdeu o apoio de todas as tribos, mas foi-lhe permitido manter uma "para que o meu servo Davi tenha sempre uma lâmpada, *niyr*, diante de mim em Jerusalém [...]" (1 Reis 11,36); e o Senhor protegeu Judá "por causa do seu servo Davi, segundo a promessa que lhe fizera de deixar-lhe sempre uma lâmpada em sua presença" (2 Reis 8,19; também 2 Samuel 21,17). Os braços da menorá eram descritos como *qāniym*, palavra cujo significado principal seria "haste oca" (Êxodo 35,32), e o Servo era descrito com o mesmo termo, ele seria uma "haste [junco] ferida". Considerando que na frase seguinte temos um "pavio", o imaginário, aqui, remete ao Servo como braço da lâmpada (Isaías 42,3). Ao reposicionarmos os verbos dessa frase, sem alterarmos as letras, isso nos fornece um paralelo que se encaixa perfeitamente no versículo seguinte, revelando o Servo não como alguém que protege a lâmpada ("não quebrará o junco rachado"), mas sim aquele que *é* a lâmpada.

- *yšbwr*, pronunciado *yishbōr*, que significa "quebrar", torna-se a forma *niphʻal* pronunciada *yishshābēr*, que significa "estar quebrado" ou "permitir-se quebrar".
- *ykbnh*, pronunciado *yekabbennāh*,[90] que significa "apagar", se torna a forma *qal* pronunciada *yikbeh*, que significa "ser apagado".

O versículo 42,3 é lido:

> Um braço de lâmpada ferido, ele não será quebrado, um pavio bruxuleante, ele não será apagado, ele promoverá fielmente a justiça.

Uma tradução literal do versículo 42,4 fica então:

> Ele não queimará debilmente nem será esmagado, até que estabeleça justiça na terra, e os territórios da costa esperem por sua lei.

---

[90] O "n" não faz parte do verbo, é apenas uma ênfase adicional.

Os dois versículos estão em paralelo, um dos estilos literários hebraicos. A menorá era um símbolo complexo do templo que representava a Sabedoria e a árvore da vida. Se o Servo constituía uma haste da menorá, isso significava que ele era um filho da Sabedoria. João via Jesus como haste central da menorá, "um como o filho do homem no meio das lâmpadas" (Apocalipse 1,13), e o próprio Jesus teria dito "Eu sou a luz do mundo" (João 8,12). Todavia, há um curioso silêncio a respeito da menorá em textos posteriores: os sábios que adoravam encontrar significado em cada detalhe dos livros santos, especialmente na Lei, pouco disseram a respeito da lâmpada. Os acadêmicos suspeitaram que a lâmpada fosse assunto de especulações místicas, o que poderia explicar o silêncio dos textos "públicos".

O Primeiro-Isaías pronunciou uma série de oráculos sobre a casa real. Ele viu o Senhor como rei (Isaías 6,5) e percebeu que houvera erros no ensinamento: "Sou um homem de lábios impuros, e habito no meio de um povo de lábios impuros". Como um místico diante do trono, ele aprendeu que a terra estava desolada porque as pessoas haviam perdido a percepção; haviam fracassado em ver, ouvir e compreender. Haviam perdido a Sabedoria, e esse estado prosseguiria até que a árvore partida com a semente sagrada fosse restaurada na terra.

O Segundo-Isaías anuncia o nascimento iminente da semente sagrada: a Virgem, a mãe do Senhor,[91] teria um filho e o chamaria de Emanuel, "Deus conosco" (Isaías 7,10-14).

O terceiro anuncia o nascimento da criança real na glória dos santos e expõe os seus quatro nomes reais (Isaías 9,6-7).

---

[91] Essa é a forma de Qumran de Isaías 7,11: "Peça um sinal da Mãe do Senhor seu Deus", 1QIsa^a.

O quarto anuncia o dom do Espírito ao Ungido, pois a mente dele seria transformada e ele seria capaz de restaurar a paz à terra – "o conhecimento do Senhor" (Isaías 11,1-9). O contexto das profecias reais no templo indicava o nascimento ritual do rei davídico, como descrito no Salmo 110. O contexto histórico compreendia a terrível ameaça das invasões assírias, e Isaías interpretou os eventos de sua época à luz das expectativas do templo. O mesmo era verdade para os Cânticos do Servo, que também compreendiam o universo das profecias reais. O seu contexto do templo era o dia da expiação, quando o sacerdote real que "era" o Senhor, junto a seu povo, simbolicamente oferecia a si mesmo para renovar a criação. Os detalhes do festival de Jerusalém foram, no entanto, perdidos, com a exceção dos cânticos, mas o antigo festival mesopotâmico de Akitu ainda era observado na época de Isaías, quando o cosmos era renovado no ano novo. O rei era ritualmente humilhado diante do deus e, então, os seus paramentos reais lhe eram restituídos. Algo semelhante em Jerusalém explicaria os cânticos do Servo. Os três primeiros cânticos podem ter integrado o rito do templo, mas o quarto foi adaptado para circunstâncias específicas, como vimos. Todos os quatro foram reutilizados pelo Segundo-Isaías em outro contexto.

Nem todos os elementos do quarto cântico se encaixam em referência a Ezequias. Por exemplo, é improvável que ele tenha se apropriado do espólio de um exército dizimado por uma praga. O destino do exército assírio e o espólio estão provavelmente descritos em Isaías 10,15-17, com o Senhor enviando uma terrível praga sobre os guerreiros (do rei da Assíria) e atiçando fogo sob a sua glória. Os espólios resplandecentes devem se referir ao papel do Servo original. O rei tinha quatro nomes no trono: Conselheiro Maravilhoso, Deus Poderoso, Pai Eterno (ou Pai do

Butim), Príncipe da Paz; e esses termos correspondiam, como vimos, aos nomes posteriormente atribuídos aos quatro arcanjos.[92] Ademais, esses quatro arcanjos eram, em si, formas de descrever a presença do Senhor. Todos os quatro podem ser encontrados no quarto cântico do Servo, em que temos a descrição de quem ele era e o que fazia, integrando os seus vários elementos.

- Portador de discernimento e conhecimento (Isaías 52,12; 53,11); o Conselheiro Maravilhoso.
- Exaltado e ungido, maravilha os reis (Isaías 52,13-15): o Deus Poderoso.
- Divide os espólios (Isaías 53,12); o Pai do Butim.
- Restaurador da aliança da paz e multiplicador dos justos (Isaías 53,5.11); o Príncipe da Paz.

Os cristãos consideraram os oráculos reais e os cânticos do Servo em conjunto; todos tratavam de uma só figura e eram todas profecias a respeito de Jesus. No Evangelho de Mateus, que se originou numa comunidade hebraica cristã, de oito, sete são usados, e no resto do Novo Testamento também encontramos muitas citações e alusões.

- Isaías 6,9-10 é citado em Mateus 13,14-15.
- Isaías 7,14 é citado em Mateus 1,12.
- Isaías 9,1-2 é citado em Mateus 4,15-16.
- Isaías 11,1 é (provavelmente) citado em Mateus 2,23
- Isaías 42,1 é citado em Mateus 3,17 e 17,6.
- Isaías 42,1-4 é citado em Mateus 12,18-21.
- [Isaías 49,6 é citado em Lucas 2,32.]

---

[92] Ver acima, p. 124.

- Isaías 50,6 é aludido em Mateus 26,67-68.
- Isaías 53,3 é citado em Mateus 8,17.
- Isaías 53,7 é aludido em Mateus 27,12-14.
- Isaías 53,9 é aludido em Mateus 27,59-60.
- Isaías 53,12 é aludido em Mateus 26,28.

João apresentava Jesus como o Servo, mas de uma forma diferente, não com citações ou alusões aos textos do Servo. Ele colocava o Servo no contexto do templo como o Cordeiro que expia os pecados do mundo (João 1,29); o Filho de Deus que recebeu o Espírito (João 1,33-34); o Messias (João 1,41); o Rei de Israel (João 1,49); o filho do homem (João 1,51). Jesus seria Melquisedec, porque ofereceu vinho em vez de água em Caná e, assim, revelou a sua glória (João 2,1-11). (Segundo Fílon, Melquisedec oferecera vinho em vez de água).[93] O exemplo mais ilustrativo do estilo de João, o vemos em seu relato de Jesus com Pilatos, escrito com um forte veio irônico, como a dar provas de que os judeus haviam perdido o contato com sua antiga fé, nas imagens do Servo.

> Jesus, então, saiu fora, trazendo a coroa de espinhos e o manto de púrpura. E Pilatos lhes disse: "Eis o homem!".
>
> Os judeus responderam-lhe: "Nós temos uma Lei e, conforme essa Lei, ele deve morrer, porque se fez Filho de Deus [...]."
> [Pilatos] disse aos judeus: "Eis o vosso rei!".
> Os chefes dos sacerdotes responderam: "Não temos outro rei a não ser o César".
> (João 19,5.7.14.15)

---

[93] Fílon, *Interpretação Alegórica*, III,82.

POSFÁCIO

O misticismo do templo foi obscurecido em muitas fases decisivas da história da fé hebraica e da cristã. Em primeiro lugar, tivemos expurgos instigados pelos deuteronomistas e por seus herdeiros, que foi um movimento semelhante à Reforma protestante que alterou a face da Europa. A fé mais antiga não morreu; sobreviveu em outros lugares e, gradualmente, conseguiu retornar aos seus lugares de origem. Uma vez que foram os herdeiros dos "reformadores" que passaram a dominar a coleção, transmissão e a escolha final dos textos que se tornaram o cânone da escritura hebraica, as outras vozes foram ouvidas somente como ecos.

Em segundo lugar, à medida que a Igreja se definia, surgiu a necessidade de distinguir cristianismo de gnosticismo, embora certos professores, posteriormente "rotulados" de gnósticos, tenham desempenhado um papel central na formação das comunidades cristãs. Alguns pensaram que Valentino, que ensinava em Roma na segunda metade do século II, tivesse sido eleito bispo na cidade. O pensamento gnóstico mais antigo tinha elementos em comum com o misticismo do templo, o que nos sugere que o gnosticismo pré-cristão tinha raízes na fé mais antiga.

Em terceiro lugar, havia pressão na Igreja para que os cristãos não adotassem ou praticassem costumes judaicos. À medida que as comunidades cristãs cresciam e se tornavam mais independentes, as raízes do antigo templo passaram a ser menos compreendidas pelo cristianismo, e o próprio judaísmo foi bastante modificado depois da destruição do templo, durante as guerras contra Roma. Nos primeiros anos do cristianismo, os judeus foram os principais perseguidores dos cristãos e queimaram os seus livros, de modo que nada de um "cristianismo hebraico" sobreviveu em hebraico, e caso haja algumas exceções (talvez, nos pergaminhos do Mar Morto), isso ainda não foi identificado como dessa forma.

Então, tivemos as suposições não reconhecidas da academia moderna. Apesar de toda a evidência de que o ensinamento do templo influenciou o pensamento de Pitágoras e de Platão, um fato aceito por séculos como evidente, isso foi completamente descartado pela comunidade acadêmica de nossos dias. Em 1517, J. Reuchlin escrevia: "Pitágoras trouxe os seus ensinamentos para a Grécia, juntamente com o resto da cabala [...] Caso eu declare que cabala e pitagorismo são feitos do mesmo material, não estarei me distanciando dos fatos."[1]

Muitos acadêmicos do Novo Testamento, todavia, foram treinados como classicistas, em vez de hebraístas, de modo que acabaram por associar automaticamente os elementos do cristianismo primitivo ao platonismo, em vez de associá-los à tradição do templo.

Esteve na moda durante muito tempo entre acadêmicos protestantes, metodistas e batistas, os quais dominaram o campo por muitos anos, descartar como ridículo tudo o que não se conformasse com a sua visão moderna sobre como *deveria* ter sido o cristianismo primitivo. Materiais "gnósticos" e não canônicos

---

[1] J. Reuchlin, *On the Art of Kabbalah*, Livro 2, 1517, trad. M. e S. Goodman. Lincoln, NE, University of Nebraska Press, 1993.

tinham, portanto, menos valor que os textos canônicos quando se reconstruíam as origens cristãs, muito embora estivesse cada vez mais claro que o texto hebraico por trás das traduções inglesas do Antigo Testamento não podia corresponder ao texto que Jesus e os primeiros cristãos conheceram.

As conclusões que esses acadêmicos tiravam estavam frequentemente implicadas em suas premissas e somente nas evidências que eles admitiam. Assim, R. P. C. Hanson, em livros publicados cinquenta anos atrás, escreveu o seguinte sobre Clemente de Alexandria:

> O ensinamento de Clemente de fato consistia, até onde podemos reconstruí-lo, em especulações, em intuições e em um exercício teológico de inspiração (ou não tão inspirado) que não tinha conexão nenhuma com qualquer ensinamento oral dado por nosso Senhor ou por seus apóstolos.[2]

Em relação aos ensinamentos de Basílio, o Grande, a respeito das tradições não escritas da Igreja, ele escreveu:

> Num primeiro momento, isso parece uma tentativa de tornar o cristianismo uma religião de mistério ou uma maçonaria eclesiástica, e canonizar uma tradição de costumes que mesmo em épocas anteriores ao cristianismo eram consideradas como completamente secundárias [...]
>
> Por trás dessa alegação infeliz e completamente injustificada para uma genuína origem apostólica da

---

[2] R. P. C. Hanson, *Origen's Doctrine of Tradition*. London, SPCK, 1954, p. 71.

prática litúrgica e costumeira da Igreja contemporânea *está uma incerteza sobre como usar o material bíblico*.³

Como ele sabia?

Num veio semelhante, seguem as conclusões de uma publicação contemporânea: o estudo de M. D. Hooker *Jesus e o Servo*. A autora conclui que a figura central do misticismo do templo não foi significativa na fundação da teologia cristã, quando, de fato, como vimos, o Servo foi fundamental. Ela concluiu:

> Portanto, há, nos textos Sinóticos, muito pouco que possa sustentar a visão tradicional de que Jesus identificou sua missão com a do Servo dos Cânticos: certamente, não há nada que poderia ser aceito como prova para essa visão.
>
> O nosso estudo revelou que são poucas as evidências que indicam que uma cristologia do Servo teve qualquer importância no pensamento cristão no período neotestamentário [...] Outros estudos não revelam que essa ideia tenha tido significado maior para a Igreja primitiva.⁴

No entanto, este outro estudo concluiu exatamente o oposto!

> "Vai e dize a este povo: 'Podeis ouvir certamente, mas não haveis de entender; podeis ver certamente, mas não haveis de compreender'."
>
> (Isaías 6,9).

---

[3] R. P. C. Hanson, *Tradition in the Early Church*. London, SCM Press, 1962, p. 185, ênfase da autora.
[4] M. D. Hooker, *Jesus and the Servant*. London, SPCK, 1959, p. 102, 128.

NO PRELO

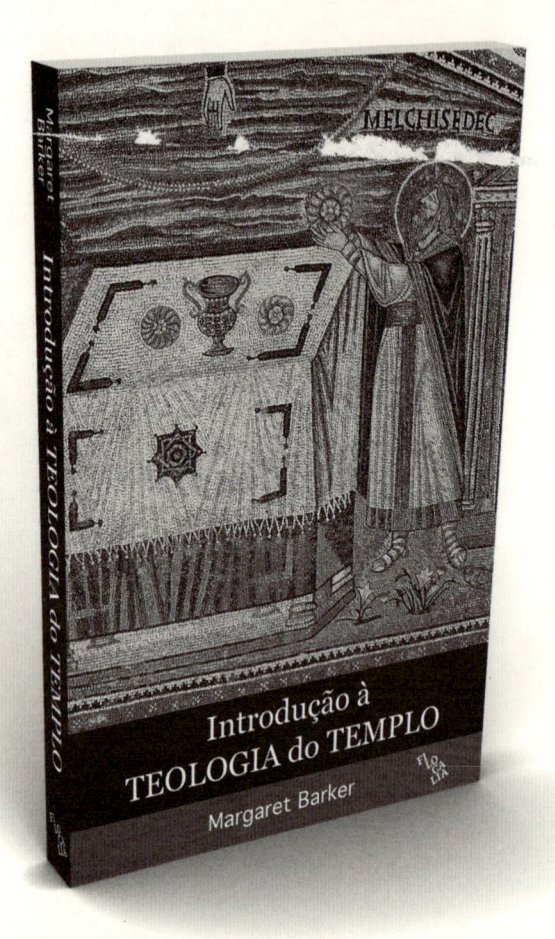

Introdução à TEOLOGIA do TEMPLO
Margaret Barker

Os livros da Editora Filocalia são comercializados e distribuídos pela É Realizações

- facebook.com/erealizacoeseditora
- twitter.com/erealizacoes
- instagram.com/erealizacoes
- youtube.com/editorae
- issuu.com/editora_e
- erealizacoes.com.br
- atendimento@erealizacoes.com.br